KB117454

정책과 현장으로 읽는
한국경제
인사이트

정책과 현장으로 읽는

한국경제 인사이트

김동수 지음

30여 년간 한국경제의 최전선에서 체득한 비전과 통찰!
**김동수 전 공정거래위원장이 제시하는
미래 성장을 향한 균형-혁신-공정 경제 로드맵**

21세기북스

내가 처음으로 '경제'라는 문제에 관심을 가지고 학문의 하나로서 접근하며 이해하려고 노력했던 것은 대학에 진학하고서부터였다. 그때 경제라는 용어의 기원은 어디에서 유래했을까 하는 궁금증이 일어 조사해본 적이 있는데 경제에 대한 동서양의 접근 방식과 이해가 사뭇 달라서 놀랐던 기억이 새삼스럽다. 먼저 서양의 경우, 영어로 이코노미 Economy는 '집안 살림을 담당하는 사람'이라는 의미의 '오이코 노모스 oiko nomos'라는 그리스어에서 유래했다고 한다. 반면 동양에서 말하는 경제라는 용어는 세상을 다스리고 국민을 편안하게 만든다는 의미의 '경세제민^{經世濟民}'을 줄인 말이다.

그런데 경제학을 본격적으로 공부하고 이후 행정고시를 통해 경제정책을 담당하는 공직자로서의 길을 걸으면서, 그리고 경제학박사 학위까지 취득하며 깨달은 하나의 사실은 경제에 대한 동서양의 인식이 별반 다르지 않다는 것이었다. 현대 정통경제학이 상정하고 있듯이 가계와 기업 그리고 정부 모두 중요한 경제주체로서 각자 고유한 역할을 수행하고 있고, 이들의 상호작용이 결국 한 나라의 경제 수준과 발전 방향을 결정하고 있기 때문이다.

그런 의미에서, 되돌아보면 개인적으로 나는 뜻깊은 기회들을 가져왔다고 생각한다. 우선, 경제기획원 사무관에서 출발해 기획재정부 1차관을 거쳐 수출입은행장과 공정거래위원장에 이르기까지 30여 년간 줄곧 거시 경제정책을 전담하고 체험했다는 점에서 경제 운용에 대한 거시적 안목을 가질 수 있었다. 무엇보다 특히 공직생활 과정에서 체험했던 경제 현상과 문제들, 이에 대한 최적의 해결책을 찾기 위해 고군분투하며 보낸 시간들은 어찌 보면 아름다운 시련이자 보람이기도 하다.

1997년 외환위기 때는 김기환 당시 대외협력순환대사실의 과장으로서 그때까지 단 한 번도 상상해본 적이 없었던 국가 부도 사태를 막기 위해 최전선에 나서야 했고, 2005년에는 외교통상부 다자통상국장으로 일하며 WTO 도하개발어젠다DDA의 한국 측 수석대표로, 이후 기획재정부 경제협력국장으로 복귀해서는 2006년 한미 자유무역협정FTA 타결을 위한 한국 측 실무 책임자로 국익을 극대화하기 위한 협상 전략을 마련하는 데 전력을 다했다.

기획재정부 1차관으로 일할 때는 2008년 글로벌 금융위기로 초래된 대내외적인 경제 난국을 극복하는 동시에 정책의 세일즈맨으로서 쉼없이 대외 활동을 전개하기도 했다. 이후 4년이 넘는 시간 동안 수출입은행장과 공정거래위원장직을 수행하면서는 수많은 중소기업, 그리고 대기업들과 교류하고 대화하는 가운데 기업들이 느끼는 다양한 애로사항을 현장 속에서 직접 체험하고 이해하게 되었다. 나아가 대기업과 중소기업 간, 그리고 소비자와 생산자 간 상생의 의미와 중요성도 새삼 깨달을 수 있는 기회를 가졌다.

한편, 학문으로서 경제학을 체계적이고 깊이 있게 공부하며 박사 학위까지 취득할 수 있었고, 2013년 공직을 퇴임한 이후에는 지금까지 모교인 고려대학교에서 석좌교수로서 한국경제론을 강의하는 동시에 고려대 부설 '미래성장연구소'를 설립하고, 소장으로서 미래 한국경제에 대한 나름의 비전과 발전 방향을 제시하고자 노력해왔다. 경제에 관한 한 그 누구보다도 많은 경험과 지식을 쌓을 수 있었던 기회를 가질 수 있었다고 해도 과언이 아니다.

그런데 어느 순간 이 같은 일들은 비록 개인적으로 큰 자산이지만 나에게는 또한 그만큼의 부채이기도 하다는 깨달음을 얻게 됐다. 대학에서 경제학을 처음 접하고 나서 걸어왔던 지난한 여정, 그리고 그 가운데서 깨우친 내용들을 사회와 공유하지 못한다면 무슨 의미와 소용이 있을까 하는 생각이 들었기 때문이다.

한국경제가 향후 나아가야 할 방향에 대해 작게나마 도움이 될 만한 내용을 기록으로 남겨야 한다는 의무감을 갖게 되었다. 사실 그것이 이 책을 집필하겠다고 마음먹은 큰 동기이기도 하다.

이 책을 집필하기 위해 관련 자료들을 정리하고 연구하며 때로는 여러 전문가들을 만나 의견을 나누는 과정에서 느낀 점들이 많다. 무엇보다도 같은 현상 그리고 같은 결과를 이해하고 해석하며 평가하는 데 전혀 다른 각도에서 접근할 수 있다는 사실이었다. 가령 우리나라 경제의 압축적인 고도성장을 가능하게 했던 요인들에 대한 분석에 있어서도 전혀 상반된 접근법을 볼 수 있었다. 그러니 그 결과에 대한 해석과 압축 고도성장의 그늘에 대한 해결책, 그리고 우리 경제의 미래에 대한 전망과 조언도 다를 수밖에 없었다. 개인적으로 모든 면에서 가급적 중용의 원칙을 지키고자 노력해왔던 나로서는 경제문제에 대한 접근법도

이와 별반 다르지 않았음을 밝혀둔다.

사회가 살아 움직이는 생명체와 같듯이 경제 역시 살아 움직이며 시시각각 변하는 역동성을 지니고 있다. 정부의 잘못된 상황 인식과 그에 기반한 정책, 기업의 그릇된 판단과 의사결정, 가계와 개인들의 그러한 시류에 편승하는 경제활동들이 모이고 쌓이면서 상호작용하는 과정에서 국가경제는 시름시름 멍들게 되고 되돌릴 수 없는 지경으로 내몰리게 될 수 있다. 그러다가 중진국의 함정에 빠져 헤어나지 못하고 포퓰리즘의 길로 들어서는 외국의 사례들을 우리는 수없이 목도해왔다.

경제활동이 가진 역동성을 감안한다면 지난 60년간의 고도성장이 미래의 성장까지도 담보해주지 않는다는 진실은 자명하다. 그런 의미에서 과거의 성공 방정식이 그대로 미래의 성장 방정식이 될 수도 없다. 바로 지금 우리 눈앞에서 펼쳐지고 있는 4차 산업혁명 시대를 맞아, 더욱이 COVID-19라는 팬데믹pandemic이 우리의 일상생활조차 뒤흔들고 있는 새로운 환경에서 우리 경제의 미래를 이끌어나갈 밀레니얼 세대와 Z세대가 앞으로 사회의 중추적인 역할을 해나갈 수 있도록 모두 다 같이 고민하고 해법을 찾아야 할 때다. 그래서 우리 경제의 과거와 현재를 다시 한 번 되돌아보고 미래에 도움이 될 만한 희망적인 메시지를 말하고 전해주는 것이야말로 나와 같은 기성세대가 마땅히 해야 할 책무라고 믿는다.

이 책의 원고가 완성되기까지 많은 분의 역할이 컸다. 자료 수집·정리는 물론, 참고문헌 작성에 이르기까지 전 분야에 걸쳐 함께해준 조정환 박사(전 고려대학교 미래성장연구소 연구교수), 원고 초안을 처음부터 끝까지 살피고 보완해준 정회윤 아시아개발은행(ADB) 이코노미스트(전 기획재정부 과장)께 깊이 감사드린다. 사실 이 두 분의 헌신이 없었다면 이

책이 출간될 수 없었을 것이라는 점을 밝혀두고 싶다.

아울러 원고 초안에 대해 많은 조언을 해주시고 출판이 되기까지 큰 도움을 주신 이근 서울대학교 교수(국민경제자문회의 부의장)께도 감사드린다. 이 밖에도 이충열 고려대학교 교수, 이영수 한국항공대학교 교수, 김영수 인프라도시개발자원공사 상임이사, 권우석 한국수출입은행 상임이사, 남동일 공정거래위원회 국장 등의 소중한 의견들이 반영되었음을 밝혀둔다. 또한, 이 책의 완성도를 높이기 위해 적극 기여해주신 고려대학교 미래성장연구소 지철호 특임교수(전 공정거래위원회 부위원장), 정무경 특임교수(전 조달청장), 정재호 연구교수께도 감사드린다.

지금 이 순간 마치 인생의 큰 숙제 하나를 마친 듯한 기분이다. 일단 책이 세상에 나온 후에는 내용의 옳고 그름에 대한 판단은 독자들 각자의 몫이다. 그렇지만 시간이 흘러 미래의 언젠가 이 책을 다시 보게 된다면 보다 객관적이고 냉철한 평가가 가능해질 것이라 생각한다. 그런 확신과 판단을 가슴에 품고 이 책의 머리말을 마치면서 본격적으로 한국경제의 과거와 현재, 그리고 미래를 이야기해보고자 한다.

| 차례 |

한국경제의
어제와 오늘

한국이 1962년 제1차 경제개발 5개년 계획을 기점으로 본격적으로 경제발전이라는 여정을 시작한 지 벌써 60년의 세월이 흘렀다. 정부 주도의 압축적인 고도성장 과정을 통해 이제 우리나라는 동아시아의 조그만 변방 국가에서 벗어나 세계 경제의 중요한 일원으로 당당하게 자리매김할 수 있게 됐다. 지난 60년간 나타난 주요 경제지표들의 급격한 변화에서도 볼 수 있듯이 최소한 양적인 측면에서만 놓고 본다면 성공적인 산업화, 공업화를 통해 우리 경제는 매우 짧은 기간 내에 비약적인 성공을 거두었다고 해도 과언이 아니다.

멀리 갈 필요도 없이 한 나라의 경제력을 대표하는 척도로 이해되고 있는 1인당 국민소득을 보면 우리나라의 경우 6·25 전쟁이 끝나던 해인 1953년 67달러로부터 2020년 3만 1,755달러로 약 474배 증가했는데, 이것만 놓고 봐도 지난 60년간 한국경제가 이뤄낸 성공이 어느 정도인지 잘 나타내준다고 하겠다. 그래서 '한강의 기적'이라는 찬사가 공허한 미사여구로만 들리지 않는다고 본다.

물론 산이 높으면 골이 깊고, 빛이 있으면 그림자도 있는 것이 세상의 이치다. 화려해 보이는 우리 경제의 성공 이면을 좀 더 내밀하게 들여다보면 감출 수 없는 어두운 그늘이 존재한다. 그렇기에 지금 한국경제는 선진 경제권으로 확실하게 진입하느냐, 아니면 중남미 국가들의 사례에서 보듯 중진국 함정에 빠져드느냐 하는 중대한 갈림길에 서 있다고 본다. 어떤 선택을 하느냐에 따라 또 다른 60년 후의 우리 경제의 모습과 위상은 달라질 수밖에 없다.

그런 의미에서 우리 경제가 지금 어떤 문제에 당면해 있는지, 그리고 무슨 선택을 해야 하는지를 논의하기 전에 우선 우리 경제가 개발이라는 측면에서 지난 세월 어떤 길을 걸어왔는지, 그 발자취를 한 번쯤 되돌아보는 것도 나름 의미 있는 작업이라고 보인다. 물론 지난 60년의 경제발전 과정을 요약하고 정리하는 일이 말처럼 쉽지만은 않다. 이 책의 취지가 경제 실록을 편찬하는 데 있지는 않은 만큼, 한국경제가 과거 60년간 걸어온 지난한 여정을 발전 과정에서의 주요한 이정표에 따라 상당 부분 스케치하듯이 압축적으로 요약할 수밖에 없었다는 점을 미리 밝혀둔다.

제1장

경제발전의 초기 여건
(~1960년대 초)

1. 원조 수원국인 한국

해방 이후 우리나라는 경제활동에 관한 한 거의 모든 면에서 상당 기간 해외원조에 의존해야만 했다. 1950년대 초기에는 식량 사정이 여의치 못하다 보니 미국의 잉여농산물을 무상원조 형태로 지원받았는데 대부분 의식주를 해결하기 위한 소비재 지원이 주를 이루었다. 이런 상황에서 1950년 6월 25일 한국전쟁이 발발하자 그나마 남아 있던 기간시설들마저 대부분 파괴됐고, 그로 인해 경제활동을 위한 자원과 재원은 턱없이 부족할 수밖에 없었다.

그림 1-1 미국 잉여농산물협정 조인식

그림 1-2 미국 잉여농산물 입하역 작업

자료: 국가기록원

　　전쟁 이후 들어온 해외원조 역시 대부분이 군사적 방어와 재건에 초점을 맞추다 보니 경제발전은 엄두도 내지 못했다. 그렇지만 이 시기 외국의 무상원조는 해방과 전쟁으로 인한 빈곤의 악순환을 막고 국가재정 수요를 상당 부분 충당시켜줌으로써 경제 안정을 유지하는 데 기여했다는 사실을 부인할 수 없다.

　　당시 우리나라에 공여된 외국의 무상원조 규모는 전쟁 종료 해인 1953년 1억 9,400만 달러 수준이었고, 1957년 최고치인 3억 8,300만 달러에 이르기도 했다. 그러나 전쟁이 종식되면서 계속 무상원조를 기대할 수는 없었고, 더군다나 이를 통한 경제성장에는 한계가 있었기에 정부는 점진적으로 대외차관 조달을 통한 산업 인프라 구축에 노력을 기울여나갔다.

　　그 결과 1960년대 들어서는 무상원조 규모가 감소하고 양허성 차관이 도입되기 시작했는데 사회기반시설 구축, 전략적 수출 및 수입대체 산업 육성을 위한 프로젝트와 자본재 도입 등에 주로 충당했다. 당시 대외차관 도입 규모를 살펴보면, 1965년까지 1억 달러 수준에 불과했으

표 1-1 시기별 대외차관 도입 규모 (단위: 백만 달러)

유형	1945~61	1962~65	1966~72	1973~78	1979~85	1986~92	합계
공공차관	5	63	1,130	3,431	10,105	4,688	19,422
상업차관	-	71	1,950	5,858	7,937	5,206	21,022
은행차관	-	-	205	1,007	11,892	4,318	17,422
합계	5	134	3,285	10,296	29,934	14,212	57,866

자료: 국가기록원(1993), 「한국외자도입 30년사」

표 1-2 주요 공공차관 추진사업

협약연도	추진사업
1962	통신시설 확장 1차
	객화차 도입 (객차 115량, 탄차 930량)
	디젤기관차 도입 I(기관차 30대)
	부산화력발전소 건설(132 MW)
1963	장성탄광 개발(무연탄 연 144만 톤)
1964	군산화력발전소 건설(66MW)
	탄전개발사업(무연탄 연 256만 톤)
1965	통신시설 확장 2차
	디젤기관차 도입 II(기관차 65대)
	제3비료공장 건설 (요소 84천 톤, 복합 180.6천 톤)
	제4비료공장 건설 (요소 84천 톤, 복합 180.6천 톤)

자료: 국가기록원(1993), 「한국외자도입 30년사」

표 1-3 주요 상업차관 추진사업

확정연도	추진사업
1963	정유공장건설(일 35천 배럴)
	원양어선 도입 (참치언선 76척, 트롤선 15척)
	제5시멘트 공장(연 40만 톤)
	제6시멘트 공장(연 40만 톤)
1964	비스코스 인견사(연 5,400M/T)
1965	요소비료공장(연 33만 톤)

나 1979~1985년 기간 299억 달러로 그 규모가 비약적으로 증가했다. [표 1-1]에서 보듯, 이를 유형별로 살펴보면 1960년대 후반까지 공공차 관과 상업차관이 대부분을 차지했다.

공공차관은 주로 사회기반시설을 구축하고 확장하는 데 활용됐다. 통신시설(1962년), 디젤기관차 도입(1962, 1965년), 군산화력발전소(1964년) 등이 그 대표적인 예라고 할 수 있다. 반면 상업차관은 주요 산업시설인 정유공장(1963년), 제 5·6시멘트공장(1963년), 요소비료공장(1965년) 등에 투입됐다.

연관 1-1

공적개발원조(ODA) 위상 변화

1970~1980년대 들어서는 대규모 개발사업과 중화학공업 육성정책이 본격적으로 추진되면서 차관의 성격 역시 단위사업 중심의 프로젝트에서 종합적 개발과 경제·산업 전반의 구조조정을 지원하기 위한 차원으로 전환하게 됐다. 동시에 미국을 넘어 일본과 독일, 국제부흥개발은행IBRD, 아시아개발은행ADB 등으로 공여국과 공여기관 역시 다변화됐다.

1990~2000년대에는 그동안의 경제성장과 발전을 배경으로 우리나라는 원조를 받는 나라, 즉 수원국에서 주는 나라인 공여국으로 그 지위가 격상됐다. 1995년 세계은행 차관의 졸업국이 됐고, 2000년에는 경제개발협력기구OECD의 개발원조위원회Development Assistance Committe: DAC 수원국 리스트에서도 제외됨으로써 마침내 원조 수원국이라는 이정표에 마침표를 찍게 됐다.[1] 그리고 2009년 11월 25일 개발원조위원회DAC에 24번째 회원국으로 가입함으로써 이를 국제적으로 공인받았는데, 개발원조위원회DAC 가입은 이제 한국이 원조 공여국으로서 국제적인 책임과 의무를 시작하게 된 것을 의미하는 역사적인 순간이기도 했다.

---

1 대한민국 ODA 통합홈페이지에서 인용 및 참조

우리나라 57년 만에 해외차관 없는 국가 됐다

(2016.12.15.)

우리나라가 외국 정부와 외국 법인, 국제기구 등에서 빌린 해외차관을 모두 갚아 57년 만에 외국에 자금을 빌려주는 순수 차관 공여국이 됐다. 기획재정부는 15일 최근까지 유일하게 남아 있던 차관인 미국 농업차관 1,730만 달러를 조기 상환했다고 밝혔다. 미 농업차관은 정부가 농산물 흉작으로 미 농산물을 도입하기 위해 미 농무부로부터 고정금리 3.0%에 10년 거치 30년 상환 조건으로 1981년까지 들여온 자금이다. 내년에 710만 달러의 만기가 도래하는 등 2021년까지 매년 일부 만기가 돌아오지만 정부는 남은 차관 1,730만 달러 모두를 이번에 조기 상환을 완료했다. 조기 상환으로 12억 원 정도의 이자지출 절감 효과도 보게 됐다. 우리나라는 지난 1959년부터 1999년까지 총 395억 6,000만 달러의 차관을 도입했고, 지난달까지 395억 4,000만 달러를 상환한 바 있다. 1968년에는 일본에서 24억 8,000만 엔의 차관을 들여와 산업화의 기틀이 된 경부고속도로를 건설했고, 1972년과 1994년에 일본과 프랑스에서 각각 272억 엔과 22억 달러의 차관을 받아 수도권 전철과 경부고속철도 등의 사회간접자본SOC을 건설하는 데 썼다. 1997년 외환위기 때는 세계은행에서 70억 3,000만 달러, 아시아개발은행에서 37억 1,000만 달러를 들여와 금융구조조정에 활용하기도 했다. 하지만 1999년 이후 새로 도입한 신규 차관은 없었고, 상환해야 할 잔액이 남아 있는 차관을 갚고 있는 나라인 동시에 경제협력개발기구 개발원조위원회DAC 회원국으로서 차관을 주는 나라의 지위에 있었다. 이번에 모든 차관을 조기 상환하게 됨으로써 우리나라는 명실상부한 차관이 없는 순수한 차관 공여국으로서의 지위를 확보하게 됐다.

자료: 고유권 기자, 2016년 12월 15일, 연합인포맥스

2. 부존자원의 한계 및 사회기반시설의 취약

앞서 본 바와 같이 해방 이후 우리나라는 경제개발에 소요되는 재원을 국내에서 조달할 수 없었을 뿐만 아니라 주요 광물자원도 전반적으로 빈약했다. 더욱이 한반도에 매장돼 있는 일부 광종마저도 대부분 북한 지역에 집중적으로 분포돼 있었다. 석탄과 철광석 등 일부 자원의 경우 남한에도 일부 매장돼 있었으나 북한 지역에 상대적으로 더 풍부했을 뿐 아니라 광종도 다양했다. 특히 마그네사이트를 비롯한 일부 광종은 매장량이 풍부한 것으로 평가되고 있는데[2] 텅스텐(주석), 몰리브덴, 중광석, 흑연, 마그네사이트, 운모, 형석 등 8개 광종의 매장량이 세계 10위권에 드는 것으로 추정되고 있다.[3]

반면 우리나라는 부존자원이 절대적으로 빈약했으므로 처음부터 경제발전을 위해 소요되는 자원의 대부분을 수입에 의존할 수밖에 없었다. 이 같은 제약 요건을 극복하면서 빈곤을 타개하기 위해 당시 정부는 수출지향 중심의 경제발전 전략을 택하게 됐다.

부존자원 이외에도 경제의 중추라고 할 수 있는 사회기반시설인 사회간접자본Social Overhead Capital: SOC마저 해방 직후 절대적으로 취약한 실정이었다. 그런데 이마저도 6·25 전쟁으로 상당 부분이 파괴됨으로써 경제성장을 견인하기 위해서는 경제활동의 필수적 기본 자산인 사회간접자본 구축이 시급한 상황이었다.

대표적인 예로 전력의 경우 전체 발전시설의 86%가 북한 지역에 있

---

2 정우진(2007), 「남북 광물자원개발 협력방안과 과제」, 북한과학기술네트워크
3 정우진 외(2015), 「북한 광물자원 개발·가공 분야의 투자 잠재력」, 에너지경제연구원

표 1-4 미군정 하의 사회간접자본

구분	현황 및 사업내용
철도	• 총연장 3,326km(남한 2,642km, 북한 68.4km) • 제천-풍기 간(경경선) 10.3km 건설
도로	• 총연장 25,550km(남한 16,241km, 북한 9,309km) • 노면 333km, 교량 85개소 정비 • 서울-강릉, 서울-부산 간 국도 보수 • 함창-영덕, 임진강교 도로 건설
하천	• 충남북, 경남북, 전남북 지역 둑 건설 7.1km • 제방공사 1.5km
항만	• 총하역량 18,000천 톤(남한 10,000천 톤, 북한 8,000천 톤)

자료: 대한 국토도시계획학회(2009), 「국토·지역계획론」, 보성각, p.87; 문정호 외(2013), 「2012 경제발전경험
　　모듈화사업: 국토 및 지역개발정책: 국토종합계획을 중심으로」, 국토교통부·국토연구원

었으므로 1948년 남한 지역의 평균 발전량은 7만 9,000kw에 불과했고 6·25 전쟁 발발 이듬해인 1951년에는 3만 8,000kw로 급격히 줄어들었다. 휴전 직후부터 전력 확충을 위한 노력을 전개한 결과, 1953년에는 8만 4,000kw, 1956년에는 12만 7,000kw, 그리고 1960년에는 19만 3,000kw로 빠르게 재건됐으나 산업 수요는 물론 국민 생활의 절대 수요를 충족시키기에는 턱없이 부족했다.

이외에도 대외원조자금을 적극 활용함으로써 철도, 도로, 항만 등 부족한 사회간접자본을 재건하는 노력을 기울였다. 예를 들어 1953~1956년 전후 복구 기간 동안 미국의 무상원조를 통해 토목사업을 시행함으로써 사회간접자본을 재건하고 확충하고자 노력했다. 그 결과 파괴된 철도선로를 상당 부분 복구했을 뿐 아니라 철도 연장 역시 1951년 2,800km에서 1958년 2,948km로 확장할 수 있었다.

6·25 전쟁 이후 1960년대까지 전력, 철도 등 수송 능력을 크게 개선했다고는 하지만, 당시 산업화 등 개발 전략으로 인한 수요 증가를 따라

잡기에는 여전히 부족했고[4] 이후 고도성장기를 맞이하면서 정부는 사회간접자본 확충을 위한 대규모 인프라 투자사업을 본격적으로 추진하기 시작했다.

3. 1차 산업(농업) 위주의 산업구조

경제개발 초기인 1960년대 초까지만 해도 제조업은 국내총생산GDP의 10% 수준에 불과한 반면 농림·어업 분야의 비중이 40% 이상을 차지할 정도로 전형적인 1차 산업 위주의 산업구조를 가지고 있었다. 후에 보다 자세히 서술하겠지만 1960년대 초부터 정부가 강력한 공업화 시책을 추진하면서 1차 산업의 비중이 점차 낮아져 2018년 기준 3% 수준에 불과하게 됐다.

반면 제조업 비중은 같은 시기 10%대에서 꾸준히 증가해 2018년 기준 약 30% 가까이를 차지하게 됐다. 한편 서비스업 비중도 40%대에서 지속적으로 증가해 2018년 기준 60%대 수준에 이르게 됐다.

경제개발 초기 농림·어업에 편중된 산업구조 속에서 노동인구 역시 절반 이상이 이 분야에 종사했다. 그렇지만 이마저도 취업이 어려운 상당수의 유휴인력이 서울을 비롯해 대도시 주변으로 흘러들어 오면서 심각한 수준의 실업 문제가 상당 기간 지속됐다. [그림 1-4]에서 보듯이 1963년도 우리나라 전체 취업자 수가 756만 명이었는데, 그 당시 15세 이상 인구가 1,560여 만 명인 점을 감안하면 취업률은 절반 수준

---

4 국가기록원, 기록으로 보는 경제개발 5개년계획

그림 1-3 산업구조의 변화

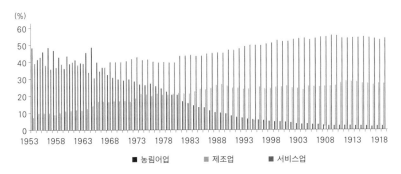

주: (1) 부가가치 기준 (2) 국민계정 2010년 기준년
자료: 한국은행 경제통계시스템

그림 1-4 산업별 취업자 수 현황

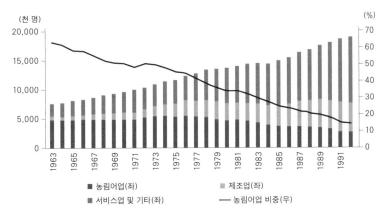

자료: 국가통계포털(KOSIS)

에 불과했음을 알 수 있다. 그나마 취업자의 63%나 되는 476만 명이 농림·어업에 종사하고, 제조업에는 8%인 60만 명, 그리고 서비스업 기타 분야에는 29%인 220만 명이 각각 종사했다.

제2장

정부 주도의 성장지향 정책과
고도성장 시기(1960~1970년대)

1. 수입대체산업의 육성과 수출진흥정책

앞에서도 봤듯이 우리나라는 남북 분단 상황과 6 · 25 전란으로 인한 기간시설의 절대적인 부족과 부존자원 및 민간자본의 부재, 농업 위주의 1차 산업에 편중된 산업구조라는 근본적인 한계를 극복하면서 경제 발전을 이루기 위한 전략을 추구할 수밖에 없는 상황이었다. 그 같은 현실 인식 위에서 정부는 1960년대 초부터 해외자본 유치, 선택과 집중을 통한 정부 주도의 강력한 공업화 정책, 그리고 내수시장의 한계를 극복하기 위한 차원에서 처음부터 글로벌 마켓을 목표로 수출진흥정책을 추진했다. 어찌 보면 당시로서는 불가피한 선택이었고 결과론적으로도 최상의 경제발전 전략이기도 했다고 보인다.

그렇지만 당초 우리 정부는 해외 전문 기관 등의 정책 권고를 따라 당시 많은 개발도상국들이 취했던 것과 같이 주요 생필품의 자국 생산과 소비를 지향하는 수입대체산업 육성을 추구하고자 했다. 그렇기에 최초 수립됐던 1962년부터의 제1차 경제개발 5개년 계획에서도 '수입대체'가 정부의 주된 개발 전략임을 명시했다.

그러나 1962년 2월 '보완 계획'에서 개발 전략을 '수출 촉진'으로 전환하면서 단순히 수출금액 증가 차원을 넘어 적극적인 수출산업 육성을 새로운 정책 목표로 삼겠다는 의지를 천명했다. 그리고 수출진흥을 위해 정부는 '수출진흥 종합시책'을 발표하고 대통령이 정기적으로 주재하는 '수출진흥확대회의'를 통해 정책이 잘 집행되고 있는지 철저히 점검하고 보완해나갔다.

당시에 수입대체산업 육성 전략이 수출진흥정책으로 바뀐 일차적인 배경[5]을 살펴보면, 우리 경제는 미국의 대외원조에 의존해 만성적인 무역적자를 보전하고 있었는데 1957년 이후 원조 규모가 감소하면서 이를 대체할 만한 정책적 노선이 필요했다는 데 있다. 근본적으로는 수입대체산업 육성정책만으로는 장기적인 경제성장을 달성하는 데 본질적으로 한계가 있다는 사실을 뒤늦게나마 깨닫게 됐다는 점이 크게 작용했을 것으로 판단된다.

정부는 수출 확대 전략을 통해 심각한 외화 부족 문제를 해결하는

---

5 유정호(2009), 「한국의 고속성장에서 정부의 역할」, 한국경제포럼(제2집 제3호), 한국경제학회에서 인용 및 참조

것은 물론, 제조업 제품의 수출 증대를 통해 농림어업 분야에서 편입된 미숙련 노동인력을 흡수하기 위한 일자리를 창출하고자 했다. 이는 궁극적으로 공업화를 통해 빠른 경제성장을 도모하고자 했던 정부의 목표에도 부합하는 것이었다.

농수산물 가공, 섬유, 신발, 가발 산업 등과 같은 노동집약적인 산업을 중심으로 한 수입대체 전략에서 벗어나 적극적인 수출 촉진을 통한 공업화를 통해 규모의 경제를 실현하겠다는 것이었다. 이러한 방향 전환은 이후 우리 경제의 중심 산업이 국제 분업화에 참여할 수 있는 길을 열었을 뿐만 아니라 이후 오랜 기간 고속성장을 이루는 밑바탕이 됐다고 평가할 수 있다.

2. 경공업에서 중화학공업 중심으로

1960년대 중반 이후 정부는 산업 인프라 구축에 박차를 가하는 동시에 종래의 경공업 중심에서 점진적으로 중화학공업 위주의 산업발전 전략을 지향했고, 그 결과 1978년을 변곡점으로 중화학공업 비중이 경공업 비중을 추월하는 등 중화학공업을 중심으로 1970~1980년대 고도성장을 달성했다. 1962년부터 1966년까지의 제1차 경제개발 5개년 계획과 1967년부터 1971년까지의 제2차 경제개발 5개년 계획 기간 중 건설된 대표적인 기간산업 시설들로는 울산 정유공장(1964년 준공), 한일시멘트공장(단양, 1964년 준공), 제3비료공장(울산, 1967년 준공), 제4비료공장(진해, 1967년 준공), 부산화력발전소(1969년 준공) 등을 들 수 있다. 이들 기간산업 시설들은 우리나라가 이후 고도성장 시기로 나아가는

그림 1-5 울산 정유공장 전경

그림 1-6 부산화력발전소 준공식 전경

자료: 국가기록원

원동력이 된 것으로 평가되고 있다.

이러한 사실은 관련 경제지표 통계에서도 뒷받침되고 있다. 개발연대 당시의 실질 경제성장률을 보면 연평균 9% 이상을 달성했는데, 이같은 고도성장률은 그 당시 세계적으로도 유례를 찾아보기 힘든 기록이었다.

3. 사회간접자본 구축

그런 의미에서 흔히 사회기반시설로 통칭되는 사회간접자본soc을 빠르게 구축하기 위한 당시의 노력도 조금 들여다볼 필요가 있다. 사회기반시설은 한나라의 구성원인 국민의 생활 편익은 물론, 모든 산업의 생산성과 국가 경쟁력을 좌우하는 필수적인 시설이다. 그렇기에 빠른 경제성장을 지향하는 정부라면 거의 예외 없이 도로, 철도, 항만, 공항 등과 같은 사회기반시설을 우선적으로 구축하고 확충하기 위해 관련 투자와 기술 도입, 인력 양성 등에 심혈을 기울일 수밖에 없다.

우리나라도 크게 다르지 않았는데 1960년대 이후 시기별로 부문별 주요 사회간접자본 구축 현황을 요약해보면 다음과 같다.[6] 먼저 도로의 경우, 우리나라 최초의 고속도로인 경인고속도로가 1967년 5월 착공에 들어가 1968년 12월 개통됐다. 이후 1970년 7월 7일 경부고속도로가 개통됨으로써 우리나라에도 총연장 655km의 고속도로 시대가 본격적으로 열리게 됐다.

이외에도 제2차 경제개발 5개년 계획이 시작되던 1967년부터 총연장 1,138km에 이르는 9개 노선의 고속도로 건설사업이 시작돼 제3차 경제개발 5개년 계획 기간(1972~1976년) 중에 모두 완공됐는데, 호남고속도로(172.3km), 남해고속도로(176.5km), 영동고속도록(97km), 동해고속도로(30km) 등이 그에 해당된다. 이처럼 주요 대도시와 항만을 연결하는 고속도로들이 잇달아 건설됨으로써 1970년대 본격적인 고도성장 시기를 여는 밑거름이 됐을 뿐만 아니라, 이를 통해 전 국토가 일일생활권에 들어가게 됨으로써 국민들의 일상생활에도 지대한 영향을 미치게 됐다.

고속도로 이외의 교통 인프라 구축과 관련해서는 1960년대 산업발전과 지역개발에 따른 수송 수요에 대응해 안정적인 철도망을 구축하기 위해 진력했다. 우선 1967년부터 경인선, 서울-수색, 청량리-성북 복선화 사업 및 중앙선, 태백선, 영동선의 전철화 사업이 시행됐다. 제3차 경제개발 5개년 계획 기간에는 수도권 팽창에 따른 교통량의 증가에 대응하기 위한 차원에서 수도권 전철화 사업도 활발하게 추진됐다.

---

6 김병섭 외(2013), 「사회기반시설 투자정책 변천과 정책현안 분석」, 서울대학교 행정대학원에서 인용 및 참조

그림 1-7 경부고속도로 개통식

자료: 손혁재(2019.06.27.), 「[6.27 역사속오늘] 경
부고속도로 준공(1970)」, 아시아기자협회

그림 1-8 지하철 1호선 개통식

자료: 서울 정책아카이브

수도권 지하철 사업은 1970년대에 본격화됐는데 1971년 지하철 1호선
이 착공되었고, 이어 2, 3, 4호선 건설 계획이 추진되는 등 1970년대에
본격화됐다.

　해운·항만의 경우에는 이미 정부가 1955년부터 1959년까지 항만사
업 5개년 계획을 마련해 항만시설 확장 계획을 세웠는데, 본격적으로
대형 항만 건설사업이 추진된 것은 1960년대 경제개발 5개년 계획을
실시하면서부터다. 1962년부터 1966년 사이에 농업생산성 증대를 위한
사회간접자본 확충이라는 목표 하에 농수산 분야에서의 수입원료 하
역을 원활하게 하기 위한 목적으로 대형 부두 등의 건설에 집중했다. 또
한 인천항의 시설 정비와 부산항 및 울산공업지구 조성에 따른 울산항
개발사업이 본격적으로 이루어졌다.

　1970년대에는 대외 무역거래가 늘어나면서 본격적으로 해운운송 체
계의 컨테이너화가 추진됐다. 그 이후 1980년대에 들어서는 급증하는
수출입 화물수송 수요에 대응하기 위한 차원에서 항만시설의 확장과
개발이 집중적으로 추진됐다. 그 결과 1990년대에 들어 한국의 해운

인천공항 역사적 개항…21세기 동북아 '허브' 힘찬 나래

(2001.03.29.)

21세기 동북아시아의 중추공항을 목표로 건설된 인천국제공항이 29일 역사적 개항을 했다. 이로써 인천공항은 8년 4개월의 대역사 끝에 세계를 향해 힘찬 나래를 폈다.

인천공항 시대의 개막을 알리는 첫 착륙 여객기인 방콕발 아시아나항공 OZ3423편(기장 노은상·42)은 이날 오전 4시 56분 245명을 태우고 제2활주로에 안착했고, 첫 출발 여객기인 마닐라행 대한항공 KE621편(기장 고종만·41)은 292명을 태우고 오전 8시 34분에 출발, 8시 50분에 제1활주로를 이륙했다. (중략)

인천 영종도와 용유도 사이 바다를 메워 조성한 1,700만 평 부지 위에 들어선 인천공항은 연간 2,700만 명의 여객과 170만 t의 화물을 처리할 수 있으며, 연간 17만 회의 항공기 이착륙이 가능한 활주로 2개를 보유하고 있다. 2020년까지 연간 승객 1억 명, 화물 700만 t을 처리할 수 있는 규모로 확장된다.

24시간 운영되는 인천공항은 수도권을 배후에 두고 비행거리 3시간 30분 반경 내에 인구 100만 명 이상의 도시를 43개나 보유해 동북아 중추공항으로 웅비할 수 있는 지정학적 이점을 지녔다. 개항에 앞서 김포공항과 인천공항 사이 30여 km 구간에서는 건국 이래 최대 규모의 이사작업이 순조롭게 전개됐다. (중략)

한편 김포공항은 전날 오후 9시 50분 우즈벡항공의 타슈켄트행 HY514편을 마지막으로 40여 년간 수행해온 국제선 업무를 마감하고 국내선 전용 공항으로 탈바꿈하게 됐다.

자료: 남호철 기자, 2001년 03월 29일, 국민일보

및 항만 부문은 괄목할 만한 성장을 이루게 됐다.

한 예로 1998년 기준 총 관리선박과 컨테이너 화물량은 각각 2,470만 DWT와 600만 TEU로 모두 세계 7위를 기록했다. 이와 함께

항만 배후의 물류단지 조성을 통해 동북아 허브국가로 발돋움하는 계기를 만들 수 있게 됐다는 점에서 정부의 중장기적인 항만 인프라 구축 사업은 다른 개발도상국들도 벤치마킹할 수 있는 하나의 성공 모델이라고 할 수 있겠다.

마지막으로 항공·공항 분야와 관련해서는 1962년 100% 정부출자에 의해 대한항공공사가 설립됐으나 1969년 2월 한진상사가 이를 전부 인수함으로써 민영화됐다. 1980년대에는 물동량 증가는 물론 전면적인 여행 자유화가 도입되면서 폭발적으로 증가하는 국제항공 수요에 발맞추기 위해 국제 노선망 구축을 위한 항공협정 체결을 확대했다.

또한 1990년 영종도와 용유도 일원의 1,700만 평 부지를 중심으로 동북아 허브공항 육성 계획이 수립됐다. 이후 10년간의 투자와 개발 과정을 거쳐 2001년 3월 개항한 인천국제공항은 문을 연 지 불과 5년 만인 2006년 공항 서비스 세계 1위, 국제화물운송 세계 3위, 국제여객운송 세계 10위를 기록하면서 세계적인 국제공항으로 성장하게 됐다.

4. 정책금융의 운용

우리나라 경제성장 과정에서 보이는 가장 특징적인 현상이자 또 거시경제 전체에 큰 영향을 준 요인을 꼽으라고 한다면 당연히 정책금융이라고 할 수 있다. 1960년대 초반 경제개발을 막 추진할 당시 민간에서 조달할 수 있는 자본은 사실상 전무한 상태였으므로 정부가 중심이 된 외자도입이 산업자본을 조달할 수 있는 거의 유일한 창구나 마찬가지였다. 그래서 정부가 산업자본의 조달은 물론 배분에 이르는 전 과정에 깊숙이 개입할 수밖에 없는 구조였다. 그런 의미에서 개발연대 시절 경제의 혈맥으로서 중차대한 역할을 했던 정책금융의 기능과 변천 과정에 대해 들여다볼 필요가 있다.[7]

정책금융이란 한마디로 시장실패로 인해 금융시장의 자율적이고도 상업적인 기능만으로는 해소하지 못하는 다양한 금융 수요를 자금의 접근성·가용성 및 금융비용 측면에서 보완해주는 공공적 성격의 금융을 의미한다. 금융시장에서는 정보의 비대칭성 등으로 인해 불가피하게 시장실패가 발생할 수밖에 없는 경우도 있고, 특수한 금융 수요에 대해서는 공적 성격의 정책금융을 통해 보완해줘야 하는 경우도 발생한다. 따라서 정책금융은 금융 분야에서의 시장실패를 상당 부분 보정하고 중장기적인 관점에서 경제발전을 위한 자금을 보다 효과적으로 지원하며 궁극적으로는 금융시장의 불안정성을 최소화하는 안전판과도 같은 역할을 담당한다고 볼 수 있다.

한편 경제가 고도성장을 지속하는 과정에서 경제 전반의 여건이 변화하고 금융산업 역시 발전하면서 정책금융의 역할과 기능, 지원 방식 등도 변천을 거듭해왔다. 1960~1970년대 산업화 시기의 정책금융이 주로 시장실패 보완에 집중하면서 경제개발을 위한 수단으로 활용됐다면, 이후에는 중화학공업, 전기·전자산업 등과 같이 특정 전략산업을 집중적으로 육성하기 위한 핵심적인 재원 조달원으로 기능했다.

지금의 관점에서 정책금융을 바라본다면 금융시장의 자율적인 발전을 가로막고 흔히 말하는 관치금융의 근원이 됐다는 점에서 부정적인 측면이 컸다고 비판할 수 있다. 그렇지만 경제개발 초기 단계에서 부족

---

7 손상호 외(2003), 「정책금융의 역할 재정립 방안」, 한국금융연구원에서 인용 및 참조

표 1-5 **정책금융의 시기별 역할**

1950~60년대	1970~90년대 중반	1997~2000년대 초반	2000년대 중반 이후
개발금융	장기 산업금융	시장안전판 역할	정책성 금융
전쟁 복구, 인프라 구축 등	중화학공업, 전자산업 등	기업구조조정, 첨단산업 지원	부실기업 구조조정, 벤처기업 지원 등

자료: 손상호 외(2013), 「정책금융의 역할 재정립 방안」, 한국금융연구원

한 재원 문제를 보다 효율적이고 효과적으로 다루기 위한 목적에서 선택과 집중이라는 원칙에 따라 정부가 외자의 도입, 배급, 보증 등을 통해 필요한 곳에 재원을 집중적으로 배분하는 효과를 가져온 긍정적인 측면이 있었다는 점 또한 부인할 수 없다.

과거 경제개발 과정에서 민간부문의 금융자본이 충분히 축적돼 있지 못하다 보니 정책금융을 통한 정부의 자금 투입은 불가피한 측면이 있었고, 실제로도 경제발전에 상당한 기여를 했다고 평가할 수 있다.

제3장

민간 주도의 경제 운용과
개방화·국제화 시기(1980~1990년대)

1. 민간 주도 경제 운용

앞서 본 것과 같이 우리 경제는 1960~1970년대 급속한 산업화 과정
을 거치면서 연평균 9%가 넘는 GDP 성장률을 기록하며 고도성장을
거듭해왔다. 그렇지만 그 과정에서 경제 규모가 큰 폭으로 확대되고 그
에 비례해서 정치적 민주화는 물론, 사회 전반의 자율성이 신장되면서
정부 주도의 경제성장 방식이 한계에 다다르게 됐다.

또한 대외적으로는 1970년대에 들어 1973년과 1978년 두 차례에 걸
친 오일쇼크로 전 세계가 장기적이고 구조적인 불황이 10년 가까이 지

속되자 '정부 개입의 축소와 시장논리 강화'로 경제의 활성화를 이루자는 목소리가 커지게 됐다. 마침내 1980년대에 들어서면서 미국과 영국에서 레이거노믹스와 대처리즘이라 불리는 신자유주의정책이 나왔고, 이를 계기로 미국, 유럽 등 선진국을 중심으로 세계화·국제화가 빠르게 확산하게 됐다.

이러한 흐름에 맞추어 우리나라도 1980년대에 들어서면서부터는 민간 전문가가 경제개발 5개년 계획의 수립에 주도적 역할을 하는 등 민간이 경제 운용의 중심이 되는 시스템으로 바뀌어나가기 시작했다. 경제 운용 방식의 전환점turning point에서 대표적인 변화의 하나로는 법·제도적 차원에서 공정거래법을 제정한 것이었고, 다른 하나로는 실물경제 차원에서 민간의 역할과 비중이 획기적으로 확대된 것이었다.

먼저, 공정거래법은 정부 주도의 경제 운용에서 누적된 경제력 집중과 독과점 폐해, 산업부문 간 불균형 확대, 만성적인 물가 불안 등의 경제문제를 근본적으로 개선하기 위해 1980년 제정됐다. 특히 법 제정이 1963년부터 시도돼 번번이 무산됐으나 마침내 제5공화국 출범과 함께 국회가 해산된 상태에서 임시 입법기구였던 국가보위입법회의에서 이루어졌다.

다음으로 실물경제의 경우 총저축률, 최종소비, 자본스톡 측면에서 민간의 역할과 비중이 커지면서 경제 운용의 주도권이 자연스럽게 민간부문으로 넘어가게 됐다. 총저축률, 최종소비 및 자본스톡을 중심으로 주요 경제주체들이 차지하고 있는 구성 배분이 어떻게 변화해왔는지 그 양태를 들여다보면 이 같은 민간 중심으로의 경제 운용 전환 현상은 쉽게 확인할 수 있다.

우선 총저축률의 추이를 보면 민간부문의 역할이 증대됐음을 알 수

그림 1-9 **총저축률 추이**

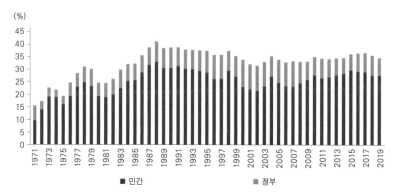

자료: 국가통계포털(KOSIS)

있다. 총저축률은 정부와 민간부문의 총저축액을 국민총처분가능소득
으로 나누어 구할 수 있는데, 이 비율이 1971년 민간부문은 9.7%, 정
부부문은 5.9%를 차지했으나 이후 점차 민간부문의 비중이 커지면
서 1983년 민간부문은 22.6%, 정부부문은 7.6%, 그리고 1998년 각각
29.5%, 8.4%를 차지해 민간부문의 총저축률이 계속 확대됐다.

한편 최종소비 측면에서 민간과 정부의 구성비율을 살펴보면,
1971년 민간부문 75.4%, 정부부문 10.2%로 민간부문의 비중이 훨씬
높았다. 이후에 민간부문의 비중이 감소하는 추세를 보이고는 있지만
여전히 높은 비중을 차지하고 있다.

1983년 기준 민간소비는 58.5%, 정부소비는 11.1%, 그리고 1998년
각각 50.3%, 11.4%를 차지했는데, 이는 민간소비 감소분이 정부소비로
대체됐다기보다는 기업지출이 크게 증가한 결과라는 점에서 결국 최종
소비를 포함해 민간부문이 경제의 중심축 역할을 하고 있다고 해석할
수 있을 것이다.

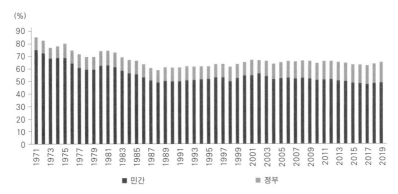

그림 1-10 **최종소비지출 추이**

(%)

자료: 국가통계포털(KOSIS)

범례: ■ 민간　■ 정부

　　마지막으로 각 경제주체가 보유한 건물, 토지, 기계류, 운송자산 등의 가치를 현재 시장가격으로 평가한 후 금융자산과 부채를 제외한 부의 수준을 나타내는 순자본스톡 역시 민간부문이 비약적으로 커지고 있음을 알 수 있다. 한국은행과 통계청이 발표한 우리나라 자본스톡 추계에 따르면 기업, 가계 및 비영리단체 등 민간부문의 자본스톡은 1971년 4.4조 원에서 1983년 111조 원, 그리고 1998년 1,318조 원을 기록했다.[8]

　　특히 같은 기간 중 기업(비금융법인)의 순자본스톡이 가장 빠른 증가세를 보였다. 정부부문의 경우도 같은 기간인 1971년 1.1조 원에서 1983년 28조 원, 그리고 1998년 304조 원으로 크게 확대됐다. 민간 중심의 경제로 변모하는 과정에서도 정부의 투자 활동 역시 활발했음을 보여주고 있다.

---

8 한국은행(2014.12.29), 「우리나라의 자본스톡 확정 추계(1970~2012년)」, 보도자료

그림 1-11 순자본스톡 추이

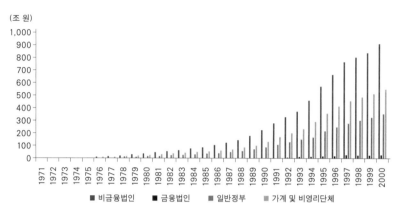

주: 비금융생산자산으로 순자본스톡 측정
자료: 국가통계포털(KOSIS)

연관 1-2

공정거래법 제정의 의미

공정거래법은 우리 경제를 시장경제 체제로 전환시키기 위해 만든 법이다. 시장경제 체제라는 것은 경쟁 원리를 바탕으로 가격 기능이 존중되는 경제 체제로서, 이를 위해서는 시장에서의 수요와 공급의 균형이 예정조화적으로 달성될 수 있도록 가격이 매개적 역할을 할 수 있어야 하며, 인위적인 개입과 간섭이 없어야 한다. 따라서 가격 기능을 되찾자는 것은 그동안 우리 정부가 개발 전략으로 채택해온 정부 주도 하의 경제 운용 방식을 시장경제 원리에 바탕을 둔 자율적인 운용 방식으로 전환하는 이른바 새로운 경제질서를 형성하는 것을 의미한다.

고도성장 전략에서 빚어진 폐해와 시장기능 미비로 인한 갖가지 부작용에 대해 문제를 제기한 것도 어제오늘의 얘기가 아니었지만 '선 성장 후 분배'의 논리에 가리어져 큰 공감대를 형성하지 못했었다.

그러나 경제 규모가 확대되고 경제구조가 복잡해짐에 따라 정부 개입의 비효율성이 뚜렷하게 나타나기 시작했고, 경제의 성장과 더불어 심화돼온 독과점화는 내부적으로 허약 체질을 면하지 못해 국제 경쟁력은 약화돼가고 있었으며, 일반 국민들의 양질·저렴한 상품 선택권이 제약을 받는 가운데 2차에 걸친 석유파동은 우리 경제에 시련과 반성의 계기를 제공해주었다.

위와 같은 상황 하에서 공정거래법의 출범은 우리나라의 경제에 획기적인 발전적 변화를 가져오게 하는 원동력으로서 그 의의가 매우 크다고 할 수 있다.

자료: 공정거래위원회(1984), 「공정거래백서: 새로운 경제질서를 향하여」

연관 1-3

글로벌 테스트베드로 떠오른 한국

민간 주도로의 경제 운용의 변화는 굳이 통계자료를 인용하지 않더라도 우리 일상생활에서도 피부로 느낄 수가 있다. 가령 수출 제품의 경우 우리나라 소비자들이 일종의 테스트베드Test Bed 역할을 함으로써 제품이 보다 고도화되고 수출 역시 촉진되는 효과를 보았다. 과거 1960~1970년대 수입이 제한되는 유치산업 단계 시대의 소비자들은 가격이 상대적으로 비싼 국내산 생필품이나 내구재 등을 소비할 수밖에 없었는데 소비자들의 눈높이가 올라가면서 제품의 질에 대한 욕구가 높아지자 수출품이 고도화되는 효과를 본 것이다.

고부가가치를 창출하는 최첨단 분야에 있어서도 우리나라 소비자들의 적극적인 역할이 중요해지고 있다. 과거에 아날로그 가전의 테스트베드가 일본이었다면 이제 디지털 가전의 테스트베드는 우리나라로 인식되는 경향이 뚜렷해졌다.

가령 우리나라가 강점을 가진 정보통신 기반의 디지털 제품의 경우에는 이제 한국 시장에서 통해야 세계에서 통한다는 평가를 받고 있다. 패션·화장품의 경우에도 글로벌 브랜드를 가진 기업들은 새로운 제품 또는 매장을 아시아 지역에 선보이기 이전에 먼저 우리나라 시장 상황을 테스트하면서 소위 K-뷰티 현상이 나타나고 있다. 이 같은 현상들은 경제 운용의 중심이 정부가 아니라 민간으로 넘어가고 있다는 강력한 반증들이라고 하겠다.

'韓서 통하면 세계서 通한다' 해외 브랜드, 국내 한정판 출시 봇물

(2006.10.18.)

화장품·패션·식품 부문 해외 유명 소비재 업체들이 잇달아 '한국 한정판限定版, limited edition' 제품을 내놓고 있다. 아시아권에서 상대적으로 까다롭기로 유명한 한국 소비자들의 입맛을 만족시키면 다른 나라에서도 통하는 경우가 많기 때문이다. 글로벌 화장품 제조업체로서는 한국이 아시아 소비자들을 맞이하는 더할 나위 없는 '테스트베드Test Bed(새로운 기술·제품·서비스의 성능 및 효과를 시험하는 환경)'다.

로레알그룹 계열 뷰티 브랜드 '키엘Kiehl'은 지난 14일 '키엘 러브스 서울' 한정판을 출시했다. 이 제품은 서울을 테마로 광화문과 남산타워 등 서울의 주요 명소가 들어간 일러스트를 키엘 주요 제품에 담아냈다.

한국을 찾는 중화권 관광객들은 SNS(소셜네트워크서비스)에서 '한국 방문'을 인증하는 수단으로 면세점·백화점 등에서 이 제품을 산 사진을 올리고 있다. 유행이 수시로 바뀌는 화장품 부문에서 'K-뷰티'가 '유행을 선도한다'는 뜻의 관용어로 자리 잡은 후 벌어진 현상이다. 마시 코우Marcy Kou 칸타월드패널 아시아 최고경영자CEO는 "중국 화장품 시장이 무섭게 크는 시장이라면, 한국은 세계 뷰티 업계를 이끄는 '리딩 마켓Leading Market'"이라며 "한국은 매일 7~8개 화장품을 사용할 정도로 열성적인 여성 소비자들이 많은 '프리미엄 시장'"이라고 말했다. '한국 한정판' 제품 출시가 곧 매출 신장이라는 공식으로 이어지기도 한다. (중략)

이경민 서강대학교 경영학과 교수는 "일반 한정품 제품은 제품 소유욕을 자극하는 데 초점을 맞추는 경우가 많지만, 한국 한정 제품은 소비자 반향을 살펴보는 수단으로 쓰이는 경우가 잦다"며 "한국 소비자들은 제품 정보를 SNS를 통해 퍼트리는 속도가 빠르고 주요 상권이 집중돼 있어 세계 시장 성공 여부를 빠르게 가늠할 수 있다"고 말했다.

자료: 유진우 기자, 2016년 10월 18일, 조선비즈

2. 안정적 성장정책 추구

경제성장과 물가안정이라는 두 마리 토끼 중 과연 어디에 더 우선순위를 두어야 할 것인가 하는 경제학적 논쟁은 시대를 막론하고 항상 있어왔고 사실 이 문제에 대한 확실한 정답도 없다. 국민경제 측면에서 놓고 보자면 두 가지 모두 다 추구해야 하는 궁극적인 거시적 목표이고, 그래서 경제정책을 담당하는 입장에서도 둘 다 결코 포기할 수 없는 정책 목표이기도 하다.

간단히 말해 먹을 수 있는 파이를 키우는 것도 중요하지만 물가가 상승하면 특히 국민들의 일상생활에 큰 영향을 미치는 생필품 가격이 급등하면 상대적으로 소득수준이 낮은 계층이 받는 타격이 더 커진다. 그렇기에 경제성장과 물가안정은 어느 하나를 선택하기 위해 다른 하나를 포기해야 하는 문제가 될 수는 없다. 보다 정확히 말하자면, 당시 상황에서 상대적으로 어떤 목표에 좀 더 우선순위를 두고 비중 있게 다루어야 하는지 판단의 문제인 셈이다.

이런 관점에서 우리나라는 1960~1970년대에는 성장 우선정책을 선택했다고 말할 수 있고, 그 과정에서 고물가가 지속되는 후유증을 겪어야 했다. 정부의 강력한 주도 아래 우리나라 경제가 본격적으로 성장하기 시작한 1960년대 이후 시기별 물가 추이를 살펴보면 크게 1980년대 초를 전후로 해서 양분된다는 것을 확인할 수 있다.

경제개발 5개년 계획이 시작된 1960년대 이후 1980년대 초반까지 우리 경제는 연평균 두 자릿수에 가까운 고속성장을 기록했는데 이처럼 성장 위주의 정책을 추구하다 보니 다른 한편으로 고물가라는 어려움을 동시에 겪었던 것이 사실이다. [그림 1-12]에서 보듯이

그림 1-12 소비자물가 상승률 추이

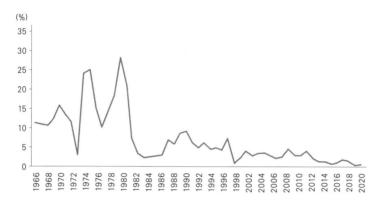

1960~1970년대에는 극히 일부 기간을 제외하고 거의 매년 소비자물가
가 두 자릿수 상승하는 높은 인플레이션을 경험했다.

　　이는 경제성장 초기에 사회간접자본 확충과 기업들의 설비투자 유
도라는 목표에 보다 더 경제정책의 우선순위를 두다 보니 이를 뒷받침
하기 위한 차원에서 확장적인 재정정책과 통화정책을 사용한 데서 기
인한다. 이와 함께 1970년대 두 차례에 걸쳐 발생한 이른바 석유파동은
급격한 원유가격 인상을 불러옴으로써 경제학에서 말하는 전형적인 비
용 상승cost push 인플레이션이 초래됐다.

　　반면 1980년대 들어와서는 이 같은 고물가로 인한 병폐와 국민들의
어려움을 해소하기 위한 목적에서 정부는 물가안정에 보다 방점을 두고
거의 전방위적이라고 할 만큼 적극적인 물가안정시책을 추진했다. 물
론 여기에는 일정 부분 당시의 시대 상황과도 밀접하게 연관된 측면이
있다.

42　　제I부 한국경제의 어제와 오늘

1980년 우리나라는 박정희 대통령 시해 사건 이후 전개된 극심한 정치적 혼란과 함께 국내외 경제 여건이 급속도로 악화되면서 정부의 경제개발 5개년 계획이 시작된 이후 처음으로 마이너스 성장이라는 전무후무한 상황을 경험했다. 특히 1978~1979년에 발생한 제2차 석유파동으로 1980년도 소비자물가 상승률이 무려 28.7%에 달하면서 우리 경제는 불경기 속 인플레이션이라는 전형적인 스태그플레이션 현상에 봉착했다.

이러한 경제적 현상은 비단 우리나라뿐 아니라 다른 많은 국가들에서도 목도되고 있었다. 이를 계기로 당시 정부는 물가안정을 최우선 경제 목표로 삼고 시장개방을 통한 수입 확대와 함께 관 주도의 경제성장 방식에서 탈피해 민간 중심의 경제 운용 방식으로 전환을 도모하게 됐다. 이후 우리 경제는 지금까지 한 자릿수 물가상승률이 일상화되는 시대를 맞게 됐다.

또한 1980년대 중반 이후 나타난 이른바 '3저 현상(저금리-저달러/엔고-저유가)'은 우리 경제에 큰 호재로 작용하면서 상당 기간 높은 경제성장률로 이어졌는데, 이를 기반으로 1990년대 중반까지 우리 경제는 제2의 도약을 이룰 수 있었다. 이 같은 상황 역시 정부가 보다 적극적으로 안정적인 성장정책을 추진하게 된 배경으로 작용했다.

그렇지만 이러한 현상은 우리가 정책적으로 노력한 결과가 아니라는 점에서 역설적으로 보면 우리 경제가 그만큼 대외 여건에 크게 영향을 받는 구조라는 것을 보여주는 반증이기도 했다.

'3저 현상'이 소멸한 1990년 이후에는 수출 경쟁력이 하락하면서 구조적인 어려움에 직면했다. 이는 대외 여건 변화에 따라 수출이 영향을 덜 받도록 제품의 질 향상과 원가 절감 노력과 같이 근본적인 차원에

3저 현상이 우리 경제에 미친 영향

첫째, 저금리 현상은 1970년대 말 석유파동으로 세계 경제가 급속히 냉각되자 경기를 부양하고자 각국 정부가 경쟁적으로 금리를 인하하면서 시작됐는데, 전 세계적인 저금리 현상으로 말미암아 당시 우리나라는 외채 부담 비용이 상당히 감소되는 효과를 보게 됐다.

둘째, 저달러/엔고 현상은 1980년대 미국이 경험하고 있던 무역적자와 재정적 자라는 이른바 '쌍둥이 적자' 문제가 그 배경으로 자리하고 있었다. 1985년 9월, 미국은 일본과 소위 '플라자 합의'를 이뤄내면서 달러화의 가치는 하락시키는 반면 엔화의 가치는 올리고자 시도했다. 그로 인해 플라자 합의 직후부터 달러 가치는 하락하고 엔화 가치는 상승하는 이른바 '저달러/엔고' 현상이 나타나게 된 것이다. 그 결과 일본 제품에 비해 가격 경쟁력이 높아진 우리 기업들의 수출 상품이 세계 시장에서 더 잘 팔리게 되면서 우리 경제는 처음으로 막대한 경상수지 흑자를 달성할 수 있게 됐다.

셋째, 1985년 12월 OPEC 회원국들은 담합(카르텔)을 통해 유지해왔던 유가제를 폐지하고 각자 시장점유율을 확대하기 위해 경쟁적으로 석유 생산을 늘리기 시작했는데, 이로 인해 원유의 국제 가격이 크게 하락했다. 석유 소비에 필요한 양을 100% 수입에 의존해야 하는 우리 경제 입장에서 보자면 이 같은 저유가는 주력 수출품의 생산비 절감과 가격 경쟁력 향상으로 이어졌고 결과적으로 경상수지 흑자로 연결됐다.

서 수출 품목들에 대한 경쟁력을 제고하기 위한 대책을 강구할 필요가 있다는 사실을 절감하는 계기가 됐다.

3. 대기업 중심의 경제구조[9]

우리나라는 정부 주도의 경제발전 과정, 그리고 고도성장기를 거치면서 흔히 말하는 재벌 또는 대기업 중심의 경제구조가 형성됐다. 그리고 이 같은 경제구조는 지금까지도 이어지고 있는데, 우선 그 배경을 조금 더 살펴볼 필요가 있다.

앞서 언급했듯이 정부는 개발 단계 초기부터 막대한 자본 투입이 필요한 중화학공업 육성정책을 추진했는데, 부족한 자본의 대부분은 외국 차관에 의존해야 했다. 그리고 이렇게 도입된 재원을 정책금융이라는 방식을 통해 소수의 기업들에게 집중적으로 지원하는 방식을 택했다. 그 과정에서 1960~1970년대에 대기업집단들이 등장하면서 우리 경제의 중추적 역할을 하게 됐고 시간이 지날수록 이들 대기업들이 중심이 되는 산업구조가 고착화돼 지금까지 이어져오게 됐다고 볼 수 있다.

당시로서는 생산설비 구축에 많은 재원이 소요되는 등 리스크가 상당히 높지만 공업입국을 위한 전략적 차원에서 필요하다고 판단한 정유, 화학비료, 화학섬유, 시멘트, 섬유산업 등을 정책적으로 육성하고자 했다. 정부는 이들 산업에 대해 타 기업의 진입을 제한했고, 거기에 더해 정책금융을 통한 저리의 자금 지원 그리고 각종 세금감면 등의 혜택을 부여함으로써 해당 기업들은 사실상 독과점적인 지위를 누리며 막대한 경제적 이윤을 추구하게 됐다.[10]

---

9 고영선(2008), 「한국경제의 성장과 정부의 역할: 과거, 현재, 미래」, 한국개발연구원에서 인용 및 참조
10 이한구(1999), 「한국재벌형성사」, 비봉출판사

표 1-6 1971년 10대 재벌 현황

재벌명	업종
삼성그룹	무역, 식품, 섬유, 전자, 언론
럭키그룹	화학, 전기, 전자, 정유
한진그룹	항공, 운수, 금융, 건설
신진그룹	자동차, 기계
쌍용그룹	시멘트
현대그룹	건설, 시멘트, 자동차
대한그룹	전자, 전선, 무역
한국화약	화약, 정유
극동그룹	조선, 해운
대농그룹	섬유, 양곡무역

자료: 이한구(1999), 「한국재벌형성사」, 비봉출판사

더 나아가 이들 기업들은 이를 토대로 사업 다각화를 통해 다양한 업종에 걸쳐 계열사를 신설하는 등 문어발식 사업 확장을 추구함으로써 한국 특유의 백화점식 기업집단, 즉 재벌이 형성됐다.[11] 예를 들어 1971년 당시 10대 재벌 중 삼성그룹은 무역, 식품, 섬유, 전자 등으로 사업영역을 확장했고 럭키그룹은 화학, 전기, 전자업종에 걸쳐 계열사를 확대하는 등 대기업집단들의 사업 다각화가 확산되면서 1990년대 중반에 이르러 최고조에 달하게 됐다.

대기업집단이 갖는 그 나름의 장점에도 불구하고, 과유불급이란 말

---

11 '재벌'에 해당하는 공정거래법상의 용어는 '기업집단(business group)'이다. 두 용어를 혼용해 사용하되, '기업집단'에 포함된 부정적 의미를 강조하는 경우에는 '재벌'이라는 용어를 사용하겠다.

표 1-7 30대 재벌의 국민경제적 비중(제조업)   (단위: 개, %)

연도	기업집단 수	계열기업 수	총자산	매출액	고용
1995	29	206	62.8	58.3	43.8
1996	28	213	63.3	56.0	43.6
1997	28	230	65.1	56.8	42.3
1998	28	204	64.0	55.2	39.6
1999	29	188	57.1	52.7	34.6
2000	27	148	42.0	39.8	21.8
2001	27	161	46.5	46.2	28.8
2002	30	176	44.3	44.9	28.3
2003	30	179	45.8	44.4	29.3
2004	30	205	48.3	46.9	30.9
2005	30	218	51.1	50.4	32.4

자료: 이주선 외(2007), 「한국의 대기업정책(상)」, 한국경제연구원

이 있듯이 대기업집단들의 무차별적인 사업 다각화로 과잉 중복투자나 경영의 비효율성 같은 문제가 붉어졌다. 또한 몸집이 너무 무거워지다 보니 외부 환경 변화에 신속히 대응할 수 있는 능력도 떨어지게 되는 한계에 봉착하게 됐던 것이다.

이런 온갖 문제점들이 누적된 결과가 1997년 한보철강과 기아차의 도산 등으로 나타났고, 결국에는 그해 말 국가 전체적으로 외환위기 상황을 맞이하게 됐다. 이처럼 일부 대기업집단들이 도산하는 과정에서 그들과 협력 관계로 연결돼 있던 수많은 중소기업들까지 연쇄도산의 늪에 빠지면서 자연스럽게 대기업 중심의 경제 운용에 대한 문제의식이 사회 전반으로 확산될 수밖에 없었다.

표 1-8 30대 재벌의 국민경제적 비중(서비스업)　　　　　　　　　　　　　　　　(단위: 개, %)

연도	기업집단 수	계열기업 수	총자산	매출액	고용
1995	28	224	23.8	36.4	17.0
1996	29	243	23.9	37.9	17.6
1997	29	292	26.1	41.1	17.9
1998	29	246	25.3	41.6	15.5
1999	28	245	21.4	34.5	13.3
2000	28	261	19.8	29.9	12.7
2001	29	292	17.0	24.8	10.6
2002	30	324	15.4	18.0	9.3
2003	30	332	15.0	14.2	9.0
2004	30	336	15.1	14.5	8.9
2005	30	345	14.7	14.2	8.9

자료: 이주선 외(2007), 「한국의 대기업정책(상)」, 한국경제연구원

　　한 예로 1997년 기준 제조업 분야에서 30대 대기업집단의 매출액과 고용 비중을 보면, 각각 56.8%와 42.3%로 절반 내외를 차지하는 것으로 나타났다. 서비스업의 경우에도 같은 해 30대 대기업집단의 매출액과 고용 비중이 각각 41.1%, 17.9%를 차지해 당시 우리 경제의 대기업 집중 현상이 얼마나 심각했는지 잘 보여준다고 하겠다.

　　이처럼 소수 대기업에 경제력이 집중되면서 정부·재벌·금융기관의 유착과 왜곡된 소유구조를 바탕으로 한 부실경영 문제가 수면 위로 불거지게 됐다. 이어서 이 문제가 점차 우리나라 경제의 부담으로 작용해온 사실을 부인할 수 없다. 이에 따라 소수의 대기업집단에 과도하게 쏠려 있는 경제력 집중 현상을 완화하고 경영구조를 개선하고자 정부

는 1986년 공정거래법을 개정해 경제력 집중 억제를 위한 제도를 도입했다. 그리고 하도급법(1984년), 약관법(1986년) 등을 제정함으로써 지금과 같은 공정거래제도의 기틀이 갖춰지게 됐다.

4. 외환위기의 발생과 극복

앞에서도 언급했듯이 정부 주도의 성장지향 정책, 그리고 그 과정에서 진행된 대기업집단의 문어발식 사업영역 확장과 중복 및 과잉투자, 그로 인한 자원의 비효율적 사용 등이 복합적으로 작용하면서 경제의 중심축 역할을 해왔던 대기업들은 외부 환경 변화에 근본적으로 취약할 수밖에 없게 됐다. 그러한 부작용들은 1997년 말 불어닥친 외환위기를 계기로 수면 위로 부상했는데 여기서는 그 과정을 간략히 살펴보기로 한다.

외환위기의 일차적인 원인은 금융 자유화와 개방화가 추진되는 과정에서 금융기관 간 과당경쟁으로 무분별한 해외자본의 유입, 과대여신으로 연결돼 금융기관 경영이 부실화되기 시작한 데서 찾을 수 있다. 이와 함께 단기외채 급증도 위기를 촉발시키는 데 기여했다.

많은 금융기관들이 단기 외화자금을 도입해 기업의 장기자금 수요를 충당시켜주었는데, 단기 외화차입금에 대한 만기연장이 이뤄지지 않자 유동성 부족에 빠지게 됐다. 이 같은 외환수급 만기의 미스매치가 외환위기를 초래한 도화선으로 작용하게 된 것이다. [표 1-9]는 금융기관 중 한 부류인 종합금융회사의 당시 장단기 자금 미스매치 실태를 여실히 보여주고 있다.

표 1-9 **종합금융회사의 외화자산·부채 현황** (단위: 억 달러)

중장기자산	135.2(92.9%)	중장기부채	50.8(35.3%)
(외화대출)	16.2(11.1%)	(Bank Loan)	23.8
(외화리스)	95.3(65.5%)	(외화증권발행)	24.5
(유가증권)	23.7(16.3%)	(한은수탁금)	2.5
단기자산	10.4(7.1%)	단기부채	93.3(64.7%)
(외화예치금)	2.5	(초단기차입금)	25.4
		(기타단기차입금)	67.9
외화자산 계	145.6(100%)	외화부채 계	144.1(100%)

주: 1997년 8월 10일 기준
자료: 최두열(2001), 「종금사에 대한 규제감독과 외환위기 발생」, 한국경제연구원에서 재인용

이를 좀 더 들여다보면, 당시 전반적으로 자본 이동이 통제된 상황에서 예외적으로 허용된 무역신용과 금융기관 간 차입이 크게 늘어났고 금융기관 간 차입자금 중에는 일본계 은행으로부터의 조달 비중이 상당히 많았는데, 1997년 여름 일본 은행들이 자국 내 금융시장의 어려움을 이유로 자금을 회수하기 시작하면서 우리나라 외환위기가 시작됐다고 보고 있는 것이다.[12] 즉, 종합금융회사와 은행을 비롯한 국내 금융기관들의 부실이 예상되자 국제 투자은행들이 국내 금융기관들에 대한 외화대출금을 회수하기 시작했고, 그로 인해 외환위기가 발생됐다는 것이다.

그러나 이는 외환위기의 도화선에 불과하고 보다 근본적으로는 고착화된 대기업 중심의 경제구조와 산업의 중복·과잉투자, 기업의 도덕적 해이 및 방만 경영과 같은 우리 경제 내에 자리 잡고 있던 구조적인 문제들이 누적돼 야기된 결과로 이해하는 것이 올바른 접근법이라고 생

---

12 이제민(2009), 「한국의 두 차례 외환위기」, 전국은행연합회

표 1-10 만기별·부문별 외채 분포 　　　　　　　　　　　　　　　　　　　　(단위: 십억 달러, %)

국가	월말	총액	만기분포(%)		부문별 분포(%)		
			단기	장기	금융기관	공공부분	비금융기관
한국	1995.12	77.5	70.0	18.8	64.4	8.0	27.6
	1996. 6	88.0	70.8	19.2	65.7	6.7	27.4
	1996.12	100.0	67.5	20.0	65.9	5.7	28.3
	1997. 6	103.4	67.9	19.8	65.1	4.2	30.6
	1997.12	93.4	62.8	23.3	59.2	4.3	36.4
	1998. 6	72.4	45.8	38.9	57.0	6.6	36.3
태국	1995.12	62.8	69.4	27.3	41.0	3.6	55.2
	1996. 6	69.4	68.9	27.4	40.3	3.1	56.4
	1996.12	70.1	65.2	30.2	36.9	3.2	59.6
	1997. 6	69.4	65.7	30.4	37.6	2.8	59.5
	1997.12	58.5	65.8	30.7	29.9	3.1	66.9
	1998. 6	46.8	59.3	36.5	26.1	4.2	69.6
인도네시아	1995.12	44.5	61.9	34.8	20.1	15.1	64.7
	1996. 6	49.3	60.0	35.8	20.5	13.3	66.2
	1996.12	55.5	61.7	34.1	21.2	12.5	66.2
	1997. 6	58.7	59.0	35.0	21.1	11.1	67.7
	1997.12	58.2	60.6	36.1	19.9	11.8	68.3
	1998. 6	50.3	55.0	41.7	14.2	15.1	70.6
아시아	1995.12	307.1	63.5	29.7	42.6	11.3	45.9
	1996. 6	337.8	63.3	30.2	43.6	9.8	46.4
	1996.12	367.0	61.5	30.7	43.3	9.0	47.6
	1997. 6	391.2	62.3	29.8	44.1	7.5	48.3
	1997.12	378.7	60.3	32.2	40.4	7.4	52.1
	1998. 6	324.8	53.5	38.6	37.3	8.9	53.7
개도국	1995.12	608.0	58.3	35.0	36.1	20.4	43.2
	1996. 6	657.1	58.8	34.6	37.2	18.0	44.6
	1996.12	708.2	57.7	35.1	36.7	17.1	46.0
	1997. 6	746.9	58.2	34.5	37.2	15.4	47.2
	1997.12	770.6	58.1	35.3	35.0	13.9	50.9
	1998. 6	736.1	54.7	38.4	32.2	14.9	52.7

자료: 박대근(1999), 「한국의 외환위기와 외채」, 경제분석(제5권 제1호), 한국은행에서 재인용

각한다.

표면상으로만 보자면 1997년 초부터 한보, 기아 등 몇몇 대기업들이 무너지면서 이들 기업에 막대한 대출을 해주었던 금융기관들의 부실자산이 급증하자 이것이 도화선이 돼 외환위기로까지 이어진 것은 맞다. 하지만 보다 근본적으로는 정부·재벌·금융기관의 유착과 왜곡된 소유 구조를 바탕으로 한 부실경영이라는 문제가 이미 내재하고 있었던 것이다.

참고로 당시 우리나라 기업들의 부채 규모는 GDP의 1.9배로 미국 (GDP의 0.96배)의 두 배 정도였다. 기업들의 부채 중 30대 대기업집단의 부채 비중이 31.4%나 됐다. 1998년 말 기준 10대 대기업집단의 자기자 본 대비 부채비율은 평균 308.8%로 그해 12월 결산법인 전체의 비율 인 평균 253.4%보다도 크게 높았다. 또한 1988~1996년 기간 중 우리 상장기업의 부채비율은 347%로 일본, 싱가포르 등을 포함해 주요 아시 아국가들 중에서도 제일 높은 수준이었다.[13]

1997년에 들어 대기업들의 연이은 파산, 그리고 이에 따른 협력업체 들의 연쇄도산, 국제금융기관들의 대출금 상환 연기 거부 등으로 국가 경제가 총체적인 난국에 빠지자 정부는 이를 해소하기 위해 외환보유 고를 긴급히 방출할 수밖에 없었다. 그 결과 외환보유고가 한계에 달한 1997년 12월 18일 한은 보유 잔액은 39억 달러까지 축소됐다.

환율이 급등하고 유동성 부족으로 기업들이 계속 도산하자 정부는 국가 부도라는 최악의 사태는 막아야겠다는 판단 하에 IMF에 긴급 구 제금융을 지원받기로 결정했다. 이에 따라 1997년 12월 14일 IMF와의

---

13 이인실(2017), 「2030 한국경제론」, 프리이코노미북스, pp.200-201에서 인용 및 참조

표 1-11 IMF 자금 지원 관련 주요 일지

일자	주요 내용
1997.11	IMF 자금 지원 요청
1997.12	대기성차관협약(Stand-By Arrangement) IMF 이사회 승인 (총 210억 달러 승인: 대기성차관 75억 달러, 보완준비금융 135억 달러)
1999.09	보완준비금융 135억 달러 9개월 앞당겨 조기상환 완료
1999.12	대기성차관 잔액 15억 달러 추가인출 중단
2000.06	최종 정책협의 종료(동년 8월 IMF 이사회 승인) (프로그램 3년 동안 IMF와 정책협의 11회 실시)
2000.09	IMF 대기성차관 60억 달러 조기상환 방침 발표 (2000년 IMF 연차총회 시(체코 프라하) 정부대표 기조연설)
2000.12	대기성차관협약 및 프로그램 종료
2001.01	대기성차관 조기상환 개시
2001.08	대기성차관 조기상환 완료(최종상환분 1.4억 달러)

대기성 차관 협약을 체결했다. IMF의 대출 프로그램에 따라 총 11차례에 걸쳐 거시경제정책 및 경제구조개혁 방향에 대해 정책 협의를 실시해 긴급 구제금융을 지원받는 조건으로 경제 전반에 걸쳐 방대한 개혁 조치들을 실행에 옮겨야 했다.

특히 외환위기 조기 극복을 위해 1998년 이후 정부는 금융건전성을 회복하기 위한 여러 개혁 조치들을 도입했다. 그 과정에서 퇴출 또는 인수·합병 등의 방법을 통해 부실에 빠진 금융기관들을 정리했다. 이에 따라 1997년 말 33개에 달했던 은행들은 2005년 말 19개로 축소됐고, 30여 개에 달했던 종합금융회사도 대부분 경영부실로 퇴출되면서 2개사로 정리됐다. 이처럼 부실 금융을 조기에 적극적으로 정리하기 위해 정부는 160조 원의 공적자금을 조성, 투입해야만 했다.

〈프롤로그〉 기적과 암초, 또 다른 기적을 위하여

1997년 하반기에 터졌던 외환위기가 최악의 순간으로 치닫고 있던 1997년 12월 18일은 대통령 선거가 치러지는 날이었다. 새벽 일찍 투표를 마친 나는 곧바로 김기환 당시 대외협력특별대사를 모시고 워싱턴으로 날아가 다음 날인 19일 오전, 미국 재무성의 로렌스 섬머스 부장관, 티모시 가이트너 차관보 등과 긴급 협의를 가졌다. IMF와 합의한 금융개혁 조치를 조속히 실시할 테니 미국 정부가 약속한 융자금은 물론 IMF, IBRD 등 국제금융기구들이 당초 약속한 융자금도 조기에 집행될 수 있도록 적극 도와달라는 요청을 하기 위해서였다.

섬머스 부장관은 그 자리에서 한국이 겪고 있는 외환 사정의 심각성을 절실하게 인식하게 됐다면서, 그날 밤 우리가 머물로 있던 호텔방으로 전화를 걸어와 미국 정부의 결정 사항을 통보했다. 국제금융기구들의 지원금 조기집행 문제를 한국 정부와 협의하기 위해 12월 20일 립튼 재무성 차관과 연방준비은행 관계관을 서둘러 서울에 보내기로 했다는 것이다. 이로써 국가 부도라는 최악의 상황만은 피할 수 있게 되는 하나의 전환점이 마련됐다.

자료: 김동수(2013), 『현재에 묻고 미래에 답하다』, 매일경제신문사, p.6에서 인용

비록 외환위기라는 비정상적인 상황 속에서 자의가 아니라 IMF 구제금융 프로그램에 따라 불가피하게 경제 전반에 걸쳐 광범위한 개혁 조치들이 도입되긴 했지만 금융감독 기능의 강화, 기업지배구조 개선은 물론 기업 경영의 투명성을 높이고 방만경영, 대마불사와 같은 경제 전반의 도덕적 해이 현상을 개선했다는 데 의미가 있다고 본다. 또한 이를 통해 시장 원리에 따라 상시적인 구조조정을 가능하게 하는 체제로 전환하는 계기가 됐다는 점에서 외환위기가 우리 경제에 끼친 긍정적인 역할이 있었다는 것을 부인할 수 없다. 그렇지만 외환위기를 극복하는

과정에서 200만 명 이상의 대량실업이 발생했고, 그로 인해 여러 사회적인 문제가 유발되는 등 치러야만 했던 대가도 혹독했다는 사실을 결코 간과해서는 안 될 것이다.

5. 외국인 직접투자의 활성화

1980년대에 들어 세계 시장의 흐름에 맞게 우리 경제의 국제화·개방화를 추구할 필요성이 증대됐고, 국제 경쟁력을 갖기 위해서는 선진 기술 및 경영기법을 조속히 도입해야 한다는 목소리가 커지게 됐다. 또한 우리 경제의 주도권이 정부에서 점차 민간으로 넘어가고 경제 규모가 지속적으로 확대됐다.

이러한 배경 하에 외국인의 우리 국내산업에 대한 투자 등 관심이 높아지게 됨에 따라 우리 산업의 대외개방이 자연스럽게 확대됐다. 1980년 9월 외국인 투자적격 업종의 확대 조치에 이어 1981년 6월 투자허용업종의 경우 100%까지 외국인의 투자가 가능하게 했고, 1984년 7월 네거티브리스트 제도로 전환해 전체 제조업종의 93%에 대해 외국인 투자가 허용되게 됐다.

나아가 정부는 1998년 9월 「외국인 투자 촉진법」을 제정하고, 이에 기초해 법인세 및 재산세 지원, 외국인 투자지역을 지정·공급하는 입지 지원 등의 외국인 투자 인센티브 제도를 운영하는 등 국내 산업에 대한 외국인 직접투자Foreign Direct Investment: FDI를 유도하기 위한 노력을 기울여왔다.

그 결과 [그림 1-13]에서 보듯이 1980년 101건 1.4억 달러 신고

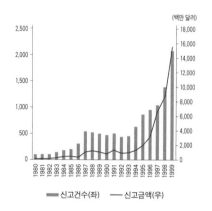

그림 1-13 FDI 추이

(백만 달러)

2,500 — 18,000
— 16,000
2,000 — 14,000
— 12,000
1,500 — 10,000
— 8,000
1,000 — 6,000
500 — 4,000
— 2,000
0 — 0

1980 1981 1982 1983 1984 1985 1986 1987 1988 1989 1990 1991 1992 1993 1994 1995 1996 1997 1998 1999

▨ 신고건수(좌)　── 신고금액(우)

표 1-12 2020년 FDI 산업별 비중

구분	신고건수	신고금액
농·축· 수산·광업	4건 (0.0%)	39백만 달러 (0.0%)
제조업	393건 (18.0%)	5,865백만 달러 (28.4%)
서비스업	1,732건 (79.3%)	14,354백만 달러 (69.5%)
전기가스· 수도 환경 정화·건설	56건 (0.0%)	382백만 달러 (0.0%)

자료: 산업통상자원부 외국인투자통계

에 불과하던 외국인 투자가 1988년 532건 13억 달러, 그리고 1999년 2,105건 155억 달러로 크게 늘어나게 됐다.

외국인 직접투자는 투자 형태별로 보면 국내 기업이 신주 발행을 통해 외국인 투자자금을 조달하거나 장기 차입하는 이른바 그린필드 투자와 국내 기업이 발행한 기존 주식을 외국인이 취득하는 M&A 투자로 나누어볼 수 있는데, 우리의 경우는 대부분이 그린필드 투자 형태이다. 또한 산업별 비중을 보면 서비스업과 제조업에 집중돼 있다.[14]

---

14 남종현·이홍식(2018), 「국제무역론」, 경문사, pp.236-262에서 인용 및 참조

외국인 직접투자의 경제적 효과

우리나라뿐 아니라 많은 국가들이 외국인 직접투자FDI 유치를 위해 각종 인센티브를 제공하고 있는데 그것은 다음과 같은 경제적 효과를 기대하기 때문이다.[14]

첫째, 투자유치국보다 기술우위 국가의 다국적기업을 통해 생산관리, 마케팅, 재고 및 품질관리, 경영 노하우 등을 전수받을 수 있고, 노동시장의 양적·질적 발전을 촉진하는 기회를 제공한다.

둘째, 다국적기업의 자회사는 현지에서 주로 중간재를 조달하는 경우가 많으므로 유치국 입장에서는 원자재 쪽으로 파급효과가 이어지는 후방 연쇄효과가 크게 나타나고, 또한 다국적기업이 현지 판매를 노리는 경우에는 투자유치국의 유통 및 판매 산업이 발달하게 되는 전방 연쇄효과를 기대할 수도 있다.

셋째, 외국인 직접투자는 수출에 긍정적인 영향을 미쳐 수출량이 늘어나는 효과가 크다.

끝으로, 가령 1990년대 후반 월마트나 까르푸 같은 세계적 유통기업의 한국 내 진출이 우리 토종 대형 유통업체의 경쟁을 촉발시켜 성장 촉진의 효과와 중소 유통업체의 폐업 등의 반 경쟁 효과가 동시 유발된 경험은 있지만 결론적으로는 정의 효과가 더 크다.

물론 이처럼 긍정적인 효과만 기대되는 것은 아니다. 외국인 투자수익의 반출에 따른 국부유출 가능성, 외국인 투자 집중 산업부문의 대외 의존성 심화에 따른 부작용 발생 가능성 등도 있다.

6. 금융 자율화 및 대외개방

실물부문에 대한 외국인의 직접투자가 활발히 이루어지는 흐름과 맞추어 금융부문에서의 자율화, 개방화 역시 자연스러운 방향이었다.

(1) 금융 자율화

1980년대 들어 지속된 '3저 호황' 속에서 당시 정부의 '안정 속의 성장'이라는 정책방향이 맞아떨어지면서 과거에 일상적이었던 두 자릿수의 소비자물가가 한 자릿수로 안정됐다. 그러자 1982년 이후 실질금리가 플러스로 돌아서게 됐고, 그에 따라 정부는 1984~1985년 사이에 부분적인 금리 자유화를 추진했다. 하지만 당시 기업들의 과도한 부채비율과 그로 인한 금융비용 부담이 커지자 제대로 추진되지는 못했다.

그러다가 1988년 말에 정부는 대폭적인 금리 자유화 계획을 발표했다. 하지만 1980년대 중반부터 2~3% 수준에서 비교적 안정세를 보여왔던 소비자물가 상승률이 갑자기 두 배 이상으로 뛰고 금리도 따라서 급격히 상승하자 정책 당국은 창구지도 형식을 통해 금리를 통제함으로써 제대로 된 자유화 체제를 이룰 수는 없었다. 결국 금리 자유화는 1990년대 들어서야 본격적으로 단계적인 과정을 거쳐 추진됐고, 1996~1997년에 이르러 비로소 금융기관별로 장·단기 금리의 자유화 모습을 갖추게 됐다.

금리 자유화 노력과 아울러 1980년대 초부터 정부는 정책금융 제도도 점차 개선해나갔다. 기왕의 정책금융 자금들 중에서 그 필요성이 낮은 부문부터 일반 금융으로 통합하고 이자 보조 역시 크게 축소했다. 1994년 한국은행은 정책금융 역할을 축소하고 본연의 역할인 통화 조절 기능을 강화하는 방향으로 그 기능을 대폭 보완했다. 즉, 여러 가지 유형의 정책금융 대출 가운데 정책적인 지원이 불가피한 부문은 재정으로 이관하고 상당수는 폐지하되 계속 존치가 필요한 부문은 '총액한도대출제도'를 신설, 통·폐합했다.

(2) 금융시장의 발달

우리나라 금융시장은 경제 규모의 확대, 정부의 자본시장 육성, 금융시장의 하부구조 정비·보완 등에 맞추어 그 규모가 지속적으로 확대돼왔다. 2017년 기준 단기금융시장과 자본시장을 합한 우리나라 금융시장의 규모는 절대액이 총 3,926조 원으로 1990년(158조 원)에 비해 25배 증가했고, GDP 대비로는 1990년 0.8배에서 2.27배 커졌다.

그럼 이하에서는 우리나라 금융시장이 시기별로 어떻게 발전해왔는지 조망해보고자 한다.[15]

1) 단기금융시장의 발달

통상적으로 단기금융시장이라고 하면 만기 1년 이내의 단기자금 조달을 목적으로 하는 금융상품이 거래되는 시장을 말한다. 현재 우리나라에는 콜 시장, 흔히 RP 시장이라 불리는 환매조건부채권Repurchase Agreements: RP시장, 양도성예금증서시장, 기업어음시장 등이 단기금융시장으로 분류되고 있다.

먼저 콜 시장은 금융기관 상호 간에 일시적인 자금 과부족을 조절하기 위해 초단기로 자금을 차입하거나 대여하는 시장을 말하는데, 1960년 7월 금융통화운영위원회가 은행에 대해 콜론call loan의 최고 금리를 13.87%로 규제하고 콜론을 대출 최고한도 적용 대상에서 제외할 수 있도록 결정하면서 제도적인 기반이 마련됐다. 2008년 글로벌 금융위기 이전까지 콜 시장에의 참가기관이 지속적으로 늘어나고 거래방식

---

15 한국은행(2016), 「한국의 금융시장」에서 인용 및 참조

표 1-13 우리나라 금융시장 규모 (단위: 조 원, 배)

구분	1990년(A)	2000년	2010년	2017년(B)	B/A
단기금융시장(C)²⁾	44.3	138.8	264.8	431.7	9.7
자본시장(D)	114.0	638.8	2,352.7	3,494.0	30.6
채권³⁾	35.0	423.6	1,112.9	1,605.4	45.9
주식⁴⁾	79.0	215.2	1,239.9	1,888.6	23.9
금융시장(C+D)	158.3	777.6	2,617.5	3,925.7	24.8
GDP 대비 금융시장 비율	0.80	1.22	2.07	2.27	–

주: 1) 기말잔액 기준
   2) 콜, 환매조건부매매, 양도성예금증서, 기업어음, 전자단기사채, 표지어음 및 1년물 이하 통화안정증권,
      재정증권 합계
   3) 상장채권 기준(단 1년물 이하통화안정증권 및 재정증권 제외)
   4) 한국거래소의 유가증권 시장 상장주식 및 코스닥시장 등록주식의 시가총액
자료: 한국은행; 한국거래소; 한국예탁결제원; 한국은행(2017)에서 재인용

도 개선돼왔다.

RP 시장은 미래 특정 시점 또는 거래 당사자 중 일방이 통지한 시점
에 특정 가격으로 동일한 증권을 다시 매수 또는 매도할 것을 약정하
는 방식으로 증권의 매매거래가 이루어지는 시장이다. 1977년 2월 한
국증권금융이 증권사에 채권보유자금을 지원하기 위해 RP 매수 업무
를 시작한 이래 1980년 2월 증권사들이 RP 매매 업무를 취급하면서 본
격화됐다.

1994년 11월 RP 거래 기관의 범위를 콜 시장 참가 금융기관으로 확
대하는 등 이후 기관 간의 RP 거래를 활성화하기 위한 정책들이 이어
졌다. 2007년 12월 기관 간 거래의 대상 증권이 완전 자유화되고, 대고
객 거래의 대상 증권도 대부분의 유가증권으로 확대됐다.

양도성예금증서negotiable Certificate of Deposit: CD란 은행이 정기예금증서

에 양도성을 부여한 금융상품인데, 이 증서가 발행·유통되는 시장이 바로 양도성예금증서시장이다. 1974년 5월과 1978년 3월 두 차례에 걸쳐 CD 제도가 도입됐지만, 활성화되지 못해 1977년 6월과 1981년 12월 각각 폐지됐다. 이후 1984년 6월 은행의 수신 경쟁력을 높이기 위해 시중은행, 지방은행, 한국외환은행에 대해 CD 발행이 재차 허용됐고 CD를 발행할 수 있는 은행의 범위를 점차 확대하는 방향으로 제도가 개선됐다.

기업어음Commercial Paper: CP은 신용 상태가 양호한 기업이 상거래와 관계없이 운전자금과 같은 단기자금을 조달하기 위한 목적에서 자기 신용을 바탕으로 발행하는 융통어음이다. 이 어음이 유통되는 기업어음시장은 1972년 8월 사채 동결을 주요 내용으로 하는 이른바 '8·3 조치'와 함께 「단기금융업법」이 제정되면서 그 제도적인 기반을 갖추게 됐다.

1972년 9월 최초의 단기금융회사인 한국투자금융주식회사가 취급하기 시작했고, 1976년 종합금융회사에까지 허용됐다. 이후 CP 시장 참가자의 저변을 확대하는 방향으로 제도 개편이 이루어졌는데 1998년 2월 단기금융시장 개방 계획에 따라 상업어음, 무역어음 등과 함께 CP에 대해서도 외국인 투자를 허용했다.

2) 자본시장의 발달과 대외개방

우리나라 자본시장이 시기별로 어떤 발전 과정을 거쳐왔는지도 살펴보고자 한다. 자본시장이란 기업, 정부, 지방자치단체, 공공기관 등이 필요로 하는 장기자금을 조달하는 시장으로 통상적으로 국채, 회사채, 주식 등 중장기 증권이 발행·유통되는 증권시장securities market을 의미한다.

정부, 공공기관, 민간기업 등이 비교적 장기로 불특정 다수로부터 거액의 자금을 조달하기 위해 정해진 이자와 원금의 지급을 약속하면서 발행되는 증권이 채권이다. 1950년 재정적자를 보전하기 위한 목적의 건국국채가 최초로 발행된 이후 채권시장을 육성하기 위한 제도적 개선이 지속적으로 이루어졌다. 1997년 말 외환위기 이후 은행 차입에 대한 의존도를 줄이기 위한 목적에서 기업들이 적극적으로 채권을 발행하면서 유통 규모도 크게 늘어나자 제도 개선 필요성이 부각됐다.

이에 따라 1997년 12월 회사채 발행 한도 확대, 외국인에 대한 채권시장 전면 개방이 이루어진 데 이어 1998년 8월 증권회사의 회사채 총액인수제도 의무화, 1999년 1월 국채 발행의 정례화, 1999년 3월 한국증권거래소 내 국채전문유통시장 개설 등 활성화 방안들이 지속적으로 추진됐다.

한국은행이 발행하는 채무증서인 통화안정증권이 발행·유통되는 통화안정증권시장의 경우 1961년 11월 「한국은행 통화안정증권법」이 제정되면서 34억 환 규모의 통화안정증권이 처음 발행됐다. 1972년 12월 통화안정증권 발행 방식에 상대매매 이외에 일반공모가 추가됐고 1977년 12월 「한국은행 통화안정증권법」을 개정해 통화안정증권 발행 한도를 금융통화위원회 결정 사항으로 변경했다.

한편 우리나라 주식시장은 1956년 3월 은행, 증권회사 및 보험회사의 공동출자로 대한증권거래소가 설립되면서 비로소 조직화된 시장의 모습을 갖추게 됐다. 이후 1962년 1월 「증권거래법」, 1968년 11월 「자본시장 육성에 관한 법률」, 1972년 12월 「기업공개촉진법」이 제정되면서 법률적인 토대가 마련됐다.

1987년 4월 증권업협회 내에 중소기업과 벤처기업을 대상으로 한

장외시장이 개설됐는데 이후 1996년 7월 코스닥 시장으로 새롭게 개장
됐고, 1997년 1월 「증권거래법」을 개정해 법적인 지위를 갖게 했다. 주
식시장의 대외개방은 1980년대 초부터 단계적으로 추진되기 시작해
1990년대 들어서 본격화됐다.

3) 외환시장 자유화 및 활성화

경제개발 초기 단계에 부족한 외환을 효율적으로 활용하기 위해
1961년 「외국환관리법」을 제정해 외환을 엄격히 관리해오다가 1997년
외환위기 이후 전면 자유화를 실시했다. 즉, 1999년 4월 기존의 「외국
환관리법」을 대신해 「외국환거래법」을 제정·시행하면서 종래의 '원칙
금지·예외 허용 방식positive system'에서 '원칙 자유·예외 규제 방식negative
system'으로의 전환을 통해 기업 및 금융기관의 대외 영업 활동과 관련
된 외환거래를 자유화했다.

2001년 1월 여행 경비, 해외 이주비 및 해외 예금의 한도를 폐지하
는 등 개인의 외환거래 및 기업의 해외 예금 및 해외 신용공여를 자유
화했다. 2002년 4월 「외환시장 중장기 발전 방향」을 발표해 2011년까지
3단계에 걸쳐 외환 자유화를 완료하는 목표를 세워 추진했다.

2005년 12월 자본거래 허가제를 폐지하고 신고제로 전환했다.
2006년 개인의 해외직접투자 한도 및 일반 투자자의 해외 증권 투자
종목 제한을 폐지했으며, 2007년 투자 목적의 부동산 취득 한도를 확
대하고 자본거래 신고면제제도를 도입하는 등의 자유화 조치를 이어나
갔다.

(3) 금융감독시스템의 부실

1960~1970년대 고속성장을 거쳐 민간부문의 경제 규모가 커지자 1980년대에 들어서면서부터는 기업의 자금 조달 창구인 은행과 비은행 금융기관들이 다양화되고 그 규모 역시 확대됐다. 그러나 이 같은 양적인 증가에 상응하는 금융감독 체제, 특히 금융 건전성에 대한 감독이 제대로 갖추어 있지 못했고, 이는 금융시스템의 불안정을 증폭시키면서 결국 1997년 외환위기를 초래하는데 상당 부분 영향을 미쳤다고 볼 수 있다.

금융기관에 대한 객관적이고 명확한 감독 기준이 부재하다 보니 부실화 징후를 조기에 파악하기에 한계가 있었고, 감독 당국의 시정 조치 역시 의무적이라기보다는 재량적 판단에 맡겨져 있었다. 또한 금융기관 형태별로 감독기구가 분리돼 있어서 감독 기준이 다르거나 또는 중복되는 경우가 있었고 거꾸로 감독의 사각지대가 존재하는 등의 다양한 문제가 있었다.

이외에도 금융감독을 위한 회계 및 공시 기준이 취약하고 신용기관의 평가능력과 공신력 역시 크게 떨어졌다. 이러한 문제점들에 대한 대응의 일환으로 외환위기 발생 이듬해인 1999년 1월 금융감독원이 통합·발족하는 등 은행, 증권, 보험 등을 포괄하는 통합적인 금융감독 시스템이 도입됐고 금융시스템 정상화를 위해 공적자금 조성을 통한 정부 주도의 신속한 금융구조 조정 작업이 진행되기도 했다.

제4장

경제(산업) 구조의 변화와
저성장 시기

1. ICT 중심의 경제구조 지향

앞에서도 언급했지만 1997년 외환위기는 여러 가지 면에서 한국 현대 경제사에 큰 변곡점으로 기록될 것이다. 특히 산업구조 측면에서 본다면 외환위기는 위기이자 큰 기회가 됐다는 것을 알 수 있다. 대마불사라는 신화가 깨지고 많은 대기업들이 쓰러지면서 구조조정이 본격화됐는데, 그 과정에서 우리의 주력산업 역시 ICT와 반도체 등 첨단산업 중심으로 빠르게 재편되는 등 산업구조의 질적인 변화가 본격적으로 시작됐기 때문이다.

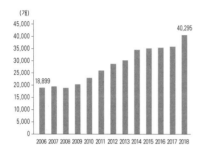

그림 1-14 ICT 산업 사업체 수 추이

(개)

자료: IT통계포털(ITSTAT)

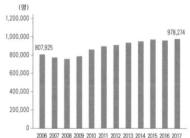

그림 1-15 ICT 산업 상용 종사자 수 추이

(명)

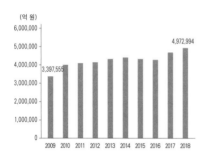

그림 1-16 ICT 산업 생산액 추이

(억 원)

자료: IT통계포털(ITSTAT)

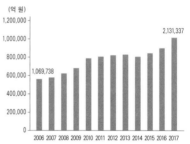

그림 1-17 ICT 산업 부가가치액 추이

(억 원)

이는 여러 통계자료를 통해서도 확인할 수 있다. 한 가지 예로 2000년 중반 이후 ICT 기술 관련 산업 비중을 살펴보면 ICT 전체 사업체 수는 2006년 약 1.8만 개에서 2018년 4만 개로 늘어났는데, 이는 연평균 6.5%씩 증가했다는 것을 의미한다. ICT 산업 전체 상용 종사자 수역시 2006년 약 80만 명에서 2017년 97만 명으로 연평균 1.8%씩 증가했다.

ICT 산업 전체 생산액과 부가가치액도 2010년대에 각각 연평균

그림 1-18 ICT 산업 수출입액 추이

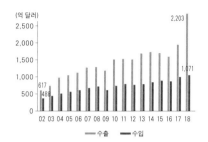

그림 1-19 ICT 산업 수출입액 비중

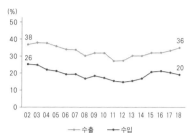

자료: e-나라지표, ICT 수출입 동향

4.3%, 5.6%씩 증가하며 크게 늘어났다.

ICT 산업의 수출액 역시 2002년 617억 달러에서 2018년 2,203억 달러로 증가하면서 과거의 중화학공업을 대신해 새로운 주력 수출 산업으로 자리 잡았고, 수입 또한 같은 기간 388억 달러에서 1,071억 달러로 2.8배 증가했다.

외환위기를 겪은 지 20여 년이 흐른 지금, 이 같은 변화의 토대 위에서 우리는 DNA_Data, Network, AI를 기반으로 하는 제4차 산업혁명 시대를 맞이하고 있다. 바야흐로 이제 우리는 또 다른 시대사적 전환기를 앞두고 있는 셈이다. 비록 산업화는 늦었지만 정보화만큼은 뒤지지 말자는 기치 아래 외환위기 이후 우리나라는 지난 20년 동안 세계가 부러워할 수준의 IT 인프라와 함께 정보 고속도로를 성공적으로 구축해온 결과, 온 국민의 초고속인터넷 가입률, ICT 발전지수 등에서 세계 1위일 정도로 눈부신 변화를 이루었다.

누구도 넘볼 수 없는 반도체 기술과 조만간 범용화 단계에 진입할 5G 통신망 보급으로 다른 나라들보다 한발 앞선 위치에서 4차 산업혁명 시대를 선도할 수 있는 필요조건을 갖추었다고 할 수 있다. 그런 의미에서 이 같은 성과를 바탕으로 저성장 진입 단계에 직면한 우리 경제가 새롭게 재도약하는 원동력으로 삼을 수 있는 지혜를 모아야 할 때라고 보인다.

박스 1-5

SK텔레콤, 하이닉스 인수 확정…범 ICT 기업군 탄생

(2011.11.11.)

SK텔레콤이 사실상 하이닉스 반도체의 새 주인에 이름을 올렸다. 향후 신주 발행 및 상세 실사, 최종 가격 조율이라는 과정이 남아 있긴 하나 SK텔레콤이 강한 인수 의지를 보이고 있어 이변이 없는 한 하이닉스는 SK텔레콤의 품에 안기게 됐다. 최종 인수 가격은 3조 3,000억 원을 웃도는 수준이 될 것으로 전망된다. 11일 하이닉스 반도체 채권단은 "SK텔레콤이 채권단이 산정한 최저 매각 기준가격 이상의 가격으로 응찰했다"며 "자금 조달 계획 등 적격성 심사와 주식매매계약서SPA 합의를 거쳐 우선협상자로 선정했다"고 밝혔다. 채권단은 본 입찰(10일) 전일인 9일을 기준으로 하이닉스 주가를 가중 평균해 하이닉스 최저 매각 기준가격을 3조 2,887억 원으로 결정했다. (중략) 채권단은 다음 주 중반쯤 SK텔레콤과 주식매매계약을 체결하고 약 한 달간의 상세 실사와 가격 조정(실사조정 한도 5%) 등을 거쳐 빠르면 내년 1월 중순쯤 매각 작업을 완료할 계획이다. (중략)

하성민 SK텔레콤 사장이 공표한 것처럼 반도체 사업 위험은 시스템 반도체 분야 강화로 줄여나갈 것으로 전망된다. 하 사장은 지난 8월 말 임시주주총회에서 "하이닉스가 기술력과 생산력은 검증받았으나 사업 비중이 메모리에 편중돼 있다"며 "통신사업과 연계성이 높은 비메모리(시스템반도체) 사업을 강화해 시너지를 높이겠다"고 밝혔다. (하략)

자료: 안철우 기자, 2011년 11월 11일, 이투데이

반도체 산업 역사 = 삼성전자의 40여 년 역사

　1974년 삼성반도체통신주식회사의 전신인 한국반도체주식회사가 설립돼 국내 기업에 의해 처음으로 손목시계용 IC 칩과 트랜지스터 칩 등을 개발, 생산하게 됐고, 이를 계기로 국내 반도체 산업은 큰 전환기를 맞게 됐다. (중략) 이병철 당시 삼성전자 회장은 전자부문을 살릴 수 있는 길은 핵심 부품인 '반도체 자급'이라고 판단, 1974년 12월 주변의 만류에도 사재를 털어 파산 직전에 몰린 한국반도체를 인수했다. 이미 반도체 산업이 성장 궤도에 오른 미국과 일본보다 27년이나 늦은 출발이었다. 삼성전자는 한국반도체를 반도체사업부로 흡수했지만, 자체 기술이 없어 난항을 겪으며 자본금만 날리는 그룹의 미운 오리새끼가 됐다. 1982년 반도체와 컴퓨터 사업팀을 조직하고, 본격적인 시장조사에 들어갔지만 반응은 냉담했다. '3년 안에 실패할 것이다', 'TV도 제대로 못 만드는데 최첨단산업으로 가는 것은 위험하다' 등 재계의 반대 여론과 업계의 냉소가 뒤따랐다. 일반적으로 반도체 사업은 인구 1억 명 이상, GNP 1만 달러 이상, 국내 소비 50% 이상이 돼야 가능한 사업으로 알려져 있는데, 당시 우리는 이 가운데 하나도 만족시키지 못하는 실정이었기 때문이다. 하지만 삼성은 반도체가 나라의 미래를 바꿀 수 있는 산업이라 확신했고, 대량생산이 가능한 메모리 제품 64K D램 기술 개발에 착수했다. D램은 당시 세계적으로 수요가 가장 많고 표준화된 제품이었지만 경쟁사도 많았고, 반제품을 들여다 가공하고 조립하는 당시 우리의 기술 수준에서는 무모한 도전이었다. 삼성은 1992년에는 '64M D램'을 세계 최초로 개발하며 메모리 강국인 일본을 추월했고, 1994년에는 256M D램, 1996년에는 1GB D램 등 연달아 세계 최초 모델을 내놓으며 차세대 반도체시장을 주도했다. 1990년대 중반부터는 비메모리 분야인 시스템 반도체를 신 성장 동력으로 삼았다. 반도체 산업은 일자리 창출과 국가 이미지 제고의 두 마리 토끼를 잡는 고부가 산업으로 인정받게 된 것이다.

자료: 국가기록원, IT 강국 대한민국을 이끌다, 반도체 기술에서 인용

2. 글로벌 금융위기의 발생

외환위기를 경험하고 나서 10년이 지난 후에 2008년 우리 경제는 다시 한 번 위기를 맞이해야 했다. 그런데 그 원인이 우리 내부적인 문제였다기보다는 '글로벌 금융위기'라는 말이 의미하듯 대외적인 요인으로부터 기인한 것이었다. 그렇지만 대외 의존도가 높은 우리 경제의 특수성을 감안할 때 글로벌 금융위기로 인해 우리 경제가 겪어야 했던 후유증은 상당했다.

우선 금융시장이 크게 동요됐다. 원/달러 환율이 2008년 중 한때 40% 이상 상승하는 등 변동성이 심했고, 국내 금융기관들의 외화 신규 차입 및 만기 연장이 순탄치 않아 정부의 지급보증 조치가 실시되기도 했다. 해외 자금이 증권시장에서 일시적이지만 급격히 빠져나가 국내 주식시장이 침체됐고, 채권금리가 상승하기도 했다. 2008년 4분기 GDP 성장률이 전기 대비 -4.6%를 기록하고 취업자 수가 감소하는 등 실물경제 또한 큰 충격을 피할 수 없었다.

연관 1-6

2008년 글로벌 금융위기의 원인과 전개 과정

위기의 단초는 미국의 서브프라임 모기지subprime mortgage라는 당시까지만 해도 이름도 생경한 비우량 주택담보대출에서 시작됐는데, 이는 소득수준이 낮아서 신용등급이 떨어지는 사람들을 위한 상품이었다.[16] 당시 모기지 회사는 주택 소유자에게 주택을 담보로 해서 주택 구입에 필요한 자금을 빌려주었는데, 이 대출채권을 계속 보유하지 않고 다른 금융회사에 재판매해 돈을 회수함으로써 새로운 대출을 일으킬 수 있었다.

그리고 모기지 채권을 구매한 금융회사는 이를 기초자산으로 하는 소위 유동화 과정을 통해 이를 증권화한 후 펀드 형태로 구성해 다양한 투자자들에게 판매했다. 이렇게 꼬리에 꼬리를 무는 방식의 서브프라임 모기지를 둘러싼 금융상품의 가치사슬 체계는 처음에는 일면 큰 문제없이 잘 굴러가는 듯 보였다. 그렇지만 금리가 오르기 시작하자 이 가치사슬 체계에 균열이 생기고 본격적으로 문제가 발생하기 시작했다.

글로벌 금융위기는 저금리 정책 하에서 국제 유동성이 크게 증가하고 모기지 대출을 유동화한 신용파생상품 시장이 확대된 상황에서 미국의 중앙은행FRB이 과도한 유동성을 흡수하기 위해 정책금리를 인상하면서 찾아왔다.[17] 물가가 장기간 안정을 유지하자 미국 중앙은행은 상당 기간 정책금리를 비교적 낮은 수준에서 안정적으로 유지해왔는데, 그 과정에서 모기지 대출을 유동화한 주택저당증권Mortgage Backed Securities: MBS에 대한 투자 수요가 급증했다.

그런데 미국 중앙은행이 2004년 중반부터 과도한 유동성으로 인한 기대물가를 차단하고자 정책금리를 인상하기 시작하자 모기지 금리도 따라서 상승하게 됐다. 그 영향으로 가계 이자 부담이 증가하고 주택 가격은 하락하기 시작했으므로 대출금 상환이 어려워졌다. 서브프라임 모기지 대출이 부실화되자 이를 기초자산으로 해서 발행된 주택저당증권 등 파생상품 가격이 폭락하게 됐고, 꼬리에 꼬리를 무는 방식의 이 상품의 특성상 이는 곧이어 투자금융기관들의 부실화로 이어질 수밖에 없었다.

2007년 6월 채권보증회사(모노라인)와 미국 5대 투자은행인 베어스턴스Bear Stearns가 부실화됐고, 이로 인해 미국발 금융위기가 본격적으로 전개되기 시작했다. 급기야 2008년 9월 15일 미국의 대표적인 투자은행인 리먼브러더스가 파산보호를 신청하기에 이르렀다.

---

16 손경환 외(2007), 「미국 서브프라임 모기지 위기의 실체와 시사점」, 국토정책 Brief(152호), 국토연구원
17 이하의 논의는 국회예산정책처(2009), 「글로벌 금융위기의 대응과 정책대응」에서 인용 및 참조

우리 경제가 1997년 외환위기 과정에서 경험했듯이 2008년 찾아온 금융위기로 인해 우선 미국의 실물경제 역시 큰 침체를 겪게 됐다. 그런데 세계 경제에서 차지하고 있는 미국 경제의 위치와 영향력으로 인해 미국발 경제위기는 곧 유럽과 아시아 지역으로 파급되면서 글로벌 경제위기로 확대되는 양상을 보였다.

이후 세계 각국은 글로벌 금융위기 극복을 위해 여러 가지 노력을 기울였다. 먼저 글로벌 금융위기의 진원지인 미국은 규모 측면에서 역대 최대 규모라고 할 수 있는 GDP의 5.5%에 해당하는 7,780억 달러 규모의 경기부양책을 마련했다. 동시에 신용경색 심화로 실물경기가 급속히 냉각되자 미국 중앙은행은 정책금리를 제로 수준으로 인하하는 것은 물론, 한발 더 나아가 이른바 '양적완화quantitative easing' 정책을 통해 경제 내에 유동성을 사실상 무제한으로 공급했다.

일본 역시 세계적 금융위기로 인한 수출 및 생산 감소 그리고 고용 악화 등을 타개하기 위해 총 76.5조 엔 규모의 경기부양 대책을 실행했다. 금융 측면에서는 이미 상당 기간 동안 유지해온 저금리 정책으로 통화금융 정책을 통한 경기부양 대책에 한계가 있자, 중앙은행이 직접 나서서 장기국채 매입 한도 확대, CP 매입 방식 변경 등과 같은 양적완화 정책을 구사했다. 또한 금융기관이 기업 대출을 회피함에 따라 기업에 대한 대출을 확대하기 위한 다양한 시책을 마련해 시행했다.

EU도 2,000억 유로 규모의 경기회복 대책을 마련했는데 부가세 인하, 고용 관련 예산의 조기 집행, 기업 투자 활성화 방안 등이 주를 이루었다.

중국은 2년간 GDP의 17%에 달하는 4조 위안을 정부가 직접 집행하는 재정정책을 발표했다. 설비투자를 촉진하기 위해 기계 구입 등 설

연금술과 서브프라임 모기지

(2008.10.26.)

동서고금을 막론하고 황금은 예로부터 부와 권력의 상징이었다. 그래서 황금을 차지하기 위한 인간의 욕심은 끝이 없었다.

그 결과가 때로는 전쟁과 살육으로 나타나기도 했고, 또 때로는 황금의 땅이라는 엘도라도의 전설을 만들어내기도 했다. 그렇지만 가장 극단적인 예를 들라면 아마도 연금술의 탄생일 것이다. (중략)

서브프라임 모기지란 신용도가 아주 낮은 사람들을 상대로 주택 시세와 비슷한 금액으로 융자를 해주는 대신 금리가 높은 금융상품을 말한다. 주택가격이 상승하거나 안정될 때는 별 문제가 없었지만 주택 경기가 침체로 접어들고 거품이 꺼지자 상환에 문제가 생기기 시작했고 주택대출은 부실 채권이 되고 말았다.

그렇지만 대출은행들은 이미 이럴 가능성에 대비해 서브프라임 대출을 증권화해 자산담보부증권CDO이라는 또 다른 형태의 채권을 발행함으로써 그 책임을 다른 사람들에게 전가시켜놓았다. 그런데 이 과정에서 금융공학이라고 불리는 연금술이 작동했다. 많은 투자자는 월가의 연금술사들이 만들어낸 복잡하고도 현란한 상품구조에 휘둘려 서브프라임 모기지나 CDO가 진짜 황금이 됐다고 믿었다.

그러나 그건 어디까지나 신기루에 불과했고 잔치는 거기서 끝났다. 그리고 그 뒤에 남겨진 것은 그린스펀이 말한 것과 같은 1세기에 한 번 일어날까 말까 한 경제 혼란이다. 이 같은 지구적 경제위기를 극복하기 위해 지금 각국 정부들은 국제적인 공조 체제를 구축하며 전방위적인 노력을 다하고 있다. (중략)

이러한 인식 위에서 정부는 앞으로도 규제 완화와 감세 등 기업들의 경영환경을 개선하고 공공부문을 선진화함으로써 우리 경제의 성장 잠재력을 제고할 수 있는 정책들을 일관되게 추진해나갈 것이다. (하략)

자료: 김동수, 2008년 10월 27일, 대한민국 정책브리핑

비투자 관련 부가가치세를 면제해주고 기술 개발 관련 투자를 늘리는 등 투자 확대를 유도하고, 소비 진작과 같은 내수 확대를 통해 수출 부진에 따른 성장 둔화를 최대한 억제한다는 내용 등이 포함됐다.

우리나라도 앞서 본 바와 같이 상당한 타격이 있었지만, 1997년의 외환위기 시절과는 다른 실물, 금융의 안정적인 기반 하에 그 당시의 위기를 교훈 삼아 여섯 차례에 걸친 기준금리 인하, 원화 및 달러화 유동성의 대대적인 공급, 재정지출 확대, 적극적인 산업구조조정 등 선제적이고 능동적인 금융·재정 및 실물 등 총체적인 대처로 OECD 회원국 중 가장 빠르게 위기를 극복한 모범적인 사례로 뽑히기도 했다.

미국에서 시작돼 전 세계를 강타한 2008년 글로벌 금융위기는 우선 주택관련 금융시장의 건전성을 확보하고 금융시장 전반의 안정성에 대한 상시 모니터링 및 리스크 관리 수단을 확보할 수단이 필요하다는 점을 일깨우는 계기가 됐다.[18] 또한 부동산시장이 모기지 대출 그리고 이를 기초자산으로 하는 파생상품을 통해 금융시장과도 밀접하게 연계돼 있다는 점에서 부동산시장의 위기가 경제 전반의 시스템적 리스크로 확대되지 않도록 사전적이고 선제적인 대응 능력 점검이 필요하다는 교훈도 가져다주었다.

이에 더해 경제의 글로벌화가 심화되면서 각국 경제의 상호 의존성이 높아지고 있는 것은 물론, 그 어느 때보다 긴밀하게 인적·물적 교류가 확대돼가고 있다는 점에서 한 국가, 특히 미국과 같은 세계 경제 중심 국가의 금융위기가 다른 국가로 전이되거나 파급되지 않도록 국가

---

18 손경환 외(2007), 「미국 서브프라임 모기지 위기의 실체와 시사점」, 국토정책 Brief(152호), 국토연구원

간 금융 협력 체계를 보다 강화해가는 노력이 필요하다는 점을 인식시켜주었다.[19]

3. 잠재성장률 하락과 저성장의 고착화

(1) 가라앉는 성장률

1960년대 들어 본격화된 경제개발 단계에서 오랫동안 고속성장을 지속해왔던 한국경제는 [그림 1-20]과 [그림 1-21]에서 보듯이 2000년 대에 접어들면서 본격적으로 저성장 시기로 진입하는 징후가 나타나기 시작했다. 이를 연도별로 나누어 살펴보면, 외환위기 직후인 1999년과 2000년 각각 11.3%, 8.9%의 높은 성장을 기록한 이후 우리 경제는 추세적으로 실질성장률이 하향하는 모습을 보여주고 있다.

우리 경제가 과연 저성장 단계로 진입했는지, 그리고 더 나아가 고착화되고 있는 것인지 여부를 진단하기 위해 여기서는 잠재성장률을 중심지표로 사용해 논의를 전개하고자 한다. 경제이론에서 말하는 잠재성장률이란 한 나라의 경제가 물가 상승 등의 부작용 없이 최대한 달성할 수 있는 성장률을 뜻한다. 달리 표현하자면 한 나라의 생산요소들인 노동과 자본을 효율적인 방식(생산성 수준)으로 투입하고 결합해서 만들어낸 성장잠재력을 의미한다고 볼 수 있다.[20] 따라서 잠재성장률을 높이

---

19 손경환 외(2007), 「미국 서브프라임 모기지 위기의 실체와 시사점」, 국토정책 Brief(152호), 국토연구원
20 한국생산성본부 생산성연구소(2015), 「잠재성장률과 총요소생산성의 관계」

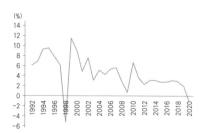

그림 1-20 연대별 실질성장률 추이

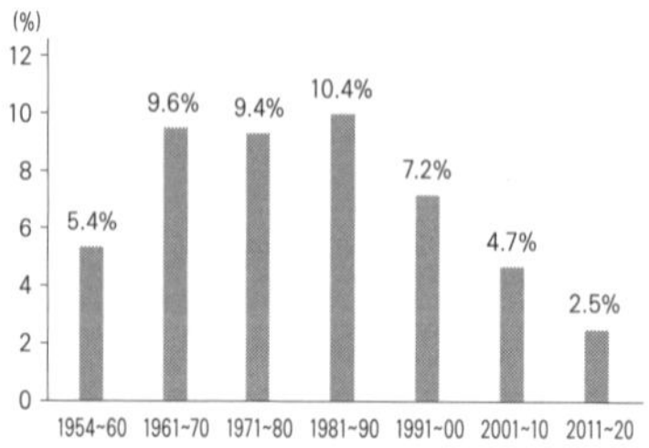

(%)

- 5.4% (1954-60)
- 9.6% (1961-70)
- 9.4% (1971-80)
- 10.4% (1981-90)
- 7.2% (1991-00)
- 4.7% (2001-10)
- 2.5% (2011-20)

주: 연대는 기간별로 단순 연평균
자료: 한국은행 경제통계시스템

그림 1-21 연도별 실질성장률 추이

(%)

려면 생산요소인 노동과 자본의 투입뿐만 아니라 생산성 향상을 동시
에 고려해야 한다.

　그런 의미에서 잠재성장률 추이와 관련된 국제적인 비교분석을 통해
우리나라 잠재성장률 하락의 원인과 그 의미를 한번 생각해볼 필요가
있다. 2019년 발표된 한국경제연구원의 분석에 따르면 1989~2000년
우리나라 잠재성장률은 7.7%였지만 2000년대 4.4%, 2010년대 중반
3.0%를 거쳐, 그 이후에는 2%대로 낮아진 것으로 추정되고 있다.[21]

　현재 대부분의 연구기관들은 2020년대 초반까지 2%대 후반, 그리고
2020년대 후반에는 2%대 전반의 잠재성장률을 전망하고 있다. 만약
생산성 향상이 없다면 2030년 이후 잠재성장률은 1%대까지 추락하면
서 저성장이 고착화 단계에 접어들 수 있다는 비관적인 전망도 나오고
있다.

---

21 한국경제연구원(2019.5.20.), 「향후 4년 평균 잠재성장률 2.5%, 2030년 1%대로 하락 가능
성 커」, 보도자료

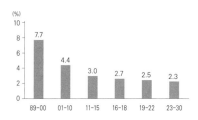

그림 1-22 **기간별 잠재성장률 추이와 전망**

(%)

89-00 : 7.7
01-10 : 4.4
11-15 : 3.0
16-18 : 2.7
19-22 : 2.5
23-30 : 2.3

자료: 한국경제연구원(2019.5.20.),「향후 4년 평균 잠재성장률 2.5%, 2030년 1%대로 하락 가능성 커」, 보도자료

표 1-14 **기관별 잠재성장률 전망**

기관	기간	전망
한국은행	2016~20	2.7~2.8%
국회예산정책처	2018~22	2.7%
IMF	2021~30	2% 초반

이와 관련해 한국은행에서도 우리나라 잠재성장률이 최근 빠르게 하락하고 있다고 분석했다.[22] 2016~2020년 잠재성장률은 2.7~2.8%로 기존 추정치인 2.8~2.9%과 비교해 0.1%p가량 낮아졌다고 분석하면서 2019~2020년 잠재성장률은 2.5~2.6% 수준인 것으로 추정했다.

(2) 성장률 저하의 요인 분석

잠재성장률 하락의 요인과 관련해서 한국은행은 2010년 이후 총요소생산성의 개선 추세가 정체되고 노동, 자본 등 생산요소의 투입 증가세가 둔화되고 있다는 점을 들었다. 잠재성장률이 하락하게 된 구체적인 원인으로는 출산율 저하로 15세 이상 인구 증가세가 둔화되고, 우리 경제가 성숙기에 접어들면서 민간부문의 투자증가율이 둔화되고 있는 데 기인하고 있다고 진단했다. 아울러 대외적인 불확실성 증대로 투자가 위축되고 있는 것도 나름 영향을 미친 것으로 분석하고 있다.

---

22 한국은행, 우리나라 잠재성장률 추정

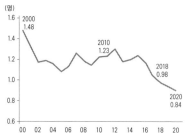

그림 1-23 **합계출산율 추이와 전망**

주: 합계출산율: 한 여자가 가임기간(15~49세) 동안
　　낳을 것으로 예상되는 평균 출생아 수
자료: 통계청(2019), 「장래인구추계」

그림 1-24 **생산가능인구 추이와 전망**

주: 2016년까지는 확정인구, 2017년 이후는 변경될
　　수 있음
자료: 통계청(2019), 「장래인구추계」

표 1-15 **시기별 경제성장률 및 성장기여도** (단위: %)

기간	실질GDP	취업자	물적자본	총요소생산성
1991~00	7.0	1.0	3.8	2.0
2001~10	4.4	0.8	1.9	1.6
2011~18	3.0	0.8	1.4	0.7

자료: 권규호(2019), 「글로벌 금융위기 이후 우리 경제의 성장률 둔화와 장기전망」, KDI 경제전망, 한국개발연구원

한국은행이 올바르게 진단내리고 있는 것과 같이 우리나라 경제의 저성장에 대한 근본적인 원인은 저출산·고령화라는 인구구조의 변화, 기업의 투자위축(특히 국내 투자), 그리고 생산성 둔화 등이 모두 복합적으로 작용한 결과라고 이해할 수 있다. 앞에서도 서술한 바와 같이 잠재성장률은 노동투입 증가율, 자본투입 증가율, 총요소생산성 증가율에 의해 결정되는데 저출산 등 인구구조의 변화와 총요소생산성의 증가 둔화 등이 결합 작용하면서 하향 추세를 그리고 있는 것이다.

　　노동력에 이어 총요소생산성의 경제성장에 대한 기여도를 한번 살펴

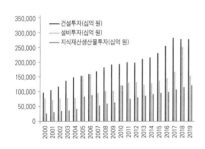

그림 1-25 **총고정투자 항목별 추이**

- 건설투자(십억 원)
- 설비투자(십억 원)
- 지식재산생산물투자(십억 원)

자료: 한국은행 경제통계시스템

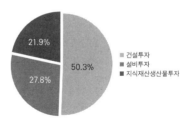

그림 1-26 **2019년 총고정투자율 비중**

21.9%
50.3%
27.8%

- 건설투자
- 설비투자
- 지식재산생산물투자

보자. 이를 시기별로 보면 1990년대 2.0%에서 2000년대 1.6%, 2010년
대 0.7%까지 기여도가 계속 낮아지고 있는 것으로 나타났다.

총요소생산성 하락은 일차적으로 주력산업의 경쟁력 둔화, 서비스산
업의 낙후된 생산성, 인건비 상승에 따른 노동 투입비용 증가, 기업 투
자 감소, 그리고 제조업 위기 등과 같은 구조적인 요인들에서 그 원인을
찾을 수 있다.

일례로 우리나라 서비스업의 노동생산성은 2018년 기준 미국의
53.0%, 일본의 86.2%, OECD 평균의 70.1% 수준에 불과한 매우 낮은
수준이다. 이는 1997년 외환위기, 그리고 2008년 글로벌 금융위기를
거치는 과정에서 우리 경제의 산업구조가 재편됐는데, 상당수의 인력
이 제조업에서 생산성이 낮은 서비스업으로 대거 이동한 결과라고 이해
되고 있다.

노동생산성을 초과하는 과도한 임금 상승에 따른 노동비용 상승과
이로 인한 기업들의 부담 증가, 그리고 투자 여력 감소도 총요소생산성
을 하락시키는 요인이다. 더불어 우리나라 소득수준이 사실상 선진국

그림 27 **설비투자율 추이**

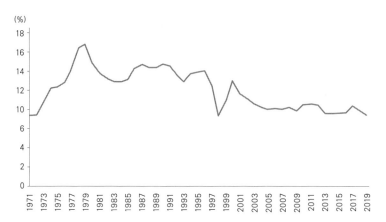

자료: 국가통계포털(KOSIS)

수준으로 진입함에 따라 종래와 같은 추격형 성장 모델이 한계에 다다랐고, 대기업 중심의 산업생태계에서 신산업으로의 전환 속도가 느리고 스타트업 성장 등 혁신을 유인하는 시장의 역동성이 부족한 것도 생산성 하락의 주요 원인으로 지목되고 있다.

마지막으로 기업의 투자구조 변화도 저성장 원인으로 여겨지고 있다. 국내 투자의 경우 상당 부분이 건설투자 위주로 진행되면서 설비투자가 부진할 뿐 아니라 기업들이 국내 투자보다는 해외 투자에 치중하고 있기 때문이다. 통계자료를 통해 이를 좀 더 들여다보자.

우선 국내총생산에서 총고정자본형성 지출 비중은 1997년 외환위기 이후 30% 초반 수준에 머물러왔다. 2019년 기준 국내 총고정자본형성 중 건설투자는 50.3%, 설비투자는 27.8%, 지식재산생산물투자는 21.9%의 비중을 차지하고 있는 데서 알 수 있듯이 건설투자 비중이 절반을 차지하고 있다.

표 1-16 **주요 산업별 설비투자 비중** (단위: %)

연도	반도체	디스플레이	통신기기	가전	석유화학	자동차	철강	조선
2010	24.88	23.16	1.99	5.32	5.57	5.51	10.25	1.75
2011	23.37	19.17	1.36	5.09	8.33	8.07	8.49	2.51
2012	24.86	18.65	0.75	5.3	8.26	8.21	8.97	2.06
2013	23.93	19.33	1.31	5.69	7.81	8.45	8.5	1.54
2014	25.66	6.49	5.79	7.6	5.84	11.82	5.13	2.2
2015	28.03	5.07	8.87	6.33	6.35	11.77	3.69	1.6
2016	25.88	6.89	10.62	9.99	5.64	12.14	2.05	1.43
2017	35.55	5.21	3.59	14.44	5.87	9.26	2.15	0.45
2018	44.49	6.19	3.36	4.07	5.15	9.88	2.46	0.82
2019	40.56	10.92	3.48	4.14	4.69	9.76	2.59	0.90
2020	41.89	7.27	4.01	4.83	4.20	10.73	3.44	1.06

주: 제조업 내 해당 산업 비중, 2020년은 추정치
자료: 산업연구원 산업통계분석시스템

국내 총고정자본형성요인들 중에서 설비투자는 기업이 장단기 생산을 목적으로 기계장치나 운반차량 등과 같이 생산 활동과 밀접하게 연계돼 있는 자본재를 도입하는 것이므로 이를 보다 세밀하게 살펴볼 필요가 있다. GDP 대비 설비투자 비중은 고도성장을 기록했던 1970년대 이후 10%대를 유지하다가 외환위기인 1998년 8.2%까지 급락했고, 2000년대 들어 일시적으로 회복한 후 지금까지 8%대에 머물고 있다.

이를 산업별로 보면, 2020년 기준 제조업이 전체 설비투자 중 51.7%, 서비스업이 28.1%로 대부분을 차지하고 있다. 2010년 이후 10년간 제조업 중 설비투자를 업종별로 살펴보면 반도체, 통신기기 등 첨단산업에 대한 투자 비중이 꾸준히 증가했다. 그 결과 2020년 기준 반도체 비중이 가장 높고, 자동차, 디스플레이, 가전, 석유화학, 통신기기 순으로 설비투자 비중이 높다.

이처럼 반도체를 포함한 IT 부문에 대한 설비투자 비중이 높기 때문에 IT 산업에서의 수요 둔화는 우리나라 성장에 미치는 부(-)의 파급효과가 크고 직접적일 수밖에 없다. 이와 함께 2000년대에 들어와서는 IT 등 지식재산물에 대한 투자 증가 속도가 가파르게 상승하는 모습을 보이고 있는데, 그로 인해 고용 없는 성장이라는 현상이 심화되고 고용률이 저하되는 큰 요인으로 작용하고 있다.

(3) 증가하는 해외투자

우리 기업들의 국내 투자는 감소하고 있는 반면 해외직접투자Outward Direct Investment: ODI는 증가해왔다는 점에서 이를 국가별·목적별 등으로 세분화해 그 추세와 현안을 들여다볼 필요가 있다. 해외직접투자란 국내 거주자(개인 또는 법인)가 국외 기업에 대한 경영 참여를 목적으로 10% 이상의 주식 또는 동등한 지분을 취득하거나 1년 이상 기업에 대부하는 투자를 의미한다. 우리나라의 해외직접투자 추이를 살펴보면 신규 법인 수 기준으로는 2000년대 후반 이후 그 증가폭이 주춤하고 있지만, 투자금액 기준으로는 2000년대 이후 지속적으로 증가하는 추세다.

지역별로는 전통적으로 유럽, 아시아 및 북미 지역으로 기업들의 해외 투자가 집중되고 있다. 다만 2005~2018년 기간 중에 중남미 지역에 대한 투자가 연평균 17.4%, 중동은 11.3% 증가해 유럽과 아시아 지역과 비교해 투자가 빠르게 증가했다.

그림 1-28 **해외직접투자 추이**

(개)
7,000
6,000
5,000
4,000
3,000
2,000
1,000
0

(백만 달러)
70,000
60,000
50,000
40,000
30,000
20,000
10,000
0

1980 1982 1984 1986 1988 1990 1992 1994 1996 1998 2000 2002 2004 2006 2008 2010 2012 2014 2016 2018 2020

■ 신규법인 수(좌)　　　— 투자금액(우)

자료: 한국수출입은행 해외직접투자통계

　최근 아시아 지역의 해외직접투자 중에서는 베트남과 인도네시아 등 아시아 신흥국이 우리 기업들의 해외 투자를 견인하고 있는 것을 알 수 있다. 이는 저임금을 활용할 목적의 해외 투자 중심 국가가 과거 중국에서 베트남으로 바뀌고 있다는 사실을 보여준다. 우리나라 5대 아시아 신흥 투자국 가운데 베트남은 2009~2013년 기간 11.9%에서 2014~2018년 기간 26.5%로 증가했으며, 베트남에 대한 저임금 활용 목적의 투자 비중 또한 같은 기간 중 30.1%에서 62.6%로 크게 증가했다.

　우리나라 기업들의 해외직접투자는 대부분 현지 시장을 선점하고 확보하는데 가장 큰 목적이 있다. 관련 자료를 보면, 2018년 기준 현지 시장 진출 목적의 해외직접투자 비중은 50.6%, 제3국 진출 목적은 32.9%로 높은 비중을 차지하고 있지만 보호무역 타개(0.2%), 저임금 활용(1.7%) 등과 같은 목적은 비중이 낮은 것으로 나타났다.

표 1-17 **우리나라 5대 아시아 신흥국 투자 현황**

구분	2009~13		2014~18	
	투자액 (억 달러)	비중 (%)	투자액 (억 달러)	비중 (%)
베트남	47	11.9	108	26.5
인도네시아	41	10.3	33	8
인도	16	4.0	26	6.4
말레이시아	30	7.7	9	2.3
미얀마	18	4.6	14	3.5
합계	152	38.5	190	46.7

주: 1) 2014~18년 투자 상위 5개 지역
2) 비중은 30개 아시아 신흥국(IMF 기준) 직접
투자 대비 해당국 비중
3) 누적 투자액 기준
자료: 이부형 외(2019), 「한국의 해외직접투자 특징
과 시사점: 중국과 주요 아시아 신흥국 비교」,
한국경제주평(839호), 현대경제연구원

그림 1-29 **국가별 저임 활용 목적 투자 비중**

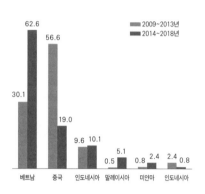

주: 대 중국 및 5대 신흥국 투자액 대비 해당국 저임
활용 목적 투자 비중
자료: 이부형 외(2019), 「한국의 해외직접투자 특징
과 시사점: 중국과 주요 아시아 신흥국 비교」,
한국경제주평(839호), 현대경제연구원

　　기업들의 해외직접투자와 진출을 부정적으로만 볼 필요는 없다. 경제구조가 선진화될수록 제품의 가격 경쟁력을 확보하기 위한 차원에서 노동력이 좀 더 싼 나라로 생산 기반을 옮기는 현상은 다른 선진국들에서도 나타나고 있는 보편적인 현상이기 때문이다. 이를 통해 새롭게 떠오르고 있는 신흥국 시장에 조기 진입해 공고한 사업 기반을 마련하는 효과도 기대할 수 있다. 그리고 이런 과정을 통해 세계적인 생산 네트워크라는 생태계 역시 구축될 수 있는 것이다.

　　그렇지만 현재 우리 경제가 맞이하고 있는 고용 없는 성장을 극복하기 위해서는 국내 기업들이 해외보다는 적극적으로 국내에 투자함으로써 물적 자본의 성장기여도를 제고할 수 있도록 하는 정책적 노력이 필

요하다. 특히 우리나라 기업들이 느끼는 규제부담은 매우 높은 수준이므로 투자 관련 규제를 완화하고 현재 일부 영역에 국한해 시행하고 있는 규제 샌드박스 제도를 확대하는 것과 같이 적극적인 규제 개혁을 추진함으로써 기업의 규제 개선에 대한 체감도를 높일 필요가 있다. 이와 관련해서는 제9장에서 좀 더 깊이 있게 다루고자 한다.

우리나라는 지금까지 국민 1인당 소득이 100달러가 채 안 되던 1960년대 초 어려웠던 경제 환경을 딛고 온 국민이 합심해 노력해왔다. 그 과정에서 많은 부작용이 파생된 것도 분명한 사실이지만, 이제는 1인당 3만 달러가 넘는 세계 10위권 경제 대국으로 성장했다. 다음 제2부에서 이처럼 대변혁을 이끈 핵심 요인들은 무엇이었는지 짚어본다.

한국경제의
성장동인과 특징

앞에서 본 바와 같이 우리 경제는 지난 60년간 비약적인 성장을 기록한 것은 분명하다. 그러나 그 과정에서 적지 않은 문제점이 표출된 것도 사실이기에 이러한 한국식 성장 모형이 다른 개도국들의 롤모델로 적용될 수 있는가 하는 점에 대해서는 논란의 소지가 있을 수 있다.

소규모 개방경제의 한계를 극복하고자 수출지향형 성장정책을 추구하고 특히 대기업 육성을 통한 글로벌 경쟁력을 추구하다 보니 수출산업과 내수산업 간, 그리고 대·중소기업 간 여러 면에서 불균형이 심화됐다. 생산성 차이 등에 따른 수익구조 및 종사자 간 임금 격차 심화 등이 대표적인 예다. 수출지향 정책에 따른 산물일 수도 있겠지만, 제조업과 서비스산업 간 불균형 문제도 지금 우리가 해결해야 할 큰 숙제로 남게 됐다. 또한 성장의 파이를 키우는 데 최우선 목표를 두고 달려오다 보니, 그 구성원들의 피와 땀의 결실인 성과물의 적정 배분을 비롯한 국민 복지가 이제는 큰 이슈로 부각되고 있다.

이러한 이슈들은 마지막 파트인 제3부에서 자세히 다루기로 하고 여기서는 제1부에서 시기별로 우리 경제가 다른 모습을 보이면서 성장해왔는데, 그 주요한 동인들에 대해 나름대로 분석해보고자 한다.

제5장

선택과 집중

경제개발 초기 우리나라는 자본과 자원이 전무한 상황이었으므로 그러한 한계를 극복하기 위한 해결책을 국내보다는 해외에서 찾을 수밖에 없었다. 그 일환으로 국내 내수시장의 한계를 뛰어넘기 위해 처음부터 과감한 수출 드라이브 정책을 펼쳤다.

또한 우리나라 경제가 본격적으로 성장 단계에 진입하면서는 경공업 → 중화학공업 → 대기업 육성과 같이 단계적인 방향으로 확장적인 산업정책을 추진했다. 즉, 개발 초기 인적·물적 자원의 한계, 취약한 기술 수준 및 국제 경쟁력 등과 같은 불가피한 현실에 맞춰 1960년대에는 우선 경공업 중심으로 1970~1980년대에는 중화학공업 위주로 산업육성정책을 전개했다.

그 과정에서 규모의 경제와 함께 국제적인 경쟁력을 갖추기 위해 불가피하게 불균형성장이론에 입각해 대기업 육성정책을 병행했다. 그로 인해 오늘날 우리 경제 내 구조적인 문제 중 하나로 지적되고 있는 대·중소기업 간 불균형과 같은 후유증이 나타났지만, 개발연대 시대에 우리 경제의 고도성장에 기여한 바가 컸다는 사실만은 부인할 수 없다.

이하에서는 이러한 성장 전략 이면에 자리하고 있는 우리나라 경제의 성장동인과 특징을 제조업 중심의 성장 전략, 수출 주도 성장 전략, 그리고 적극적인 R&D 전략으로 정리해 하나씩 살펴보기로 한다.

1. 제조업 중심의 성장 전략

우리나라는 경제개발 시대에 들어서면서 정부 주도의 적극적인 중화학공업 육성정책을 추진하고 이를 통해 핵심적인 제조업을 육성하고자 했다. 특히 1962년부터 시작된 경제개발 5개년 계획을 통해 정부 주도의 산업정책이 추진됐다. 경제개발 5개년 계획의 핵심적인 산업정책은 공업화라고 할 수 있으며, 제1차 5개년 계획에서는 우선 수입대체 지향 공업화가 시도됐다.[23] 이후 철강·석유화학과 같은 중후장대重厚長大형의 중화학공업을 육성하고자 노력했다.

이에 따라 경제개발 초기의 산업구조는 농림수산업의 비중이 많았으나 적극적인 공업화 정책에 따라 제조업 중심의 경제구조로 빠르게

---

23 고영선(2008), 「한국경제의 성장과 정부의 역할: 과거, 현재, 미래」, 한국개발연구원

그림 2-1 **석유화학공업단지 전경**(1974년, 울산) 그림 2-2 **포항종합제철 전경**(1970년)

자료: 국가기록원

표 2-1 **경제개발 초기 산업별 부가가치 비중**   (단위: %)

구분	1966~'72	1973	1974	1975	1976	1977	1978	1973~'78
총부가가치	100	100	100	100	100	100	100	100
농림어업	31.1	26.6	26.4	27.0	25.6	24.3	22.3	25.4
광업	1.7	1.1	1.2	1.5	1.2	1.4	1.4	1.3
제조업	18.7	23.2	22.8	22.2	23.9	23.5	23.7	23.2
전기, 가스 및 수도산업	1.3	1.3	0.8	1.2	1.3	1.5	1.5	1.3
건설업	4.4	4.2	4.3	4.5	4.4	5.3	7.3	5.0
서비스업	42.9	43.6	44.6	43.6	43.6	43.9	43.8	43.9

주: 경제활동별 GDP 및 GNI(원계열, 명목, 연간)
자료: 국가통계포털(KOSIS)

전환됐다. [표 2-1]에서 확인할 수 있듯이 1966~1972년 기간 중에 제
조업의 부가가치 비중은 18.7%를 차지했으나 1973~1978년 사이에는
23.2%로 크게 높아졌다.

또한 1970년대 초반까지는 경공업 비중이 중화학공업 비중보다 높았
으나 점차 중화학공업 비중이 늘어나면서 1970년대 후반에는 거의 비

그림 2-3 경공업 및 중화학 공업 비중

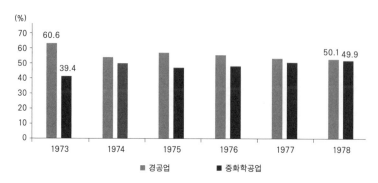

자료: 국가기록원(1993), 「한국외자도입 30년사」

그림 2-4 2017년 주요국 제조업의 부가가치 비중

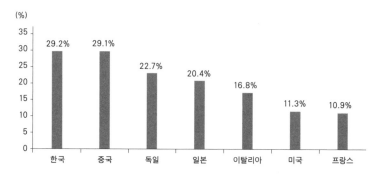

자료: UN 통계자료(UNStats)

숫한 수준에 도달하게 됐다. 통계적으로 보자면 1973년 경공업과 중화
학공업 비중은 각각 60.6%, 39.4%였지만 1978년 경공업과 중화학공업
비중이 각각 50.1%, 49.9%를 차지하게 됐다.

특히 우리나라의 중화학공업은 기계산업과 금속산업에 의해 주도됐

그림 2-5 제조업 노동생산성 국제비교

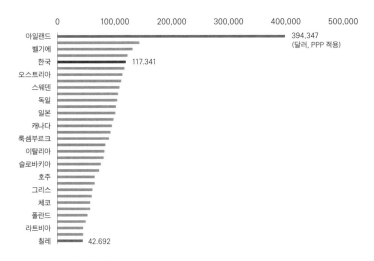

주: 1) 취업자당 노동생산성 기준
    2) 2017년 기준(호주는 2015년)
자료: 한국생산성본부, 생산성통계

고,[24] 그 결과 중화학공업 중심의 제조업에 대한 의존도가 높은 경제구
조로 체질이 바뀌게 됐다. 1980년에 이르러서는 부문별 경제구조가 농
림어업의 부가가치 비중은 16.0%, 광업은 1.3%, 제조업은 24.7%, 서비
스업은 48.0%를 차지해 전형적인 개발도상국형 구조로 변모하게 됐다.

제조업 의존도는 주요국과 최근 비율로 비교해보아도 높은 수준이다.
2017년 기준 제조업의 부가가치 비중이 29.2%를 차지하고 있는데 중
국 29.1%, 독일 22.7%, 일본 20.4%보다 높은 수준이다.

이렇게 제조업 중심의 성장 전략을 추구하다 보니 2017년 기준 제조

---

24 민경휘(1993), 「한국산업의 연관구조 변화와 대일 비교」, 연구총서(8호), 산업연구원

업에 있어 취업자당 노동생산성은 11만 7,341달러로 아일랜드, 벨기에 등에 이어 상위권을 기록하는 등 제조업 분야의 국제 경쟁력은 상당한 수준에 이르게 됐다. 그러나 서비스업 분야는 낮은 노동생산성, 제조업과 서비스산업 간 불균형과 같은 문제들이 불거지게 됐는데, 이에 대해서는 제12장에서 다루고자 한다.

2. 수출 주도 성장 전략

우리나라는 한국전쟁으로 인해 대부분의 기간시설이 파괴됐고 경제발전을 위한 자원이 빈약한 실정이었다. 또한 소득수준이 낮아 유효 수요가 창출되기 어려운 당시 사정과 소규모 경제로 인한 좁은 시장의 한계를 극복하기 위해서는 대외로 눈을 돌릴 수밖에 없었던 상황이었다. 그렇기에 적극적인 수출 주도 성장 전략을 채택하게 됐다.

1960년 중반부터 본격적인 수출 지원을 추진한 결과 1970년부터 수출액이 증가하는 추세를 이어갔다. 당시 정부는 수출 목표 제도를 두고 개별 기업의 수출 예상치까지도 집계해 총체적 수출 목표를 달성하고자 노력했으며, 대통령이 주재하는 수출 확대 월례회의를 통해 수출 목표 달성 여부를 주기적으로 점검하고 실적이 부진할 경우 적극적인 대응책을 모색했다. 또한 수출 지원 금융정책을 추진하면서 수출 금융 지원 대상을 확대하고 지원 규모를 증가시키는 동시에 무역금리도 일반 대출금리에 비해 낮은 수준으로 유지했다.

이러한 정책적인 노력과 함께 해방 이후 실시해 오던 고정환율제를 단일변동환율제로 전환(1964년)하면서 기본환율이 130원/달러에서

그림 2-6 우리나라 수출액 추이

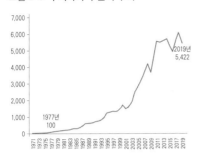

자료: 한국무역협회 무역통계

그림 2-7 수출 100억 달성 기념식(1978년)

자료: 국가기록원

255원/달러로 대폭 상승하며 현실화됐는데 이 역시 수출 증가에 큰 도움이 됐다.[25] 이 같은 수출 진흥 정책 및 환율 효과에 힘입어 수출액은 1977년 사상 처음으로 100억 달러를 달성했고, 이후에도 지속적인 증가 추세를 이어갔다. 경제 계획 초기 자립 기반의 수입대체에서 수출지향으로 경제구조가 변하게 되면서 수출 품목도 다양해지고 보다 자본집약적인 상품으로 이동해 갔다.

이에 따라 우리나라 10대 수출 상품도 과거 노동집약적인 품목에서 반도체 같은 첨단산업 중심으로 변화했으며, 제조업 수출의 국제적 위상은 2000년 7위, 2018년 5위로 꾸준히 상승하며 상위권에 진입하게 됐다. 이를 보다 구체적으로 들여다보면 1988년까지만 해도 노동집약적인 품목이라고 할 수 있는 의류(13.9%), 가구(6.3%)가 수출에서 높은 비중을 차지했으나 2018년에는 반도체(20.9%), 석유제품(7.7%) 등이 그 자리를 차지하고 있다.

25 김기환(2013), 「한국의 경제기적: 지난 50년, 향후 50년」, 기파랑

표 2-2 10대 수출 상품 구성 변화

순위	1988		2018	
	품목	비중	품목	비중
1	의류	13.9%	반도체	20.9%
2	가구	6.3%	석유제품	7.7%
3	영상기기	5.8%	자동차	6.8%
4	자동차	5.7%	평판디스플레이 및 센서	4.1%
5	반도체	5.2%	자동차부품	3.8%
6	음향기기	4.1%	합성수지	3.8%
7	컴퓨터	4.0%	선박해양구조물 및 부품	3.5%
8	철강판	3.7%	철강판	3.3%
9	선박해양구조물 및 부품	2.9%	무선통신기기	2.8%
10	인조장섬유직물	2.9%	컴퓨터	1.8%

자료: 한국무역협회 무역통계

표 2-3 제조업 국제적 위상 순위

순위	2000년	2018년
1	미국	중국
2	일본	미국
3	독일	일본
4	영국	독일
5	이탈리아	한국
6	프랑스	인도
7	한국	이탈리아
8	멕시코	프랑스
9	캐나다	영국
10	스페인	멕시코

자료: 산업통상자원부(2019), 「산업·통상·자원 주요통계 3월호」

수출을 통한 대외지향적인 발전 전략은 우리로 하여금 결과적으로 대내 지향적 발전 전략을 추구한 국가들과는 확연히 다른 경제발전 경로를 밟게 만들었다. 수출을 통한 대외개방 발전 전략은 우리나라의 대외개방도를 높게 만들어 수출입 변동에 따라 경제성장이나 고용이 큰 영향을 받게 되는 결과로 이어졌다. 2019년 GDP 대비 대외개방도는 81.5%에 달하며 GNI 대비로는 80.8%에 이른다.

이러한 대외 지향적 발전 전략 모델의 유효성은 대내 지향적 발전 전략을 채택한 국가들과의 경제성과를 비교함으로써 객관적으로 확인해 볼 수 있다. [표 2-4]에서 보듯이 우리나라를 포함해 대외지향적 발전

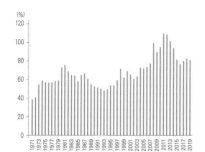

그림 2-8 대외개방도 추이(GDP 대비)

(%)

주: 대외개방도=(수출+수입+국외수취요소소득+국
   외지급요소소득)/GDPx100
자료: e-나라지표, 국가지표체계

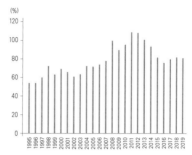

그림 2-9 대외개방도 추이(GNI 대비)

(%)

주: 대외개방도=(수출+수입+국외수취요소소득+국
   외지급요소소득)/GNIx100
자료: e-나라지표, 국가지표체계

표 2-4 대외 및 대내지향 발전전략 채택에 따른 GDP 성장률 비교 (단위: %)

대외지향적 발전전략을 채택한 국가		대내지향적 발전전략을 채택한 국가	
국가	GDP 성장률	국가	GDP 성장률
싱가포르	8.1	인도	5.2
한국	6.9	파키스탄	5.2
말레이시아	6.4	멕시코	3.9
태국	6.2	페루	3.5
홍콩	5.9	아르헨티나	2.7

주: 1) GDP 성장률은 1965~2011년 기간 평균
    2) 홍콩은 1966~2011년 GDP 성장률 평균
    3) 아르헨티나는 1965~2006년 GDP 성장률 평균
    4) 인도와 멕시코는 대내지향적 발전전략을 추구했으나 1990년대 이후 대외지향적 발전전략으로
       변경
자료: 김기환(2013), 「한국의 경제기적: 지난 50년, 향후 50년」, 기파랑

전략을 택한 국가들은 1966~2011년 동안에 연평균 6.7% 성장을 달성
했지만, 아르헨티나 등과 같이 반대로 대내지향적 발전 전략을 택한 국
가들은 같은 기간 4.1% 성장에 그쳤다. 이런 결과를 반영하듯이 인도

그림 2-10 우리나라 10대 수출국 비중

주: 2020년 기준
자료: 한국무역협회 무역통계

와 멕시코는 1990년대 이후 대외지향적 발전 전략으로 정책 방향을 선회했다.

대외개방이 어떻게 경제성장에 긍정적인 영향을 미치는지 여러 가지 경제이론적 이유가 제시되고 있지만 이를 몇 가지로 정리해보자면 각국이 비교우위 분야로 생산품을 특화할 수 있고, 세계 시장을 대상으로 규모의 경제를 실현할 수 있으며, 세계 각국과 치열하게 수출시장을 놓고 경쟁하면서 생산성 향상을 위해 노력하게 된다는 점 등이 우선적으로 제시되고 있다.[26]

그러나 우리나라는 미국과 중국 등 특정 국가, 그리고 특정 산업에 대한 의존도가 지나치게 높다는 문제점이 지적되고 있다. 2020년 기준 총수출액 5,128억 달러 가운데 10대 수출국 수출액은 3,679억 달러로

---

26 고영선(2008), 「한국경제의 성장과 정부의 역할: 과거, 현재, 미래」, 한국개발연구원

전체 수출액 가운데 71.7%를 차지하고 있으며, 이 가운데 중국에 대한 수출 비중은 25.8%, 미국은 14.5%에 이른다.

3. 적극적인 R&D 전략

영국의 케인즈와 함께 20세기 대표적인 경제학자로 꼽히는 오스트리아 출신의 미국 경제학자인 슘페터Joseph Schumpeter는 '혁신(창조적 파괴)이야말로 자본주의의 역동성을 불러일으키는 성장의 동력'임을 강조했다. 그리고 이러한 혁신의 유형으로 신제품의 발명 또는 개발, 신생산 방법의 도입이나 신기술의 개발 등과 같은 다섯 가지를 제시했다.

그 이후에도 솔로우Robert Solow, 로머Paul Romer, 루카스Robert Lucas 등 많은 경제학자가 한 국가의 지속적인 경제성장에는 총요소생산성을 증가시키는 요인들(기술 진보)이 결정적인 역할을 한다는 이론적·실증적 연구 결과들을 발표했다.

슘페터가 혁신을 제창한지 100여 년이 지난 지금까지도 많은 국가가 이를 경제발전의 원동력으로 인식, 이를 위해 혹은 총요소생산성을 증가시키기 위해 연구개발R&D 분야에 막대한 재원을 투입하고 있다. 우리나라도 지난 60년간의 경제개발 과정에서 정부는 물론 민간에서도 R&D 부문에 심혈을 기울여왔고, 이러한 노력이 우리의 고도성장에 많은 기여를 해왔다.

2000년 이후의 추이 및 개선 방안 등에 대해서는 제3부에서 다루기로 하고 여기서는 1990년대 후반까지 우리의 성장 과정에서 R&D에 대한 재원 투입의 흐름만을 간략히 보고자 한다. [그림 2-11]에서 보듯

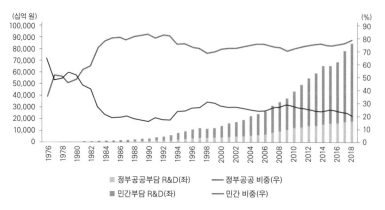

그림 2-11 **정부 공공 및 민간 R&D 추이**

(십억 원)

100,000
90,000
80,000
70,000
60,000
50,000
40,000
30,000
20,000
10,000
0

(%)

90
80
70
60
50
40
30
20
10
0

1976 1978 1980 1982 1984 1986 1988 1990 1992 1994 1996 1998 2000 2002 2004 2006 2008 2010 2012 2014 2016 2018

■ 정부공공부담 R&D(좌)　　── 정부공공 비중(우)
■ 민간부담 R&D(좌)　　── 민간 비중(우)

자료: 과학기술정보통신부 연구개발활동조사

이 그 중요성에도 불구하고 재원확보 여력이 없어 1970년대까지만 해도
R&D 투입 규모가 극히 미미한 수준이었다.

　하지만 경제 규모 및 민간 부문의 위상이 커지는 1980년대부터 R&D
투입 절대 규모가 확대됐고, 이후 민간의 투입 규모가 정부의 투입 규모
를 크게 앞지르게 됐다. 그만큼 정부는 경제성장을 위해, 기업들은 생산
성 증대 및 글로벌 경쟁력을 갖추기 위해서는 R&D가 중요하다는 것을
인식하고 과감하고 적극적으로 투자해왔기 때문이라고 보인다.

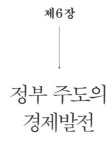

제6장

정부 주도의
경제발전

1. 정부의 비전과 경제발전

한국전쟁이 끝나던 해인 1953년 우리나라의 1인당 국민소득은 67달러에 불과했다. 이후 1960년대 초까지도 1인당 소득은 100달러가 채 안 됐는데, 이는 오늘날까지 최빈 국가들인 아프리카의 가나, 케냐 등과 비슷한 수준이었다. 더욱이 전쟁 직후에는 경제발전의 기초가 되는 도로, 항만, 철도, 전력 등과 같은 사회간접자본soc은 물론 의식주를 해결하기 위한 기본 생필품마저도 절대적으로 부족한 상황이었다. 국내 저축률도 낮아서 사실상 미국의 무상원조가 국가경제를 지탱하는 재원이었다고 해도 과언이 아니었다.

　이런 상황을 타개하기 위해 당시 박정희 정부는 독일과 일본의 근대화 과정을 모델로 삼고 경제발전에 박차를 가하고자 했다.[27] 이를 실천하기 위한 근본 전략으로 경제개발 5개년 계획을 수립하고 이를 차질 없이 집행함으로써 신속하게 산업 인프라를 갖추고 이후 고도성장기로 나갈 수 있는 전기를 만들 수 있었다.

　그런 의미에서 우리나라 고도성장의 밑거름이 됐던 경제개발 5개년 계획[28]의 수립 과정과 목표, 그리고 중점 과제 등을 살펴보는 것은 한국경제의 근대화 과정을 이해하는 데 큰 도움이 될 수 있다. 경제개발 5개년 계획은 총 7차에 걸쳐 수립됐고, 1993년 김영삼 정부가 들어서면서 이를 폐지하는 대신 신경제 계획을 수립함으로써 정부 주도가 아닌 민간의 자율성을 강조하게 됐다.

(1) 제1차 경제개발 5개년 계획(1962~1966년)

　제1차 경제개발 5개년 계획은 1962년부터 1966년까지 추진됐다. '산업구조 근대화 및 자립경제의 확립 촉진'이라는 목표 하에 정부는 자립경제 달성을 제1차 경제개발 5개년 계획의 궁극적인 목표로 설정했다. 이를 위해 정부는 무엇보다 먼저 전력과 석탄 등 에너지원과 철도·도로·항만 등 사회간접자본시설의 확충에 중점을 두면서 정유, 비료, 화학,

---

27 독일과 일본에서는 사회 엘리트 계층에 의한 위로부터의 계획과 그에 기초해 아래(현장)에서 이를 실천하는 공업화가 추진됐다. 그리고 제2차 세계대전의 패전으로 기득권 층이 붕괴됐고, 사회 자율에 의한 자유민주주의제도가 확립돼 지금과 같은 선진국이 됐다고 평가된다.
28 이하의 논의는 강광하(2000), 「경제개발 5개년계획: 목표 및 집행의 평가」와 국가기록원 홈페이지에서 인용 및 참조

시멘트 종합제철 등 40여 개에 이르는 육성 대상 산업을 선정, 수입을 대체하고자 했다.

정부 주도 경제개발에 대한 정부의 의지를 구체화하고 이를 실현하기 위해 집중적인 노력을 기울이는 과정에서 경제개발 계획 수립과 운용에 대한 국민적 관심을 불러일으켰다는 점에서 큰 의미가 있었다. 다만 1961년 계획 수립 당시 시간적인 제약으로 계획 수립 과정에서 각계각층의 의견을 충분히 수렴하지 못했다는 한계가 있었다.

(2) 제2차 경제개발 5개년 계획(1967~1971년)

1967년부터 1971년까지 추진된 제2차 계획은 1차 계획과 비교해 좀 더 체계적이고 발전적인 과정을 통해 수립됐다. 계획 수립 단계에서부터 국내외 전문가 그룹이 참여해 이를 지원했다. 1980년대 초까지 완전한 자립경제 체제를 확립하기 위해 '산업구조를 근대화하고 자립경제 확립을 더욱 촉진한다'는 내용을 기본 목표로 설정했다.

2차 계획부터 본격적인 중화학 공업화 정책이 추진됐는데, 계획 수립 당시의 중화학공업 육성정책은 수입대체를 지향했지만 시간이 흐르면서 점차 수출산업 육성 쪽으로 방향을 전환됐다. 또한 기계공업진흥법(1967년), 조선공업진흥법(1967년), 전자공업진흥법(1969년), 석유화학공업육성법(1970년), 철강공업육성법(1970년), 비철금속제철공업사업법(1971년) 등과 같은 일련의 개별 공업진흥법들을 제정해 특정 산업에 대한 재정 및 금융적인 지원정책을 중점적으로 시행했다.

계획의 수립 및 집행 과정, 그리고 목표의 설정이 1차 계획에 비해 상대적으로 합리적이고 체계적으로 진행됐고 수출지향적 중화학공업 육성정책의 법적인 기반을 마련했다는 점에서 긍정적으로 평가된다. 하지만 장기적인 정책 방향 설정에 필요한 추정 방법이 전문적이고 현실적이지 못했다는 문제점을 남겼다.

(3) 제3차 경제개발 5개년 계획(1972~1976년)

제3차 계획은 1972년부터 1976년까지 5년간의 발전 계획을 담고 있는데 기존 경제기획원 중심에서 벗어나 다른 부처들의 참여가 확대됐다. 경제 계획 수립 과정이 분권화되면서 경제개발 계획의 성격이 기존의 투자 계획 수립에서 벗어나 정책기획policy planning 쪽으로 변화됐다. 제3차 계획에는 여전히 성장을 우선시했지만 여기에 더해 경제의 '안정'과 '균형'을 강조하고 주곡 자급, 농어민 소득 증대, 공업의 고도화, 사회기초시설의 균형발전, 지역개발 촉진 등과 같은 별도의 중점 과제를 제시했다.

제3차 계획에서는 수출산업으로서 중화학공업을 집중육성하기 위한 투자재원 조달 방안으로 가계저축을 늘려나가는 동시에 소득세제, 세액공제, 법인세율 인하 등을 도입했다. 또한 기능인력을 육성하기 위한 직업훈련 강화, 기능공의 숙련 향상, 연구개발 촉진, 과학기술 향상 등에 주안점을 두었다.

3차 계획을 통해 기계, 조선, 전자, 화학, 철강, 비철금속 등 6개 중점 중화학공업을 육성함으로써 우리나라 산업구조를 고도화시켰다는 점은 긍정적으로 평가할 수 있다. 그러나 그로 인해 대기업 중심의 국내시장 독과점 상태가 심화되고 석유파동 등을 겪으면서도 효율적인 에너지 절약을 위한 제도적 장치 및 정책을 수립하지 못했다는 점에서 한계가 있었다.

(4) 제4차 경제개발 5개년 계획(1977~1981년)

1977년부터 1981년까지 추진된 제4차 계획은 경제개발 이외에도 주택과 도시 계획 등 사회개발을 강조했다는 점에서 과거의 계획들과 큰 차이가 있었다. 또한 계획 수립 과정에서부터 민간부문의 참여가 크게 확대됐으며 경제 계획이 확정된 이후에도 경제정책협의회를 개최함으로써 민간부문의 의견을 적극 수렴하고자 노력했다.

제4차 계획에서는 지역 간 형평을 강조하면서 1971년에 시작한 새마을운동을 지속하는 한편, 선진 기술을 적극 도입하고 자체 기술 개발 능력을 갖추고자 노력했다. 제4차 계획은 민간부문을 포함해 다방면의 전문가로부터 의견을 수렴하고 경제발전의 지역 간 형평을 강조했다는 점에서 긍정적인 측면이 있었다. 그러나 대기업 중심의 산업발전과 소득 불평등 문제의 심화로 1970년대 말 2차 석유파동 등과 같은 대외적인 환경 변화에 취약한 경제구조가 고착화되는 시기였다는 한계가 동시에 있었다.

(5) 제5차 경제사회발전 5개년 계획(1982~1986년)

1982년부터 1986년까지 추진된 제5차 계획은 종래 성장 위주의 계획에서 벗어나 성장과 안정의 조화를 강조했다. 또한 그동안 경제개발 일변도의 추진 과정에서 파생된 사회 전반의 문제에 대해서도 관심을 두겠다는 취지로 계획의 명칭을 '경제사회발전 5개년 계획'으로 바꾸었다. 민간 중심으로 대폭 확대된 실무작업반이 계획의 지침 작성 단계에서부터 참여했고 경제정책협의회를 통해 민간부문의 의견을 상시적으로 수렴했다.

이전 계획들과 비교해볼 때 고도성장 과정에서 경험한 높은 물가로 인한 서민경제의 어려움을 극복하고자 한 자릿수 물가로 상징되는 적극적인 물가안정 정책, 국토의 균형개발, 공정거래법의 제정·시행을 통한 시장기능 활성화 등이 강조됐다. 그 같은 긍정적인 측면에도 불구하고 대기업 중심의 산업구조 고착화, 지역 간 개발 불균형 등은 극복해야 할 문제점으로 남았다.

(6) 제6차 경제사회발전 5개년 계획(1987~1991년)

제6차 계획은 1987년부터 1991년까지 추진됐는데 '경제 선진화와 국민복지 증진'을 중점적인 목표로 내세웠다. 경제의 성장과 안정을 토대로 사회복지제도 확충, 한반도 평화통일 기반 구축 등이 계획에 반영됐고 경제·사회제도의 발전과 질서의 선진화, 산업구조의 개편과 기술입국의 실현, 그리고 지역사회의 균형발전과 국민생활의 질적 향상 등이 중점적으로 추진됐다.

제6차 계획은 종래 정부 주도의 양적인 목표를 지향했던 방식에서 벗어나 질적인 목표를 추구하고 분야별 전문가가 대거 참여했다는 점에서 긍정적인 측면이 있었다. 그러나 수출 위주의 대기업들이 중심이 되는 산업질서 체계가 공고화되고 있었다는 점은 여전히 숙제로 남았다.

(7) 제7차 경제사회발전 5개년 계획(1992~1997년)

1992년부터 1997년까지 추진 예정이었던 제7차 계획은 '21세기 경제·사회 선진화와 민족통일 지향'이라는 목표를 내세웠다. 기본 전략으로는 산업의 경쟁력 강화, 사회적 형평성 제고와 균형발전, 국제화·자율화의 추진과 통일 기반 조성이라는 3대 발전 전략을 제시했다.

1990년대 대내외 경제 환경이 급격히 변화하고 있다는 점에 발맞추어 정부가 양적인 발전 목표를 설정하고, 이를 달성하기 위해 정책 수단을 제시하는 것이 아니라 보다 중장기적 관점에서 경제사회의 제도 정비 및 개선 방향을 제시했고, 그 과정에서 분야별 전문가가 대거 참여해 계획을 수립했다는 점에서 진일보했다.

(8) 신경제 5개년 계획(1993~1997년)

1993년 김영삼 정부의 등장과 함께 우리 경제의 급속한 양적·질적 성장에 따른 민간 자율 영역이 확대되면서 과거와 같은 정부 주도의 경제개발 5개년 계획은 추진 동력을 상실하면서 그 의미를 잃게 됐다. 이에 따라 제7차 계획은 시행 이듬해인 1993년 초에 막을 내리고 정부는 1993년 6월 이른바 신경제 5개년 계획을 수립, 시행했다.

'우리 경제를 선진 경제권에 진입시키면서 통일에도 대비할 수 있는 튼튼한 경제를 건설한다'는 목표를 지향했다. 중점 과제로는 성장잠재력 강화, 국제시장 기반의 구축, 국민생활 여건 개선 등이 제시됐으며 기업의 투자 진작, 중소기업의 내실 있는 지원 등을 통한 민간경제 활성화, 그리고 국민생활 여건 개선 등에 경제정책의 방점을 두었다.

표 2-5 1~7차 5개년 계획 및 신경제 5개년 계획의 기본 목표 및 중점 과제

차시	기본 목표	중점 과제
제1차	산업구조 근대화 및 자립경제의 확립 촉진	• 식량자급 • 공업구조 고도화의 기틀 마련 • 7억 달러 수출 달성, 획기적인 국제수지 개선의 기반 확립 • 고용증대, 인구팽창 억제 • 국민소득의 획기적 증대 • 과학 및 경영기술 진흥, 인적자원 배양
제2차	산업구조 근대화 및 자립경제의 확립을 더욱 촉진	• 식량자급, 산림녹화와 수산개발 • 화학, 철강, 기계공업 건설하여 공업 고도화의 기틀 마련 • 7억 달러(상품 수출 5.5억 달러) 수출 달성, 획기적인 국제수지 개선의 기반 확립 • 고용증대, 가족계획의 추진으로 인구팽창 억제 • 국민소득의 획기적 증대, 영농을 다각화하여 농가소득 향상 • 과학 및 경영기술 진흥, 기술수준과 생산성 제고
제3차	자립적 경제구조 달성 및 지역균형개발	• 주곡 자급, 농어민 소득 증대 • 농어촌 생활환경 개선 • 수출 35억 달러 달성 • 공업의 고도화 • 과학기술의 향상과 인력개발 • 사회기초시설의 균형발전 • 지역개발촉진, 공업과 인구를 적절히 분산 • 국민의 복지와 생활향상
제4차	자력성장구조의 확립, 사회개발을 통한 형평성 증진, 기술의 혁신과 능률의 향상	• 투자재원의 자력 조달 • 국제수지의 균형 • 산업구조의 고도화 • 소득분배 개선을 위한 제도 마련 • 농어촌 생활환경 개선 사업 지속 • 새로운 기술도입과 토착화 촉진 • 연구개발 투자 증대 • 노사협조체제 강화, 공정한 경쟁질서 확립, 수입자유화 촉진 • 기업의 경영합리화
제5차	국민생활 안정, 경쟁력 강화 및 국제수지 개선, 고용 기회 및 소득 증대, 국민 복지 증진	• 물가 10% 이내 안정 위해 구조적 인플레 요인 정비 • 투자효율 극대화 및 저축증대, 시장기능 활성화 • 수출주도전략의 지속, 대외개발정책 적극 추진 • 국내외 시장에서 경쟁력 있는 비교우위 산업 육성 • 국토의 균형 개발과 환경 보전 • 국민의 기본 수요 충족 및 사회개발 적극 추진
제6차	능률과 형평을 토대로 한 경제선진화와 국민복지의 증진	• 경제사회의 제도발전과 질서의 선진화 • 산업구조의 개편과 기술입국의 실현 • 지역사회의 균형발전과 국민생활의 질적 향상
제7차	21세기 경제선진화와 민족통일 지향	• 산업의 경쟁력 강화 • 사회적 형평 제고 및 균형발전 • 국제화·자율화의 추진과 통일기반 조성
신경제 5개년	튼튼한 경제 건설	• 성장잠재력 강화 • 국제시장기반의 확충 • 국민생활 여건의 개선

자료: 국가기록원, 기록으로 보는 경제개발 5개년 계획

경제개발 계획 관련 문서

경제개발 5개년 계획 관련 당시 문서들이 사진으로 남아 있다. 자의적인 경제
계획이 아니라 문서화한 명확한 정책 목표 설정을 통해 정책 방향과 실행에 대한
정부의 의지를 표명한 것이다. 정부 정책에 대한 확고한 의지와 예측 가능성 측
면을 보여준다는 측면에서 중요한 사료라고 평가된다.

① 제1차 경제개발 5개년 계획(1962~1966)

② 제1차 경제개발 5개년 보완 계획 B안(1963.12.10.)

③ 3차 5개년 계획 투자계획(안)

④ 4차 5개년 계획과 기업(1976)

자료: 국가기록원

2. 정부의 산업정책·재정정책·인력정책

1962년에 시작해 모두 7차례에 걸쳐 진행된 경제개발 5개년 계획 기간 동안 정부의 비전과 정책들은 당시의 녹록지 않았던 대내외 경제 여건 속에서도 비교적 효율적으로 작동했다. 정부는 경제개발의 구체적인 비전과 달성 목표를 제시하고 세부적인 실행 방안들도 하나하나 마련해나갔다.

개발연대 초기, 정부는 경제발전을 국정의 최우선 가치로 삼아 국가의 모든 자원을 동원하고 투입하는 데 역량을 집중할 수밖에 없었다. 이 같은 경제발전 방식은 우리보다 앞서 산업화 과정을 밟았던 독일과 일본은 물론 중국 등 후발 개도국들에서도 찾아볼 수 있는 전략이었다. 우리의 경우 경제개발 초기에 경제기획원을 중심으로 경제개발 5개년 계획을 수립했는데 효과성을 담보하기 위해 정부 예산을 편성할 수 있는 권한을 주는 것은 물론 국영화된 은행을 통해 민간부문의 투자까지도 깊숙이 관여할 수 있게 했다.

이와 함께 정치적 결단에 기초해 이루어진 의사결정은 해당 부처들에 의해 신속하게 집행됐다. 그 과정에서 잉태된 정치적 민주주의 발전을 둘러싼 논란을 배제한다면 적어도 개발초기 정부의 이러한 경제성장 전략은 다른 개도국들에게 하나의 모범사례로 제시될 정도로 성공적이었다고 평가할 수 있다. 그런 의미에서 계획경제 시대에 이루어진 정부의 주요 산업정책, 재정정책, 인력정책을 좀 더 구체적으로 살펴보기로 한다.

(1) 정부의 산업정책

정부는 경제개발 전략의 일환으로 발전 시기별로 최적화된 산업정책을 추진했다. 즉, 주력산업과 성장동력 산업을 선정한 후 집중적으로 육성했다. 경제발전에 필요한 자원이 극히 제한적이었던 당시의 상황에서는 선택과 집중을 통한 성장 전략이 불가피했으며 대만, 태국, 필리핀 등 그 시기의 경쟁국들과 비교할 때 우리나라가 선택한 산업정책은 성공적인 전략이었다고 보인다.

그렇다고 해서 여기에 전혀 문제가 없었던 것은 아니었다. 특히 경제발전 과정에서 우리정부가 추진한 주력산업 정책이 단시안적인 접근이었다는 비판이 있다. 정치적인 입장에서 전 정부에서 추진한 정책을 무조건 백안시하고 원점에서부터 이를 다시 검토하려는 우를 범하기보다는 지난 정부에서 수립·추진했던 분야별 시책을 좀 더 발전적인 방향으로 계승하려는 노력이 필요했다는 것이다. 미래 우리 경제를 이끌어갈 주된 산업에 국가의 존망이 달렸다는 생각으로 긴 안목을 가지고 입체적이고도 체계적인 접근이 있었어야 했다는 지적이다.

주력산업이란 국가 산업발전의 토대를 이루는 국민경제의 대표적 핵심 산업[29]을 말한다. 국가경제의 중심이 되는 산업 또는 전략적으로 육성해야 하는 산업이라는 점에서 해당 산업의 발전에 따른 전후방 산업에 미치는 파급효과가 크다. 다만 경제발전 시기별로 정책적 관심과 중점 육성산업이 다를 수 있다. 그렇기에 우리나라는 시기별로 주력산업

---

29 김경유 외(2018), 「주력산업의 정의 및 정책적 의미와 발전전략 탐색에 관한 연구」, 산업연구원

의 범위를 달리해온 것으로 보인다.[30]

산업연구원은 1991~2015년 기간 중 주력산업으로 자동차, 화학, 일반기계, 철강, 조선, 반도체, 가전, 섬유산업 등을 꼽았다. 통신기기와 디스플레이 산업은 국내 IT 산업의 발전, 기술혁신 등으로 주력산업으로서의 위상이 점차 높아지게 됐다. 반면 섬유와 가전 산업은 1990년대까지는 주력산업으로의 위상이 높았으나, 그 이후 위상이 하락했는데 이는 1990년대 이후 급격히 진행된 해외 생산 확대 및 수입 증가, 글로벌 경쟁 심화 때문이었다.

이를 좀 더 들여다보면 주력산업의 위상 변화는 우리나라 산업구조 변화와도 밀접한 관련이 있다. 우리나라 산업구조가 1960년대 경공업, 1970년대 철강·화학·조선 등 자본집약적 산업, 1980~1990년대 전자·일반기계·자동차 등 기술집약적 산업 등으로 변모해왔는데 이에 따라 1980년대까지는 섬유산업이, 그리고 1990년대 이후에는 전기·전자, 자동차 산업이 주력산업으로 부상하게 됐다.[31]

성장동력Growth Engine이란 특정 시점에서 기존 주력산업의 성장 한계를 극복하고 미래 주력산업으로 발전해 양질의 일자리를 제공하면서 경제가 지속 성장하는 데 기여할 것으로 기대되는 유망 핵심 원천기술, 신제품 또는 신서비스를 의미한다. 우리나라는 시기별 주력산업의

---

30 김경유 외(2018), 「주력산업의 정의 및 정책적 의미와 발전전략 탐색에 관한 연구」, 산업연구원
31 한편 주력산업이란 경제의 핵심 산업(key industry), 선도 산업(leading industry), 수요 창출 산업(demand pull industry)의 의미를 갖는다. 구체적으로는, ① 일정 수준 이상의 경제적 비중을 가지는 산업, ② 경제성장 기여도가 높은 산업, ③ 좋은 일자리 창출 산업, ④ 경기선도 산업이면서 국제 경쟁력 보유 산업, ⑤ 전체 경제 효율성 및 생산성을 견인하는 산업이며, 이러한 기준을 충족하는 산업은 철강, 유화, 기계, 자동차, 조선, 반도체, 디스플레이 및 스마트폰 7개 분야로 분류된다(김경유 외, 2018, 「주력산업의 정의 및 정책적 의미와 발전전략 탐색에 관한 연구」, 산업연구원).

표 2-6 시기별 주력산업 생산액 순위

순위	1975	1985	1995	2000
1	섬유	섬유	전기·전자	전기·전자
2	정유	전기·전자	자동차	자동차
3	화학	화학	섬유	섬유
4	식품	정유	화학	화학
5	전기·전자	식품	일반기계	식품

자료: 김경유 외(2018), 「주력산업의 정의 및 정책적 의미와 발전전략 탐색에 관한 연구」, 산업연구원

한계를 극복함으로써 경제성장 발판을 마련하기 위한 정책의 일환으로 1992년부터 성장동력산업을 선정해 정부 차원에서 육성하고 있다.

성장동력 정책은 1992년 선도기술개발사업(G7 프로젝트)을 시작으로 노무현정부의 차세대 성장동력(2003년), 이명박 정부의 신성장동력(2009년), 그리고 박근혜 정부의 19대 미래 성장동력(2014년)으로 보완·변천돼왔다.[32] G7 프로젝트는 정부의 첫 대형·범부처 R&D 사업으로 1992년부터 10년간 3.6조 원(정부 1.6조 원)을 투입해 자동차·고속철도 등 18개 분야를 지원했다. 노무현 정부의 차세대 성장동력사업에서는 앞으로 개척해나가야 할 핵심 전략기술을 바탕으로 한 이동통신, 디스플레이, 로봇 등 10대 산업을 선정, 추진했다.

이명박 정부의 신성장동력사업에서는 단기·중기·장기 등 신성장동력에 시간 개념을 도입해 동력화 시기를 명확히 하고 17개 신성장동력 분야를 발굴해 추진했다. 박근혜 정부의 미래 성장동력사업에서는 신산

---

32 관계부처 합동(2017), 「혁신성장동력 추진계획(안)」

표 2-7 **신성장동력 분야 발전 전략**(2009년)

단기 (3~5년 성장동력화)	중기 (5~8년 성장동력화)	장기 (10년 내외 성장동력화)
• 신재생(조력 · 폐자원) • 방송통신융합산업 • IT융합시스템 • 글로벌 헬스케어 • MICE · 관광 • 첨단 그린도시	• 신재생(태양 · 연료전지) • 고도 물처리 • 탄소저감에너지(원전플랜트) • 고부가 식품산업 • LED 응용 • 글로벌 교육 서비스 • 녹색금융 • 콘텐츠 · SW	• 신재생(해양바이오연료) • 탄소저감에너지(CO_2 회수활용) • 그린수송시스템 • 로봇 응용 • 신소재 · 나노 • 바이오제약(자원) · 의료기기
응용 기술개발, 제도개선, 투자환경 조성 등	핵심기술 선점, 시장창출 등	기초원천기술 확보, 인력양성 등

자료: 국무총리실 · 교육과학기술부(2009.1.13.), 「신성장동력 비전 및 발전전략」, 보도자료

업, 주력산업, 공공복지 · 에너지 신산업, 기반 산업 4개 영역에서 19대 분야를 발굴, 추진했다.

문재인 정부에 들어와서는 2017년 12월, 종래 19대 미래 성장동력 분야와 9대 국가 전략 프로젝트를 연계 · 통합한 후 13대 혁신 성장동력 분야로 분류해 추진하고 있다. 13대 혁신 성장동력 분야 사업은 2018~2022년까지 분야별 목표와 투자 계획을 담고 있는데, 이를 통해 국민체감을 확대하고 4차 산업혁명을 구현하겠다는 의지를 담고 있다.[33] 2018~2022년 기간에 맞춤형 헬스케어에 총 2조 7,600억 원, 혁신 신약에 1조 5,960억 원, 신재생에너지 분야에 8,200억 원 등을 집중 투자한다는 계획이다.

---

33 관계부처 합동(2018), 「혁신성장동력 시행계획」

표 2-8 13대 혁신 성장동력 분야(2017년)

유형	분야 (13대)
지능화 인프라	• 빅데이터 • 차세대 통신 • 인공지능
스마트 이동체	• 자율주행차 • 드론(무인기)
융합 서비스	• 맞춤형 헬스케어 • 스마트시티 • 가성증강현실 • 지능형로봇
산업기반	• 지능형반도체 • 첨단소재 • 혁신신약 • 신재생에너지

자료: 관계부처 합동(2017), 「혁신성장동력 추진계획(안)」

2020년 7월 COVID-19 사태로 침체된 경제를 회복하고, 산업의 활력을 불어넣어 주기 위한 일환으로 '한국판 뉴딜New Deal 사업'계획을 수립, 추진 중이다. 디지털 뉴딜Digital New Deal과 그린 뉴딜Green New Deal 두 개로 나누어 2020~2025년 기간 중 총 160조 원(국가재정 114조 원 포함)을 투입, 일자리도 190만 개 창출하겠다는 내용을 담고 있다.

한편, 정부의 산업에 대한 개입의 정도는 1960년대 이래로 꾸준히 증가하다가 1980년대 말부터 일정 수준을 유지하고 1990년대 이후 감소했다. 그리고 경제성장 단계, 글로벌 시장 변화 등에 맞추어 정부의 산업 지원 정책의 추이 및 대상 업종도 달라왔다.

1960년대에는 산업 일반이나 수출산업, 중소기업을 대상으로 산업 정책이 다소 거시적인 경제정책의 일환으로 추진됐고, 1970년대에는 정

표 2-9 한국판 뉴딜(New Deal) 사업 주요 내용

구분	내용
디지털 뉴딜	• DNA 생태계 강화: 국민생활과 밀접한 분야 데이터 구축·개방·활용 • 교육 인프라 디지털 전환: 모든 초중고에 디지털 기반 교육 인프라 조성 • 비대면 산업 육성: 스마트 의료 및 돌봄 인프라 구축 • SOC 디지털화: 4대 분야 핵심 인프라 디지털 관리체계 구축
그린 뉴딜	• 도시·공간·생활 인프라 녹색 전환: 국민생활과 밀접한 공공시설 제로 에너지화 • 저탄소·분산형 에너지 확산: 에너지 관리 효율화 지능형 스마트 그리드 구축 • 녹색산업혁신 생태계구축: 녹색 선도 유망기업 육성 및 저탄소·녹색산단 조성
안전망 강화	• 고용·사회안전망: 전 국민 대상 고용안전망 구축 • 사람투자: 디지털·그린 인재 양성

자료: 대한민국 대전환 한국판 뉴딜 홈페이지

책적 육성산업의 범위가 중화학 분야로 좁혀지면서 기계·조선·석유화학·전자 등과 같은 특정 산업에 정책적 초점이 모아졌다. 1980년대에는 사양산업에 대한 구조조정이나 보다 세분화된 특정 업종에 대한 정책이 주류를 이루었다. 1980년대 말에서 1992년까지는 재벌기업이라는 특정 기업군에 대한 산업조직 차원에서의 규제정책이 강조되면서 산업정책의 정도는 일정한 수준을 유지했다. 1990년대 중반 이후로는 시장의 공정 경쟁을 중시하는 분위기로 전환됨에 따라 산업조직의 합리화 차원에서 정부의 시장에 대한 개입이 산업의 육성보다는 공정 경쟁을 조성하는 정책으로 전환했다.

이상과 같은 한국경제의 성장 과정에서 정부의 산업정책 흐름은 [표 2-10]과 같이 정리될 수 있다.

표 2-10 **시기별 정부의 산업정책 흐름**

산업정책 추이 및 업종	산업정책 대상 및 수단
• 정부의 산업에 대한 개입 정도: 1960년대 이래로 꾸준히 증가, 1980년대 말부터는 일정 수준 유지, 1990년대 이후로 감소 • 1960년대: 산업일반, 수출산업, 중소기업 • 1970년대: 기계·조선·석유화학·전자산업 • 1980년대 이후: 사양산업 구조조정, 세분화된 특정업종 산업육성	• 1960년대: 수출산업에 대한 일방적 지원정책 • 1970년대: 중화학공업 지원, 산업구조 개편을 위한 조정과 국내산업 보호를 위한 규제정책 • 1980년대 이후: 지원정책 방향 제시, 규제완화, 독점금지, 첨단기술 산업 지원, 재벌규제

자료: 박종찬 외(2006), 「성장과 혁신의 질 향상을 위한 산업정책 방안 연구」, 고려대학교, p.56에서 인용

(2) 정부의 재정정책

앞서 본 바와 같이 경제성장 과정에서 정부의 재정 운용은 큰 역할을 해왔다. 절대적으로 부족한 민간 재원의 한계를 극복하기 위해 필요한 정부의 재원을 어떻게 마련하느냐, 그리고 마련된 재원을 어떤 우선순위로 집행하느냐, 그런 가운데서도 그로 인한 부담이 후세대에게 전가되지 않게 하기 위해서 언제, 얼마나, 어떻게 차입하느냐와 같은 문제들은 정부 입장에서는 항상 최대의 과제였다.

정부의 살림살이라고 할 수 있는 재정은 크게 보아 자원배분(효율성), 소득 분배(형평성), 경제 안정 및 성장(경기 조절) 등의 기능을 수행한다고 볼 수 있다.[34] 좀 더 구체적으로 보자면 국방, 치안, 보건, 교육 등 국가라면 기본적으로 제공해야 하는 공공서비스에 대한 자원배분, 저소득층 지원과 같은 소득 재분배, 그리고 거시경제 조절과 성장동력 확충과 같은 기능 등을 위해 필요한 재원을 마련(세입)하고 이들 사업에 지

---

34 국회예산정책처(2019), 「2019 대한민국 재정」

그림 2-12 **재정의 기능**

자료: 국회예산정책처(2019), 「2019 대한민국 재정」

출(세출)하게 되는데 이를 재정활동이라고 한다.

다음에서는 각 시대별로 전개돼온 정부의 재정 활동과 재정 제도에 대해 개괄적으로 살펴보고자 한다.[35]

1) 해방 이후 이승만 정부 시절(1945~1960년)

이승만 정부는 나라빚이 없는 건전 재정을 확립하고자 장기적인 세제 개편을 단행했는데, 경제 재건 촉진을 위한 소득세 부담 완화, 사치품 및 소비 품목에 대한 중과세, 새로운 세금 신설과 과세 대상 확대 등이 주요 골자였다.

그러나 정부 기능이 커지면서 재정적자 규모가 늘어났고, 한국전쟁 발발 이후 차입금에 의존하는 적자재정으로 인해 통화량이 계속 증가하면서 인플레이션이 가속화되는 등 경제 운영에 큰 부담으로 작용

---

35 국경복(2015), 「재정의 이해」, 나남

했다. 휴전 이후에는 외국에서 들어오는 원조를 토대로 최대한 균형 예산을 편성하고 인플레이션을 억제하기 위해 노력하는 한편, 전쟁 수행에 투입됐던 재원을 경제 부흥과 산업 재건에 집중 투자했다.

2) 경제개발 시기(1961~1979년)

1960년대 초반까지만 해도 정부 재정의 상당 부분은 미국 원조에 의존해왔으나, 1960년대 중반을 정점으로 미국의 원조정책이 바뀌면서 재정수입에서 원조가 차지하는 비중이 감소했다. 1961년 개발세제 확립 차원에서 세제 개혁을 단행하고, 이후 매년 세제 개편을 통해 세수 증대를 꾀했으며, 1966년 국세청을 설립해 세무 행정력을 강화함으로써 세수가 급증하기 시작했다.

1970년대에는 종합소득세제와 부가가치세제를 도입함으로써 중화학공업화를 바탕으로 한 고도성장에 필요한 개발재원을 조달했으며 1975년 상반기 베트남 공산화의 영향으로 한시적으로 방위세를 신설한 후 기존의 국세 및 지방세 중 12개 세목의 세액에 부가해 과세했다.

1970년대에는 일반 정부 재정지출 중에서 국방과 경제 관련 예산이 전체의 50%에 이를 정도로 높은 비중을 차지했고, 조세부담률은 1970년 14.4%에서 1979년 16.9%, GDP 대비 국가채무 비중은 같은 기간 12.4%에서 19.1%로 상승했다.

3) 안정화(전두환 정부), 민주화(노태우 정부), 세계화(김영삼 정부) 시기 (1981~1997년)

(i) 안정화 시기(전두환 정부, 1981~1987년)

전두환 정부는 경제 안정을 정책의 최우선 목표로 내세우고, 국가재정도 안정적으로 관리하기 위한 정책을 강력하게 추진했다. 우선 GDP에서 차지하는 총재정 규모를 축소해 국가경제에서 재정이 차지하는 비중을 줄여나갔다.

그 결과 그동안 적자를 면치 못했던 통합재정수지도 GDP 대비 1980년 -3.1%에서 1987년 0.2%로 흑자로 전환됐고, 조세부담률은 같은 기간 17.1%에서 16.1%로 낮아졌으며, GDP 대비 국가채무도 같은 기간 19.3%에서 16.0%로 개선됐다. 전두환 정부는 출범 초기에 영점기준예산제도,[36] 예산 동결 등 한국 재정사에 유례가 없는 파격적인 조치들을 취하는 등 재정 안정화를 강력하게 추진했다.

(ii) 민주화 시기(노태우 정부, 1988~1992년)

노태우 정부 기간 중 일반 정부 재정지출 비중은 경제 20.5%, 국방 18.8%, 교육 18.3%, 사회복지 15.1% 순으로, 이전 정부와 비교해서 국방비 비중이 2위로 낮아지고 경제부문 지출이 가장 높은 비중을 차지하게 됐다.

통합재정 규모는 GDP 대비 1988년 15.3%에서 1992년 17.2%로 높

---

36 영점기준예산제도란 전년도 예산을 고려하지 않고 매년 제로, 즉 0을 출발점으로 해서 과거의 실적과 효과 및 정책적 우선순위를 엄격히 따져서 예산을 편성하는 방법이다.

아졌으며, 금액으로는 같은 기간 21조 4,580억 원에서 45조 4,700억 원으로 두 배 이상으로 확대됐다. 그에 따라 조세부담률도 1988년 15.5%에서 1992년 17.3%로 상승했고, GDP 대비 국가채무 비중은 같은 기간 13.5%에서 11.7%로 감소했다.

(iii) 세계화 시기(김영삼 정부, 1993~1997년)

김영삼 정부 기간 중 일반 정부 재정지출 비중은 경제 25.2%, 교육 17.8%, 사회복지 15.3%, 국방 13.5% 순으로, 경제개발 지출 비중이 여전히 가장 높은 비중을 차지했다. 통합재정 규모는 1993년 50조 7,350억 원으로 GDP 대비 17.0%였으나 1997년 100조 3,270억 원, GDP 대비 19.8%로 5년 동안 금액 기준으로 약 100% 증가했으며 GDP에서 차지하는 비중 또한 높아졌다. 조세부담률은 1993년 17.3%에서 1997년 18.0%로 다소 높아졌고 GDP 대비 국가채무 비중도 같은 기간 11.0%에서 11.9%로 증가했다.

4) IMF 외환위기 시기(김대중 정부, 1998~2002년)

김대중 정부 기간 중 일반 정부 재정지출 비중은 경제 24.0%, 사회복지 19.4%, 교육 17.5%, 국방 10.9% 순으로, 이전 정부와 비교해볼 때 사회복지예산 비중이 두 번째로 높아졌다. 이는 외환위기를 극복하는 과정에서 실직자들을 구제하기 위한 복지재정지출이 크게 늘어났기 때문이다.

통합재정 규모는 1998년 115조 4,300억 원에서 2002년 136조 470억 원으로 증가했으나, GDP 대비 비중으로는 같은 기간 23.0%에서 21.4%로 감소했다. 통합재정수지는 GDP 대비 1998년 -3.7%에서 2002년 3.2%로 개선됐고, 관리재정수지도 같은 기간 GDP 대비 -5.0%에서 0.7%로 개선됐다. 조세부담률은 1998년 17.5%에서 2002년 18.8%로 다소 상승했고, GDP 대비 국가채무 비중 역시 같은 기간 16.0%에서 18.6%로 증가했다.

5) 사회적 형평성 추구 시기(노무현 정부, 2003~2007년)

노무현 정부 기간 중에 일반 정부 재정지출 연평균 비중은 경제 24.3%, 사회복지 22.2%, 교육 17.0%, 국방 9.0% 순으로, 이전 김대중 정부와 비교해 추세 면에서 큰 차이가 없었다. 그러나 중앙정부 지출을 보면 사회복지 비중이 19.2%, 경제 18.5%로 사회복지 비중이 경제보다 높은 비중을 보이는 시기였다.

통합재정 규모는 2003년 164조 3,030억 원, GDP 대비 21.4%에서 2007년 209조 8,100억 원, GDP 대비 21.5%로 증가했으며, 통합재정 수지는 2003년 GDP 대비 1.0%에서 2007년 3.8%로 개선됐다. 관리재 정수지 역시 같은 기간 0.1%에서 0.7%로 다소 개선됐다. 조세부담률은 같은 기간 19.3%에서 21.0%로 상승했고 GDP 대비 국가채무 비중은 21.6%에서 30.7%로 크게 증가했다.

또한 이 시기에는 국가재정 운용의 기본법인 「국가재정법」이 2006년 9월 국회를 통과했는데 국가재정 운용 계획 수립, 총액 배분·자율편성 예산제도, 성과관리제도 도입 등을 통해 재정의 효율성을 도모하고자 노력했다. 동시에 추경편성 요건 강화, 국가채무관리 계획 수립 등을 통해 재정건전성을 확보하고자 했다. 2003년 7월 국가재정 운용에 관한 연구 분석 및 평가를 통해 의정 활동을 지원하고자 국회예산정책처를 설립했다.

6) 성장과 안정추구 시기(이명박·박근혜 정부, 2008~2017년)

이명박 정부 집권 초기에는 리먼브러더스 파산을 시작으로 미국과 유럽 등 선진국에서 촉발된 글로벌 금융위기로 재정정책이 팽창적으로 운용됐다. 당시 우리나라는 금융위기를 가장 모범적으로 극복했다는 평가를 받았는데, 이는 추경 등 확장적 재정정책을 효과적으로 사용한 결과라고 할 수 있다. 동시에 「국가재정법」을 몇 차례 개정하면서 재정의 건전성과 책임성 강화에 초점을 맞춘 시기이기도 하다. 박근혜 정부 역시 집권 초기 확장적 재정정책을 펼쳤으나 집권 후반기에는 긴축적으로 선회했다.[37]

GDP 대비 국가채무 비율은 이명박 정부 시기(2008~2012년)에는 26.8%에서 30.8%로, 그리고 박근혜 정부 시기(2013~2017년)에는 32.6%에서 36.0%로 각각 증가했다. 이명박 정부와 박근혜 정부의 집권 기간 중 GDP 대비 관리재정수지 비율은 모두 적자였지만, 두 정부 모두 집권 후반기에는 경기진작보다는 재정건전성을 강조하는 기조를 유지했다.

참고로 우리 정부의 재정 규모는 꾸준히 증가해 2019년 기준 470조 원에 이르고 있는바, 최근 10년간(2010~2019년) 우리 중앙정부의 세입과 세출을 보면 [그림 2-13]과 같다.

총지출을 큰 항목으로 나누어보면, 2019년 기준 예산지출은 328.9조 원(70%, 일반회계 279.1조 원, 특별회계 49.8조 원), 기금은 140.7조 원(30%)이다. 같은 시기 총수입은 국세수입 294.8조 원(62%), 세외수입

---

37 주원·김천구(2017), 「과거 정부의 재정정책 특징과 시사점 – 집권 초반에는 확장적, 후반기 긴축적」, 한국경제주평(750호), 현대경제연구원

그림 2-13 **총수입 및 총지출 추이**

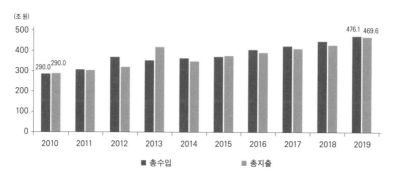

주: 예산(추경) 기준
자료: 국회예산정책처 재정경제통계시스템

그림 2-14 **항목별 총수입**　　　　그림 2-15 **항목별 총지출**

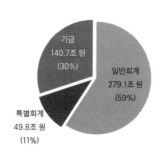

주: 1) 2019년 기준
　　2) 본예산 기준
자료: 국회예산정책처 재정경제통계시스템

26.6조 원(6%), 기금 154.7조 원(32%)이다.

　　또한 2019년 총지출을 분야별로 배분한 현황을 보면 보건·복지·고용 부문이 161조 원(34.3%)으로 가장 많고, 일반·지방행정 76.6조 원(16.3%), 교육 70.6조 원(14.8%), 국방 46.7조 원(9.9%), R&D 20.5조 원(4.4%) 순이었다. 그리고 지난 10년간(2010~2019년) 정부지출은 연평균

5.4%씩 증가한 반면 보건·복지·고용 부문은 7.9%씩 상대적으로 빠르게 증가해왔다.

(3) 정부의 인력정책

우리나라는 경제발전을 위한 자원이 부족한 상태였지만 우수한 인적자본을 활용해 빠르게 경제성장을 달성한 나라로 인식되고 있다. 우리의 교육열은 세계 어느 나라와 비교해보아도 매우 높은 수준이며 '한강의 기적'이라는 경제적 성과의 바탕에는 오랜 시간 동안 축적돼온 우수한 인력의 활용이 있었다고 평가받는다. 미국 버락 오바마 전 대통령이 수차례 "한국의 교육을 배우자"라고 했던 것도 이러한 맥락에서 이해할 수 있다.

교육에 대한 장기적인 투자는 거시적으로 경제성장을 촉진하고 미시적으로는 개인과 가정의 투자 유인을 이끌어내는 수단[38]이라는 점에서 경제발전을 위한 필수불가결한 요소다. 그동안 우리는 경제발전에 필요한 우수한 인력 양성을 위해 교육에 대한 인프라를 구축해왔다. 특히 경제·과학기술 분야에서 고급인력을 양성하고 이를 활용하고자 노력해왔는데 이를 구체적으로 살펴보고자 한다.

먼저, 사회과학 분야에서는 우리나라 경제 전반에 걸쳐 긴요한 정책과제를 현실적·체계적으로 연구하고 경제개발 5개년 계획 수립 및 정책입안에 도움을 줄 연구기관이 필요하다는 인식에 따라 1971년 3월 한

---

[38] 강순희 외(2011), 「한국의 인적자본투자 성과분석」, 한국노동연구원

국개발연구원Korea Development Institute: KDI을 설립했다.[39]

KDI 설립 초기 우수한 해외 유학파 박사들을 초청·선발하기 위해 당시 원장이 미국까지 가서 박사 학위 수석연구원들을 초청간담회 형식이나 개별 접촉 방식으로 인터뷰함으로써 국내로 돌아와 정착하게 하는 등의 노력을 기울였다.[40] 현지에서 탄탄하게 닦여진 기반을 기꺼이 포기하고 귀국하겠다는 뜻을 밝힌 이들은 대부분 30대 초반의 젊은 경제학자들이었는데, 이들이 귀국해 현대적인 경제이론과 보다 과학적인 방법을 통해 정치화된 경제정책이 수립될 수 있었고, 집행 과정에서도 큰 기여를 했다.

과학기술 분야에서는 1960년대까지 고급인력 양성은 전적으로 해외 유학에 의지했는데, 산업발전에 따라 실질적으로 응용 능력을 갖춘 고급 과학기술 인력에 대한 국내 양성이 절실해졌다.[41] 1970년 초 재미 한인 과학자 정근모 박사에 의해 특수 이공계 대학원 설립 문제가 제기돼 미국 국제개발처USAID의 자금 지원을 받아 과학기술 분야 인재 양성을 목표로 1971년 2월 한국과학원KAIS이 설립됐다.

이후 1981년 1월 한국과학원과 한국과학기술연구소KIST가 통합되어 한국과학기술원KAIST이 설립됐는데 처음에는 대학원 과정만 운영했다. 1989년 대덕캠퍼스로 이전하면서 특수 학부과정을 운영하던 한국과학기술대학과 통합함으로써 학부과정까지 포함한 명실상부한 우리나라 최고의 과학기술 인력 양성기관으로 자리매김하게 됐다. 최신의 실험·실습 장비를 갖추고 학생들에게는 충분한 장학금과 연구비 지원, 전원

---

39 한국개발연구원 홈페이지에서 인용 및 참조
40 정인영(2002), 「홍릉 숲속의 경제 브레인들」, 한국개발연구원
41 국가기록원 및 과학기술정보통신부 홈페이지에서 참조

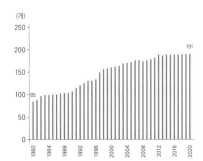

그림 2-16 **고등교육(대학) 기관 수 추이**

자료: 한국교육개발원 교육통계서비스

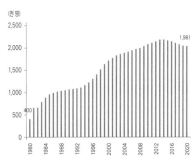

그림 2-17 **대학생 수 추이**

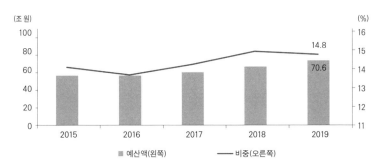

그림 2-18 **정부 예산 대비 교육 관련 예산 추이**

자료: 지방교육재정알리미

기숙사 생활이라는 혜택을 주었으며, 무엇보다 당시로서는 유례가 없었던 병역특례 조치를 제공함으로써 우수한 인재를 확보하고자 노력했다.

이러한 노력과 우리 국민의 높은 교육열이 어우러져 우리나라 고등교육은 양적인 측면에서 2000년까지 빠르게 증가했다. 2020년 기준 대학 기관 수는 191개, 대학생 수는 198만 명을 기록해 1965년과 비교해 볼 때 대학과 대학생 수는 각각 2.7배, 18.7배 이상 증가했다. 고급인력

표 2-11 사교육비 지출 추이

연도	사교육비 총액(10억 원)	학생 1인당 사교육비(만 원)
2007	20,040	22.2
2010	20,872	24.0
2015	17,835	24.4
2016	18,061	25.6
2017	18,670	27.2
2018	19,485	29.1
2019	20,997	32.1

주: 학생 1인당 사교육비는 월평균 기준
자료: 통계청, 「초중고 사교육비 조사」

표 2-12 IMD 국가·교육 경쟁력 추이

구분	2014	2015	2016	2017	2018	2019	2020
국가경쟁력 순위	26	25	29	29	27	28	23
교육경쟁력 순위	31	32	33	37	25	30	27

자료: 한국교육개발원 교육통계서비스

인 석·박사 취득자도 2020년 한 해 동안 9만 9,000여 명으로 2000년 대비 1.8배 늘어났다.

교육에 대해 정부와 민간의 투자가 지속적으로 이루어져왔다. 정부의 예산 중에서 교육 관련 예산은 해마다 증가해왔으며 2019년 기준 교육 관련 예산은 70.6조 원으로 정부 전체 예산 대비 14.8%를 차지하고 있다.

또한 사교육비 총액은 2019년 기준 20조 997억 원으로 공교육비 규모의 29%나 된다. 그리고 학생 1인당으로 나눈 사교육비는 매년 증가

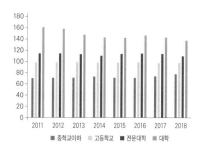

그림 2-19 학력별 임금 격차

주: 고등학교 졸업자 평균 임금을 100으로 환산
    (25~64세 성인인구 기준)
자료: e-나라지표

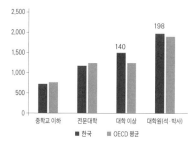

그림 2-20 학력별 임금 국제비교

주: 고등학교 졸업자 임금 = 100
자료: 교육부(2018.9.11), 「OECD 교육지표 2018 결
    과 발표」, 보도자료

해 2019년 기준 32만 원을 기록하고 있다.

이처럼 높은 교육비 지출에도 불구하고 우리나라의 교육 경쟁력 수준은 국제적으로 비교해볼 때 그다지 높지 않다. 스위스 국제경영개발대학원IMD의 교육 경쟁력 수준 조사에 따르면, 2020년 기준 63개 대상국 가운데 중간 정도인 27위로 국가 경쟁력 순위보다도 낮은 상황이다.

과거 고도성장기에 높은 교육열에 의해 양성된 우수한 인적자원이 큰 역할을 한 것은 분명한 사실이지만, 이제는 고학력자가 오히려 과잉 공급되고 있고 그로 인해 자원의 적정한 배분 문제가 제기되기도 한다. 고학력자와 저학력자 간의 임금격차가 큰 것도 이러한 고학력 지향 현상을 부추기는 주요한 요인이라고 보인다. [그림 2-19]와 [그림 2-20]에서 보듯이 학력 간 임금 격차가 최근 다소 줄었지만, 여전히 OECD 국가들 평균치보다는 상대적으로 큰 상황이다.

제7장

지정학적 여건과
한국인의 특성

1. 지정학적 여건

우리나라의 성장 동인과 특징으로 지정학적 여건과 함께 한국인의 특성을 언급하지 않을 수 없다. 우리는 공산 진영과 자유 진영의 대립, 그리고 이를 둘러싼 정치적 갈등 속에서 지정학적 여건을 비교적 잘 활용함으로써 급속한 경제성장을 이룩한 것으로 평가되고 있다.[42]

---

[42] 임현백(2007), 「한반도의 지정학적 재발견에 근거한 동아시아 중추국가 전략이 필요」, 국토정책 Brief(147호), 국토연구원

역사적으로 볼 때 대륙 세력인 중국은 해양으로의 헤게모니 확장을 위한 교두보로서 한반도를 이용하고자 했다. 해양 세력인 일본은 한반도를 대륙으로 진출하기 위한 '징검다리'로 이용하고자 했다. 우리나라는 이 두 나라의 대립 속에서 항상 국제적인 동향과 흐름을 파악하고 균형추로서의 역할을 유지해야 했다.

마찬가지로 해방 이후 전개된 냉전시대 공산-자유 양대 진영 간 주도권 쟁탈전 속에서 한반도라는 지리적 위치를 잘 활용했다. 우선, 남한이 공산화되는 것을 막기 위해 미국을 중심으로 한 자유 진영은 한국에 대해 경제 원조, 최혜국 대우, 특혜 관세, 투자 등의 경제적 지원을 제공했는데, 이를 통해 우리나라는 급속한 산업화와 경제발전을 이루어냈다고 볼 수 있다. 이에 반해 북한은 폐쇄적인 사회주의를 고집함으로써 지금과 같은 체제 붕괴와 생존을 걱정하는 위기 상황에 직면하게 됐다.

과거에는 한반도라는 지정학적 위치가 대륙과 해양 세력 간 다툼의 장으로서 우리나라의 운명을 제약하는 걸림돌로 작용했지만 앞으로는 이를 계속 발전의 기회로 활용해나갈 수 있도록 지혜를 발휘해야 한다. 과거의 수많은 역사적 사례들이 증명하듯이 한반도가 주변 강대국들의 패권 확장을 위한 교두보와 길목으로서 전쟁터가 될 수도 있지만, 다른 한편으로 우리가 이를 어떻게 대응하고 주변 여건을 이용하느냐에 따라 사람과 물자, 문화가 모이는 허브가 될 수도 있다.

냉전 체제의 질서가 해체되고, 세계화와 정보화가 진행되면서 우리나라는 경제적·문화적 변방에서 벗어나 이제 세계의 중심으로 부상하고 있다. 앞으로 일본과 러시아, 중국, 일본, 동남아를 연결하는 동아시아의 십자로가 될 수 있는 지리적 여건을 활용하는 안목이 요구되는 시점이다.

2. 한국인의 특성

한국인의 근면성과 책임감 그리고 높은 교육열 또한 성장 동인으로 빼놓을 수 없는 부분이다. 예로부터 부지런하고 매사에 책임감이 강한 민족적 특성이 경제개발 과정에서 유감없이 발휘됐다는 사실을 부정할 수 없다.

조선왕조 500년 동안 전승돼온 유교적 영향 때문이기도 하겠지만, 우리 민족은 일에 대한 열정이 많고, 세계에서 찾아보기 힘들 정도로 교육열이 높다는 장점을 가지고 있다. 바로 이것이 경제발전에 필요한 우수인력을 공급하는데 있어 중요한 사회적 기반이 됐다고 볼 수 있다.

우리 부모들은 시골에서 소와 전답을 팔아서라도 자녀의 학비를 댈 정도로 자녀에 대한 교육열이 매우 높았다. 이러한 원동력이 기술입국 이라는 정부 정책과 맞아떨어지면서 우리 기업들의 국제 경쟁력 확보를 위한 소중한 원동력이 된 것이다.

3. 위기극복 과정에서 발휘되는 단합

단일민족이라는 정체성을 바탕으로 위기극복 과정에서 발휘되는 단합 또한 우리 민족이 가진 독특한 장점이다. 그래서 위기에 처할 때마다 오히려 민족적인 단합을 발휘함으로써 국난을 슬기롭게 헤쳐 나온 자랑스러운 역사를 가지고 있다. 멀리는 중국대륙을 지배한 왕조들이 있었고 여러 차례의 침입을 받고서도 동화되지 않고 한민족이라는 민족적 정체성을 유지해오기도 했으며, 가깝게는 일제 식민지배, 남북분단, 그리고 한국전쟁을 겪고서도 오뚝이처럼 다시 일어서는 불굴의 정신을 보여주었다.

1997년 찾아온 외환위기라는 국난을 극복하는 과정에서 국민들이 보여준 금 모으기 운동은 우리 민족의 국난극복 의지를 잘 보여주는 사례이기도 하다. 당시 우리 국민들은 일제강점기 독립운동의 일환으로 시작됐던 국채보상운동과 같이 십시일반의 마음으로 금 모으기 운동을 펼쳤는데, 불과 수개월 만에 350여 만 명이 참가해 21억 달러에 이르는 금 227톤을 기부함으로써 세계의 주목과 찬사를 받았다.

제2의 국난이라는 1997년 외환위기를 조기에 극복하고 이후 2008년 글로벌 금융위기를 모범적으로 이겨내면서 3만 달러를 달성한 국가로 도약한 저력의 근저에는 한국인 특유의 높은 책임감과 교육열, 근면하고 성실한 민족적 특성과 함께 한민족이라는 공동체적 인식이 자리 잡고 있음을 부인할 수 없다고 하겠다.

제8장

한국형
발전 모델

1. 한국과 동아시아 발전 모델의 특성 및 상호 비교

반세기에 걸친 우리나라의 성공적인 경제성장 과정을 지켜보면서 많은 전문가는 과연 이것이 한국에만 고유한 경제발전 모델인지 아닌지를 두고 논쟁해왔다. 경제성장을 이룬 동아시아 국가들 모두에게서 공통적으로 나타나는 모습이 아닐까 하는 인식 때문이다. 앞에서는 우리나라만이 가지고 있는 독특한 성공 요인을 살펴보았으므로 이하에서는 우리나라만의 특성과 함께 동아시아 국가들 모두에게 공통적으로 적용되는 발전 모델에 대해서도 살펴보고자 한다.[43]

면밀히 살펴보면 우리나라를 포함해 일본, 대만, 중국 등 동아시아 여러 국가들의 제도와 정책 간에는 분명한 차이점이 있지만 많은 공통점도 존재한다. 동아시아 국가의 발전 모델에는 서구 국가들과 비교해 높은 수준의 정부 개입, 수출 중시, 제조업 중시, 높은 저축·투자율 등과 같은 공통분모가 발견되기 때문이다. 이를 차례대로 좀 더 자세히 살펴보기로 한다.

첫째, 적극적인 산업정책이다. 동아시아 국가들의 경제발전 과정에서 공통적으로 발견되는 현상은 개발 초기 단계에서 제한된 물적·인적·금융 자원을 감안해 특정 육성 대상 산업과 기업을 선택한 후 자원을 집중적으로 배분한 점이다. 그 과정에서 육성 대상 산업과 기업을 선택하는 최우선 기준은 수출 가능성이었다. 그리고 초기 섬유·신발 등의 노동집약적인 산업에서 벗어나 점차 철강·전자·자동차 등의 자본집약적 중화학공업으로 산업구조를 고도화하기 위한 산업정책을 정부 주도 하에 적극적으로 추진했다.

둘째, 국내외 기업 간 경쟁 촉진 정책을 추진했다. 보다 구체적으로 들여다보면 일본은 통상산업성을 통해 희소가치가 있는 고급 해외 기술을 서로 경쟁 관계에 있는 기업 집단들에게 배분했다. 반면 우리나라는 수출 목표 달성을 조건으로 재벌기업들에게 금융자원과 보조금을 배분한 후 이들 간의 경쟁을 촉진하는 방식으로, 그리고 대만에서는 수많은 중소기업 간의 경쟁을 촉진하는 방식으로 추진됐다.

셋째, 해외 자본보다는 국내 자본에 의한 투자를 중시했다. 이를 뒷

43 조종화 외(2011), 「동아시아 발전모델의 평가와 향후 과제: 영·미 모델과의 비교를 중심으로」, 연구보고서(11-08), 대외경제정책연구원

받침하듯이 동아시아의 저축률은 세계 어느 지역의 저축률보다도 높았고, 이는 높은 투자율을 가능케 하는 기반이 됐다. 또한 자본 유출에 대한 엄격한 통제를 실시하고 외국 자본의 유입도 규제했다.

일본과 한국은 개발 초기에 외국인 직접투자 유입을 통제함으로써 외국인의 국내 기업 소유를 금지했다. 외자 차입의 경우 우리나라는 정부 규제 하에서 공공차관 및 정부 지급보증에 대한 의존도가 높았지만, 대만의 경우는 그리 높지 않았고 일본은 거의 의존하지 않았다.

넷째, 동아시아 국가의 경제 모델에서 공통적으로 발견되는 또 다른 요인은 교육과 소득 분배와 같은 사회·경제적 여건이 양호하다는 점이다. 우리나라를 비롯해 동아시아 국가들 대부분이 높은 수준의 교육 인프라를 구축함으로써 산업화에 필요한 인적자본을 형성했고, 고도성장 시기를 겪으면서 소득 분배가 개선됐다. 비교적 동질적인 인구구성과 유능한 관료집단의 존재 등도 동아시아 경제발전 모델이 성공적으로 작동하게 된 공통적인 요인으로 지목되고 있다.

물론 동아시아 발전 모델에 공통점만 있는 것은 아니다. 분명 국가별 차이점도 존재하는데 우리나라, 일본, 대만, 중국을 중심으로 경제성장 과정에서의 차이점은 무엇이었는지 발전 전략, 금융 규율, 외국인 직접투자 등을 중심으로 살펴보기로 한다.

첫째, 우리나라는 대기업 중심으로 한 반면 대만은 중소기업 중심으로 발전 전략을 채택했다는 데 큰 차이점이 있다. 대만 경제가 고도성장을 구가하던 1971년을 보면 종업원 20명 미만의 소기업이 제조업의 68%를 차지할 정도로 비중이 높았다. 대만은 국제적인 화교 자본을 활용해 고위험이 수반되는 대기업보다 단기수익 중심의 중소기업에 집중하는 성장 전략을 구사한 것이다.

둘째, 다른 지역과 비교해 높은 수준의 투자율에도 불구하고 국가별로 고도성장 시기의 투자율에 큰 차이가 있다. 일본과 한국은 고도성장 시기에 30~40% 수준의 높은 투자율을 보이지만 대만은 25% 전후의 수준을 유지했는데 이같이 상대적으로 낮은 대만의 투자비율은 외채보다는 국내 저축에 의존하는 국가 전략과 위험한 대형 투자를 기피하는 중소기업형 투자에 기인하고 있다. 중국의 경우에는 2002년 이후부터 40%를 초과하는 높은 투자율을 보이는데, 이에 따라 소비·투자 간 불균형 심화, 대규모 무역흑자 지속 등 대내외 불균형이 큰 문제로 지적되고 있다.

셋째, 고도성장 초기 단계에서 산업구조를 둘러싼 전략에도 차이점이 보인다. 일본·대만·한국은 산업구조를 경공업에서 중공업으로 전환했다. 반면 중국은 오히려 공산당 집권 초기에 중공업 비중이 높았으나 덩샤오핑의 개혁·개방 노선 이후에야 노동집약적인 경공업을 발전시키는 전략을 취했다. 중국은 개혁·개방 정책을 시행하면서 사회주의 계획경제 아래에서 과도하게 추진된 중화학공업보다는 경공업을 발전시키고자 한 것이다. 특히 홍콩 화교 자본이 섬유와 신발 등 노동집약적인 산업을 중심으로 중국에 진출한 이후 중국이 이들 품목의 글로벌 생산기지가 되고, 수출 교두보로 자리 잡았다.

넷째, 동아시아 국가들 간 나타나는 또 하나의 중요한 차이점으로 금융 규율 확립이 있다. 대만의 경우 국제사회에서 중국이 전면 부상하면서 1971년 UN 회원국의 자격을 박탈당했을 뿐 아니라 IMF와 IBRD 회원국도 아니어서 외환위기가 발생할 경우 국제금융 기관으로부터 구제금융을 받을 수 없기 때문에 충분한 외환보유고 유지가 중요한 거시경제 정책 목표였다. 이에 대만의 금융기관들은 신바젤협약BASEL II이 체결된 이듬해인 1989년에 이미 BIS 자기자본비율 요건을 도입했는데, 일본과 한국이 1998년에야 이를 제도화했다는 점을 감안하면 대만이 금융기관의 건전성 유지를 위해 얼마나 노력했는지 알 수 있다.

우리나라는 1970년대 중화학공업화 정책을 추진하는 과정에서 저금리와 함께 은행 대출을 확대했는데, 이를 통해 이른바 관치금융의 관행이 정착됐다. 이는 일본과 마찬가지로 우리나라 금융기관은 산업정책을 집행하는 수단으로 기능했기 때문이다. 이에 따라 우리나라 금융기관은 감독기관의 보호막 속에서 외국 금융기관과의 경쟁에 노출되지 않음으로써 산업으로서의 경쟁력이 취약했는데 이 점에서 대만과 확연히 구분된다.

다섯째, 외국인 직접투자의 활용과 관련해 국가별로 큰 차이가 존재한다. 우리나라와 일본은 고도성장 초기에 국내 기업을 보호하기 위해 외국인 직접투자 유입을 꺼려했고, 대만도 부분적으로 이러한 경향을 보였다. 그러나 중국의 경우에는 개혁·개방 정책 도입 이후 경제성장과 대외 경쟁력 강화라는 목표 하에 외국인 투자기업의 유입을 촉진시켜 나갔다.

이에 따라 각국의 고도성장 시기에 총고정자본형성에서 차지하는 외국인 직접투자 비율에서도 차이가 있다. 총고정자본형성에서 차지하는 외국인 직접투자 비율이 일본은 1950~1975년 기간 평균 0.2%에 불과하고, 대만은 1960~1985년 기간 2.4%, 우리나라는 1965~1990년 기간 1.6%를 차지한 데 반해 중국은 1980~2005년 기간 평균 7.0%로 비교적 높게 나타나고 있다.

2. 한국형 발전 모델의 성과

한마디로 한국경제는 1960년대 이후 고도의 경제성장을 달성하면서 세계사에 유례가 없을 정도로 급속한 산업화와 경제발전을 성공적으로 이루어냈다. 그것은 근면성, 책임감, 교육열 등에 불타는 그야말로 한국인만의 독특한 DNA를 토대로 소비자, 기업 그리고 정부가 혼연일체가 돼 경제성장이라는 파이를 키우기 위해 쉼 없이 달려온 결과인 것이다.

그럼 구체적으로 어떤 성과를 이루어냈는지 살펴보기로 한다. 좀 더 분명한 이해를 위해 평면적인 방식이 아니라 우리나라 초기 경제성장 모습과 비슷한 상황이었던 국가들과의 비교를 통해 한국경제가 성장해 온 궤적을 파악해보기로 한다. 구체적으로 아프리카 대륙의 가나와 케냐, 그리고 아시아 지역의 필리핀과의 상대적인 비교를 통해 우리나라의 발전 모습을 조망해보고자 한다.

앞에서도 서술했듯이 우리나라는 선택과 집중을 통해 제조업 중심의 성장 전략, 수출 주도의 경제 전략, 적극적인 R&D 전략 등을 통해 빠른 경제성장을 이루면서 비교 대상국들과는 확연히 다른 성장 궤적을 보이고 있다. 우리나라는 1960년까지만 하더라도 아프리카 지역의 케냐와 비슷한 경제 여건에 있었고, 1인당 GDP 수준이 가나보다도 낮았다. 1953년 우리나라의 1인당 실질 GDP는 1,478달러로 아프리카 대륙의 케냐(1,455달러)와 비슷하고 가나(1,887달러)보다는 낮은 수준이었으나, 1960년 케냐를 추월하고 1966년 우리나라 1인당 실질 GDP가 2,164달러로 가나(2,127달러)마저 추월하게 된다.

이를 시기별로 들여다보면 우리나라의 빠른 경제 성장세가 더욱 두드러진다. 우리나라는 1970년대에 1960년대 대비 약 2.1배 성장해 1인

그림 2-21 한국, 가나, 케냐의 1인당 실질 GDP 추이

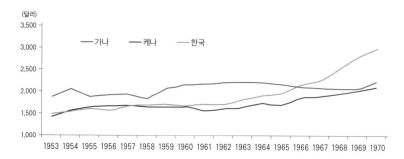

주: 2011년 실질 기준
자료: Maddison Project Database 2018

그림 2-22 시기별 1인당 GDP 비교

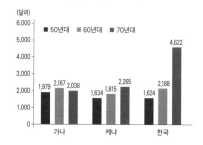

주: 1) 2011년 실질 기준
    2) 시기별 단순평균, 50년대는 1953년부터
       1960년까지 평균
자료: Maddison Project Database 2018

그림 2-23 시기별 경제성장률 비교

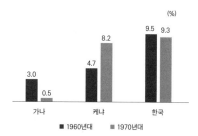

주: 1960년대는 1961년부터 1970년까지, 1970년
    대는 1971년부터 1980년까지 단순평균
자료: World Bank

당 평균 GDP는 4,622달러를 기록했는데, 이는 1960~1970년대 우리나
라의 연평균 경제성장률이 9%대로 가나와 케냐보다 빠른 성장세를 시
현했기 때문이었다.

문화적 동질성이 큰 아시아 지역을 놓고 보더라도 우리나라의 경제
성장 궤적에 대해 확연한 차이를 느낄 수 있다. 예를 들면 1972년까지

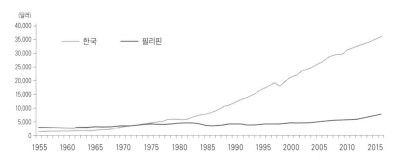

그림 2-24 한국과 필리핀의 1인당 실질 GDP 추이

주: 2011년 실질 기준
자료: Maddison Project Database 2018

만 하더라도 우리나라의 1인당 실질 GDP 수준은 3,388달러로 필리핀
의 3,472달러보다도 낮았다. 그러나 그 이후에는 [그림 2-24]에서 확인
할 수 있듯이 우리나라 경제는 성장하는 추세를 보이지만 필리핀은 거
의 정체 상태를 보이고 있다. 2016년 기준 우리나라 1인당 실질 GDP는
29,394 달러로 필리핀(7,410 달러)의 4배 정도다.

이렇듯 전쟁의 폐허 위에서 반세기 만에 이룩해낸 빠른 경제성장은
'한강의 기적'이라 불리고 있고, 우리의 경제발전 모델이 성공적으로 적
용된 국가임을 보여주는 사례라고 할 수 있다.

3. 한국형 발전 모델의 한계 및 지향점

우리 경제는 지난 60년간 양적으로는 괄목할 만한 성장을 이루었지
만, 그 이면에는 우리가 앞으로 치유해나가야 할 부작용도 적지 않았던

것이 사실이다.

우선, 선택과 집중의 원리에 의해 성장을 추구하다 보니 제조업과 서비스산업간, 대기업과 중소기업 간, 수출산업과 내수산업 간 불균형이 심화됐다.

또한 성장 위주의 질주 결과로 성장과 복지의 조화라는 문제가 불거지게 됐다. 선진국의 문턱에서 구성원 전체의 진정한 인간다운 삶, 성장 파이의 합리적 배분이라는 문제가 제기됐다.

그리고 중국, 인도 등 신흥 개도국들의 무서운 추격으로 이제는 과거와 같은 모방·추격 성장 방식으로는 한계에 도달했으며, 이제는 선진 경제권과 당당히 겨루어 그들을 능가해야 하므로 이른바 선도성장 방식으로 산업 운영 방식을 근본적으로 변혁해야만 하는 상황에 놓이게 됐다.

우리 경제는 2000년 이후 지속된 저성장 속에서도 2017년 선진국 진입 기준으로 여겨지는 1인당 국민소득 3만 달러를 달성했다. 주요국들의 경우 3만 달러 달성 이후 4만 달러에 도달하는 시기까지 빠르면 2~3년(영국과 일본) 길면 7~12년(미국과 독일) 정도가 소요됐다.[44] 선진국의 경우 중·장기적인 신성장동력 마련, 제조업과 서비스 산업의 균형발전, 노동생산성 제고 등의 정책적인 노력을 통해 4만 달러 시대로 진입했다고 평가되고 있다. 우리 경제는 현재 저성장의 늪에서 탈피해 주요 선진국과 같이 4만 달러를 달성하기 위해 다시 한 번 도약하느냐, 아니면 오랫동안 3만 달러 시대에 정체되느냐를 결정하는 중대한 기로에 서

---

[44] 일본은 1995년에 최초 1인당 국민소득 4만 달러 달성 후 다시 3만 달러로 하락한 이후 2008년에 이르러서야 4만 달러를 회복했는데, 일본의 4만 달러 달성 시기를 2008년으로 볼 경우 주요국의 4만 달러 달성 평균 소요 시간은 9.7년이 소요됐다.

있다.

앞으로 우리는 4차 산업혁명 시대를 맞이해 우리 경제가 압축 성장에 따른 문제점을 해결하고 저성장 국면에서 탈피해 보다 안정적인 성장 궤도에 진입함으로써 국민소득 4만 달러 아니 그 이상을 달성하고 국민의 삶의 질도 그에 맞는 사회를 추구해나가야 한다. 이를 위해 우리 앞에 놓인 과제가 무엇인지를 제3부에서 면밀히 고찰해보고자 한다.

4차 산업혁명 시대의 패러다임 대전환

지난 2016년 스위스 다보스에서 열린 세계경제포럼에서는 바야흐로 세계는 4차 산업혁명 시대를 맞게 된다고 전망하면서 그와 관련된 이슈들을 제기했다. 이후 미국, 중국, 일본, EU 등 세계 주요국들은 4차 산업혁명이 가져올 경제·사회의 구조적이고 근본적인 변화에 대비해 앞다퉈 새로운 경제성장 패러다임을 구축해나가면서 다양한 국가 혁신 전략을 추진하고 있다.

우리 역시 예외가 될 순 없다. 과거와는 다른 성장방정식을 찾아야 한다. 이러한 환경 변화에 더해 우리는 심각한 저출산·고령화 문제 등을 겪고 있기 때문에 더욱 그렇다. 합계출생률이 2020년 기준 0.84명에 불과해 이제 수년 내 절대인구조차 감소할 것으로 전망된다. 여기에 우리의 대외 경제의존도가 가장 큰 미국과 중국 간의 패권 경쟁이 갈수록 심화되고 있고, 지난 2019년 12월 중국 우한에서 시작된 COVID-19가 지구촌 전체 삶의 변화를 요구하는 상황까지 겹치고 있다. 지금 시점에서 포스트 COVID-19 시대, 4차 산업혁명이 초래할 거대한 변혁의 모습을 정확히 예측하기 어렵다는 점에서 경제정책적인 측면에서 구체적으로 어떤 변화가 필요한지에 대한 해법 역시 정해진 것은 없다고 본다. 다만 과거와는 다른 패러다임이 필요하다는 공감대 형성은 상당히 이루어져 있다고 본다. 제3부에서는 이러한 상황인식 하에 보다 현실적이고 구체적인 제안을 해보려고 한다.

코로나19: 인간의 일자리를 대신하는 로봇, 디지털 전환은 가속화할까?

(2020.5.1.)

(상략) 한국경제가 나아가야 할 방향을 제시하고 연구하는 고려대학교 미래성장연구소의 김동수 소장은 BBC 코리아에 "코로나19가 초래한 심각한 사회·경제적 충격을 고려할 때, 인류는 이제 '바이러스 경제'라는 새로운 현상을 마주하고 있다"면서 "사회적 거리 두기가 일상이 되면서 삶의 중심이 현실에서 가상의 세계로 빠르게 이동하고 있다"고 지적했다. 즉, 한국 사회가 일과 교육뿐 아니라 사회적 교류나 소통, 경제·문화·소비 활동까지 오프라인에서 온라인으로 옮겨가고 있다는 뜻이다.

김 소장은 "코로나19로 비대면 문화가 확산하면서 로봇이 일자리를 대체하는 속도 역시 빨라질 것"이라며 "이는 이제 막 태동기에 접어든 4차 산업혁명을 앞당기고 디지털 경제화를 촉진하는 기폭제로 작용할 것"이라고 설명했다.

그는 "이 과정에서 발생하는 일자리 양극화 문제, 고용 소외 문제 등을 극복하기 위해 앞으로 정부의 역할이 더욱 긴요해질 것"이라고 예측했다.

자료: 조 토마스 기자, 2020년 05월 01일, BBC 뉴스코리아

제9장

기업가 정신 제고를 위한
환경 조성

경제성장 과정에서 정부는 강력한 리더십을 발휘하며 발전 전략 수립과 집행은 물론 주력산업 선정과 육성, 이를 위한 자원배분 등 사실상 전방위적인 영역에서 주도적인 역할을 담당했었다. 그렇지만 시간이 흐르면서 경제활동의 주도권은 점차 민간부문으로 넘어가게 됐고, 1993년 5개년 경제개발 계획의 종료는 이러한 변화를 상징한다고 할 수 있다.

물론 정부는 아직도 중요한 경제주체 중 하나로서 경제가 위기 상황에 처했을 때마다 구원투수와 같은 역할을 수행하고 있다. 그렇지만 4차 산업혁명 시대를 맞이하고 있는 지금, 과거와 같은 방식의 정부 주도 성장 모델은 더 이상 유효하지 않다고 해도 과언이 아니다. 그런 의미에서 경제의 핵심 주체로 등장한 기업들이 혁신을 기반으로 하는 투자 활동을 보다 적극적으로 전개하지 않는다면 미래 우리 경제에 대한 전망은 그리 밝지 않다. 따라서 기업들의 투자를 유인할 수 있는 여건을 마련하는 것이 절실한 상황이다.

하지만 국내 기업인들은 특히 2000년대에 들어서는 현저하게 국내 투자는 줄이는 대신 해외 투자는 꾸준히 확대해나가고 있는 실정이다. 해외 시장에서 이미 막대한 인지도를 쌓은 국내 일류 기업들을 무작정 한국 기업으로 인식하는 것은 우를 범하는 일이다.

지금은 국경을 가리지 않고 기업들의 투자를 유치하기 위해 사실상 각국이 무한경쟁 체제에 돌입한 상황이다. 기업들의 국내 투자 환경을 획기적으로 개선하지 않는다면 지난 수십 년간 계속돼온 탈한국 현상은 더욱 심화될 것이고, 그만큼 한국경제의 앞날은 어두울 수밖에 없다.

1. 기업의 투자 의욕 회복

기업의 투자 확대, 특히 설비에 대한 투자 증대가 우리 경제의 성장 근간임에도 [그림 3-1]에서 보듯이 2017년 2분기 이후 설비투자지수 증가율이 감소 추세를 보이고 있고, 2018년에는 아예 마이너스 증가율을 보이다가 2019년부터 다시 플러스로 돌아서고 있는 것이 작금의 실태다. 이처럼 투자가 위축되고 있는 원인으로 조사기관은 수요 부진 및 불확실한 경기 전망 등과 아울러 다소 지엽적인 항목들을 제시하고

그림 3-1 **설비투자지수 증감률 추이(전 분기 대비)**

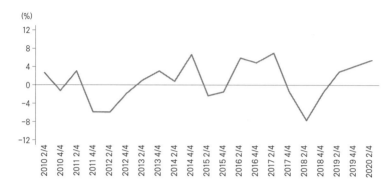

자료: 국가통계포털(KOSIS), 설비투자지수

그림 3-2 **설비투자 부진 요인**

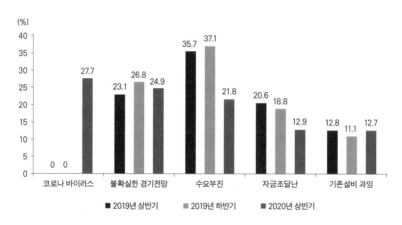

자료: 산업은행(2020), 「2020년 상반기 설비투자계획조사」

있다.

　그러나 목전에 도래한 4차 산업혁명 시대에 경쟁국들보다 한발 앞서
나가기 위해서는, 그리고 명실상부한 선진국 진입을 위해서는 무엇보다

도 기업인의 투자 의욕을 회복시키는 것이 긴요하다. 그렇게 하기 위해서는 특히 적정 법인세 부과, 수도권 규제를 비롯한 각종 규제개혁, 기업의 가업승계 여건 마련 등이 필요한데, 다음에서는 이들 문제에 대해 보다 면밀하게 살펴보고자 한다.

(1) 국제 경쟁력을 감안한 법인세율 설정

우선 우리나라 법인세 구조, 법인세율 현황 및 추이를 살펴보고 국제적인 비교를 통해 앞으로 어떤 식의 방향 전환이 필요한지 그 시사점을 도출해볼 필요가 있다. 우리나라는 2010년 2억 원 미만 과세표준 구간의 법인세율을 인하하고 2011년 2~200억 원의 중간 과표구간 신설, 그리고 2018년 법인세율 최고 구간 신설 및 세율 인상을 통해 현재와 같은 4단계 누진세율 구조를 갖게 됐다. 2017년에 걷힌 법인세는 총 59.2조 원으로 전체 국세 중 22.3%를 차지했다. 2007~2017년 기간 중 연평균 5.3%씩 증가해 2007년 대비로는 1.7배 증가했다.

우리나라 법인세의 명목 및 실효세율은 2019년 기준 각각 21.1%,

표 3-1 **법인세율 추이**

과세표준 구간	2007년	2008년	2009년	2010년	2011년	2018~현재
1억 원	13%	11%	11%	10%	10%	10%
1억~2억 원	25%					
2억~200억 원	25%	25%	22%	22%	20%	20%
200억~3,000억 원					22%	22%
3,000억 원 초과						25%

자료: 국회예산정책처(2020), 「2020 조세수첩」

표 3-2 2019년 기업 규모별 명목세율 및 실효세율 현황

구분	전체	중견	상호출자 제한기업	중소기업	기타
명목세율	21.1%	20.4%	24.1%	16.7%	21.5%
실효세율	19.1%	18.5%	22.1%	13.4%	20.7%

주: 명목세율=(산출세액/과세표준)×100, 실효세율=(총부담세액/과세표준)×100
자료: 국회예산정책처(2020), 「2020 조세수첩」

19.1%이다. 실효세율 기준으로는 중견기업이 18.5%, 상호출자제한기업이 22.1%, 중소기업이 13.4% 수준이다. 실효세율은 세법상 정해진 법정 세율에서 각종 공제와 면제 등을 반영해 실제로 기업이 부담하는 정도를 나타내는 지표이기 때문에 보다 정확하다고 할 수 있다.

그렇다면 우리나라 법인세율의 수준은 국제적으로 어느 정도인지 OECD 국가들과의 비교를 통해 좀 더 들여다보자. 우리나라 법인세 명목 최고세율(지방세 포함)은 2017년 24.2%에서 2020년 27.5%로 3.3%p 높아졌다. 이는 OECD 평균(23.3%)보다도 높고, 36개 회원국가들 중에서는 9번째로 높은 수준이다.

2018년 기준 우리나라 GDP 대비 법인세 부담 수준은 4.2%로 미국(1.1%)은 물론, 영국(2.9%), 독일(2.1%) 보다 높고 OECD 평균인 3.0% 보다도 높아서 법인세 부담 수준이 다른 선진국들과 비교해 상대적으로 높은 편이라고 할 수 있다. 그런 의미에서 우리 기업들이 부담하는 명목 최고세율을 선진국 수준으로 낮춤으로써 기업의 투자 의욕을 고취시킬 필요가 있다.

표 3-3 2020년 OECD 국가의 법인세 명목 최고세율 비교

No.	국가	세율(%)	No.	국가	세율(%)
1	프랑스	32.0	20	OECD 평균	23.3
2	포르투갈	31.5	21	이스라엘	23.0
3	호주	30.0	22	덴마크	22.0
4	멕시코	30.0	23	노르웨이	22.0
5	독일	29.9	24	터키	22.0
6	일본	29.7	25	스웨덴	21.4
7	뉴질랜드	28.0	26	스위스	21.1
8	이탈리아	27.8	27	슬로바키아	21.0
9	한국	27.5	28	에스토니아	20.0
10	G7 평균	27.2	29	핀란드	20.0
11	캐나다	26.5	30	아이슬란드	20.0
12	미국	25.8	31	라트비아	20.0
13	오스트리아	25.0	32	체코	19.0
14	벨기에	25.0	33	폴란드	19.0
15	칠레	25.0	34	슬로베니아	19.0
16	네덜란드	25.0	35	영국	19.0
17	스페인	25.0	36	리투아니아	15.0
18	룩셈부르크	24.9	37	아일랜드	12.5
19	그리스	24.0	38	헝가리	9.0

주: 지방세율 포함
자료: 국회예산정책처 재정경제통계시스템

표 3-4 2012~2018년 OECD 주요국 GDP 대비 법인세 부담 현황 (단위: %)

구분	2012년	2013년	2014년	2015년	2016년	2017년	2018년
일본	3.5	3.8	3.9	3.8	3.7	3.7	4.1
한국	3.5	3.2	3.0	3.1	3.4	3.6	4.2
캐나다	3.2	3.3	3.3	3.4	3.7	3.7	3.7
영국	2.7	2.6	2.5	2.4	2.7	2.8	2.9
미국	2.0	2.1	2.3	2.1	2.0	1.7	1.1
이탈리아	2.4	2.6	2.2	2.0	2.1	2.1	1.9
프랑스	2.6	2.6	2.3	2.1	2.0	2.3	2.1
독일	1.7	1.8	1.7	1.7	2.0	2.0	2.1
OECD 평균	2.8	2.8	2.7	2.8	2.9	3.0	3.0

자료: 국회예산정책처(2020), 「2020 조세수첩」 p.75에서 재인용

(2) 첨단산업 활성화를 위한 각종 규제개혁

4차 산업혁명 시대를 맞아 주요국들은 기업 환경 혁신을 위해 각종 규제개혁을 적극적으로 추진하고 있다. 영국은 지금의 규제 수준을 절반으로 줄이기 위해 2013년부터 소위 'One in Two Out'을 시행하고 있고, 미국도 2017년 트럼프 대통령 취임 직후 'Two for One Rule', 즉 새로운 규제 1건을 도입할 때마다 2건의 기존 규제를 폐지하겠다고 밝힌 바 있다. 일본 역시 신산업 관련 규제 완화를 골자로 하는 특례법을 제정해 다른 모든 법률보다 상위 규범으로 인정함으로써 4차 산업혁명에 선제적으로 대비하고 있다.

반면 우리는 아직도 여러 가지 이유를 들어 규제개혁에 미온적 태

도를 보이고 있어 걱정스럽다. 오히려 역주행하는 현상마저 나타나고 있다. 일명 '타다금지법'이라고 불리는 「여객자동차 운수사업법」 개정안이 2020년 3월 국회를 통과한 것이 대표적인 사례라고 하겠다. 정부는 새로운, 혁신적인 영업의 진출을 위해 최선을 다하겠다고 했다. 하지만 정작 새로운 운영 방식을 통해 기존의 택시 서비스에 불만이 많았던 다수의 소비자들부터 환영을 받았던 신사업은 기존 택시업계의 반발에 부딪혀 그렇게 좌초된 것이다.

참고로 캐나다의 프레이저 연구소Fraser Institute에서는 매년 전 세계 100여 개국을 대상으로 '기업규제 자유도'를 조사하는데, 2017년 기준 우리나라는 조사 대상 159개국 중 75위, OECD 국가 중 15위를 기록해 규제에 대한 자유도가 중간 수준에 머무는 것으로 나타났다.[45] 또한 같은 시기 세계경제포럼(WEF)에서 조사한 기업규제 부담 순위에 있어서도 우리나라는 159개국 중 95위로 기업들이 규제에 대해 애로를 느끼고 있는 것으로 나타났다.

한편 한국경제연구원의 조사에 따르면 기업이 규제에서 자유로울수록 1인당 GDP도 증가하는 것으로 나타나 물리적 투자 없이 규제 완화만으로도 경제성장의 효과를 볼 수 있다는 것이다. 물론 정부도 규제 개선의 중요성을 인식해 '규제 샌드박스제' 도입 등 나름 정책적인 의지를 보이고는 있지만, 경쟁 대상국과 비교해볼 때 더욱 박차를 가해야 할 것이다.

기업의 투자를 가로막는 규제는 많은 영역에 존재하고 있지만 모든

---

45 한국경제연구원(2018.1.25.), 「기업규제, 獨 수준 개선 시 GDP 1.7% 늘어…약 22.1만 명 고용창출 효과」, 보도자료

그림 3-3 우리나라 기업규제 자유도

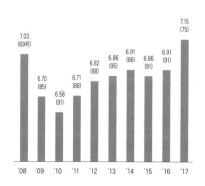

표 3-5 국가별 기업규제 부담 순위

순위	국가	규제 수준
1	싱가포르	5.6
2	UAE	5.4
3	르완다	5.3
4	홍콩	5.3
5	말레이시아	4.8
18	중국	4.4
32	영국	4.0
59	일본	3.6
75	스리랑카	3.3
87	이집트	3.2
95	한국	3.1

주: 1) 10점 만점
2) 159개국 대상, ( )은 순위
자료: 한국경제연구원(2018.1.25.), 「기업규제, 獨 수준 개선 시 GDP 1.7% 늘어⋯약 22.1만 명 고용 창출 효과」, 보도자료

주: 1) 2017~2018년 기준
2) 규제수준은 7에 가까울수록 규제 부담이 작고 1에 가까울수록 높음을 의미
자료: 임도원(2017.12.31.), 「OECD 수준으로 규제만 풀어도⋯ 잠재성장률 연 0.3%P씩 상승」, 한국경제

규제를 다룬다는 것은 현실적으로 불가능하다는 점에서 여기서는 제조업 활성화에 가장 시급하면서도 여러 기업들이 대표적인 애로사항으로 느끼고 있는 규제인 수도권 규제에 대해서만 살펴보기로 한다.

수도권 규제란 수도권에만 적용되는 「수도권정비계획법」에 의한 권역별 규제를 말한다. 당초에는 수도권에 과도하게 집중된 인구와 산업을 전국에 걸쳐 적정하게 배치하도록 유도함으로써 수도권을 질서 있게 정비하고 균형 있게 발전시킬 목적으로 도입됐다.

보다 구체적으로 살펴보면 동법은 수도권을 과밀억제권역, 성장관리권역, 자연보전권역 등 3개 권역으로 구분·지정하고 수도권에 대기업의 신·증설 금지, 대학 신·증설 금지, 공업용지 조성 등 대규모 개발사업 제한, 공업입지 규제 등을 규정하고 있다.

※ 수도권정비계획법

제6조(권역의 구분과 지정) ① 수도권의 인구와 산업을 적정하게 배치하기 위하여 수도권을 다음과 같이 구분한다.

1. 과밀억제권역: 인구와 산업이 지나치게 집중됐거나 집중될 우려가 있어 이전하거나 정비할 필요가 있는 지역
2. 성장관리권역: 과밀억제권역으로부터 이전하는 인구와 산업을 계획적으로 유치하고 산업의 입지와 도시의 개발을 적정하게 관리할 필요가 있는 지역
3. 자연보전권역: 한강 수계의 수질과 녹지 등 자연환경을 보전할 필요가 있는 지역

② 과밀억제권역, 성장관리권역 및 자연보전권역의 범위는 대통령령으로 정한다.

그림 3-4 수도권 권역별 규제도

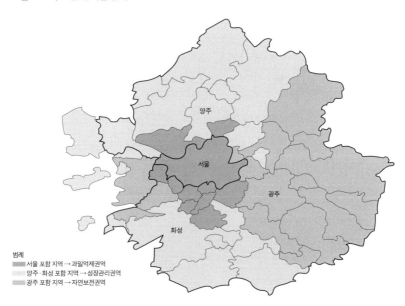

범례
▥ 서울 포함 지역 → 과밀억제권역
▦ 양주·화성 포함 지역 → 성장관리권역
▨ 광주 포함 지역 → 자연보전권역

자료: 경기도 규제개혁추진단(2016), 「경기도 규제지도」, 경기도청

「수도권정비계획법상 권역별 행위 제한」

구분		자연보전권역	과밀억제권역	성장관리권역
원칙		- 3년 단위로 공장 총량을 설정·고시 *연면적 500m² 이상인 공장 대상 - 연면적 500m² 이상인 공장의 신·증설 원칙 금지(시행령 제3조 제2호, 법 제7조~제9조) - 시행령에서 각 권역의 행위 제한 완화를 예외적으로 규정(법 제7조 제2항) 제9조, 시행령 제11조, 제14조		
공장	산집법상 예외 *기타지역 허용행위 는 공업지 역에서도 허용	- 산업단지 내 신·증설은 중소기업공장의 경우에만 면적제한을 적용하지 않음 [대기업] - 공업지역: ① 신·증설 결과 공장건축면적이 1천m² 이내인 현지근린·첨단업종·건축자재·폐수 비발생 공장의 신·증설, ② 기존공장의 경우 증설되는 공장건축면적이 1천m² 이내인 경우 증설 허용 - 기타지역: 공업지역과 동일 [중소기업] - 공업지역: ① 신·증설 결과 공장건축면적이 3천m² 이내인 경우의 도시형 공장 신·증설, ② 기타지역에서 공업지역으로의 이전 및 공업지역 상호 간이 전 허용 - 기타지역: ① 신·증설 결과 공장건축면적이 1천m² 이내인 현지근린·건축자재·첨단업종·물 미사용 도시형공장의 신·증설, ② 증설되는 공장건축면적인 3천m² 이내인 경우의 도시형공장인 기존공장의 증설 허용	- 산업단지 내 신·증설은 규모·업종 제한 없이 허용 [대기업] - 공업지역: ① 기존공장의 경우 증설되는 공장건축면적이 3천m² 이내인 경우 증설, ② 기존공장의 기존부지 내에서의 증설, ③ 첨단업종의 경우 기존면적 200% 범위 내의 증설 허용 - 기타지역: ① 첨단업종공장의 기존면적의 100% 범위 내의 증설, ② 신·증설 결과 총 연면적 1천m² 이내인 경우의 현지근린공장·건축자재업종공장·첨단업종공장의 신·증설 허용 [중소기업] - 공업지역: ① 도시형공장의 신·증설, ② 기존공장의 증설, ③ 기타지역으로부터의 이전, ④ 공업지역 상호 간의 이전 허용 - 기타지역: ① 현지근린공장·건축자재업종공장·첨단업종공장의 신·증설, ② 기존공장의 증설 허용	- 산업단지 내 신·증설은 규모·업종 제한 없이 허용 [대기업] - 공업지역: ① 과밀억제·자연보전권역에서 성장관리권역의 공어지역으로의 이전, ②첨단업종공장의 증설 허용 - 기타지역: ① 신·증설 결과 총 연면적 5천m² 이내인 경우의 현지근린공장·건축자재업공장의 신·증설, ② 기존공장의 기존부지 내에서의 증설, ③ 증설면적 3천m² 이내인 경우의 기존공장의 증설, ④ 첨단업종공장의 기존면적의 200% 범위 내의 증설 허용 [중소기업] - 규모·업종 제한 없이 허용
공업지역 지정		- 규정 없음	- 원칙 금지 - 기존 공업지역의 총면적을 증가시키지 않는 범위 내에서의 지정 허용	- 수도권정비계획으로 정하는 바에 따라 허용
공업용지 조성사업		- 3만~6만m² 이하인 것으로서 수도권정비위원회 심의를 거친 경우 허용	- 30만m² 이상인 경우 수도권정비위원회 심의를 거쳐 허용	- 30만m² 이상인 경우 수도권정비위원회 심의를 거쳐 허용

택지 조성사업	[오염총량제 미시행지역] - 3만~6만m² 이하인 것으로서 수도권정비위원회 심의를 거친 경우 허용 [오염총량제 시행지역] - 지역에 따라 10만~50만m² 이하인 것으로서 수도권 정비위원회 심의를 거친 경우 허용	- 100만m² 이상인 경우 수도권정비위원회 심의를 거쳐 허용	- 100만m² 이상인 경우 수도권정비위원회 심의를 거쳐 허용
도시·지역종합 개발사업	[오염총량제 미시행지역] - 3만~6만m² 이하인 것으로서 수도권정비위원회 심의를 거친 경우 허용 [오염총량제 시행지역] - 지역에 따라 10만~50만m² 이하인 것으로서 수도권 정비위원회 심의를 거친 경우 허용	- 100만m² 이상인 경우 수도권정비위원회 심의를 거쳐 허용 *100만m² 미만이나 공업용도로 구획되는 면적이 30만m² 이상인 경우도 심의 대상 *지역종합개발사업의 경우, 10만m² 이상의 관광단지를 포함하는 경우도 심의 대상	- 100만m² 이상인 경우 수도권정비위원회 심의를 거쳐 허용 *100만m² 미만이나 공업용도로 구획되는 면적이 30만m² 이상인 경우도 심의 대상 *지역종합개발사업의 경우, 10만m² 이상의 관광단지를 포함하는 경우도 심의 대상
관광지 조성사업	[오염총량제 미시행지역] - 3만~6만m² 이하인 것으로서 수도권정비위원회 심의를 거친 경우 허용 [오염총량제 시행지역] - 3만m² 이상인 것으로서 수도권정비위원회 심의 거친 경우 허용	- 10만m² 이상인 경우 수도권정비위원회 심의를 거쳐 허용 *공유수면매립지에서 시행하는 경우 30만m² 이상인 경우가 심의 대상	- 10만m² 이상인 경우 수도권정비위원회 심의를 거쳐 허용 *공유수면매립지에서 시행하는 경우 30만m² 이상인 경우가 심의 대상
대형건축물 (판매-1만5천, 업무-2만5천)	[오염총량제 미시행지역] - 금지 [오염총량제 시행지역] - 신·증축 및 용도변경 허용	- 과밀부담금 부과 *부과대상지역: 서울특별시	- 규제 없음
연수시설	[오염총량제 미시행지역] - 기존 연수 시설의 건축물 연면적의 100분의 10 범위에서의 증축은 허용 [오염총량제 시행지역] - 신·증축 또는 용도변경으로서 수도권정비위원회 심의를 거친 경우 허용	- 연면적 3만m² 이상인 연수시설의 경우 수도권 정비계획 수립에 포함되어야 함	- 신·증축 또는 용도변경 시 수도권정비위원회의 심의를 거친 경우 허용 - 기존 연수시설의 건축물 연면적의 100분의 20 범위에서의 증축은 허용

자료: 전국경제인연합회(2014), 「수도권규제 문제점과 합리화 방향」

동 법률에 의해 규제되고 있는 수도권 인근의 적용면적은 총 11,830km²로 경기(10,175.34km², 86%), 서울(605.25km² 5%), 인천 (1,048.98km², 9%) 지역이 동 법에 근거한 각종 규제를 적용받고 있다.[46]

수도권 규제정책은 1960년대 산업화가 진행되면서 빠르게 대규모로 그리고 집중적으로 인구가 수도권으로 유입되는 현상을 방지하기 위해 수립됐다. 그렇지만 규제가 도입된 후 지난 30여 년 동안 수도권은 물론 전반적인 우리 경제여건이 크게 변화됐다는 점에서 이제는 이를 전면적으로 재검토할 시기가 됐다.[47]

과거와 같은 경제성장 시기에는 수도권 등 과밀지역에 대한 입지 규제가 나름대로 설득력이 있었다. 그러나 지금은 첨단산업 분야 기업들이 느끼는 투자애로는 물론 국내 생산시설의 해외 이전 등과 같은 부작용이 오히려 더 심각하기 때문이다.

특히 규제가 본래 가지고 있던 취지와 효과는 제대로 거두지 못하면서 오히려 수도권 인구 비중은 계속적으로 증가하고 있는 등 시대 환경도 크게 변하고 있다. 도쿄·런던·파리 등 우리 수도권과 비슷한 문제에 직면해 있었던 국제도시들은 도시 경쟁력을 확보하고자 오히려 1980년대부터 수도권 규제를 완화하거나 폐지해오고 있다.

우리나라의 경우에도 수도권 규제를 완화할 경우 67.5조 원(2011년 9월 기준)의 투자 확대[48]와 11.5조 원의 부가가치 증대 효과를 기대할 수 있고 동시에 10.3만 명의 고용창출 효과를 기대할 수 있는 것으로 분석

---

46 경기도 규제개혁추진단(2016), 「경기도 규제지도」, 경기도청
47 전국경제인연합회(2014), 「수도권 규제 문제점과 합리화 방향」 및 전국경제인연합회(2016), 「7대 갈라파고스 규제개선의 경제적 기대효과」에서 인용 및 참조
48 이외희(2014), 「수도권 규제현황과 경기도 대응방안」, 경기연구원

되고 있다.[49]

그런 의미에서 당초의 도입 취지를 제대로 달성하지 못하고 첨단산업 분야에 대한 기업들의 투자를 가로막는 등 경제적 손실이 더 큰 수도권 규제를 원점에서 재검토함으로써 기업들이 규제 혁신의 효과를 피부로 느낄 수 있도록 해야 한다.

(3) 가업승계 요건 완화

기업규제 혁신의 체감도를 높이는 방법의 하나로 대승적인 차원에서 가업승계 요건을 완화하는 방안을 적극적으로 고려해볼 필요가 있다. 가업승계란 현재의 기업 경영 상태가 지속될 수 있도록 소유권 및 경영권을 차세대 경영자에게 물려주는 것을 의미한다.[50] 우리나라는 가족기업 형태의 중소기업이 많아 대체로 가업승계를 경영권 승계와 소유권 승계를 모두 포괄하는 개념으로 사용하고 있다.

가업승계는 후계자가 누구냐에 따라 친족 승계, 전문경영인 승계, M&A로 구분되는데, 협의의 가업승계는 친족 승계만을 의미하며 자녀 및 친인척 등 가족 간에 소유권이 승계돼 소유경영 체계를 유지하는 것을 의미한다. 우리나라의 경우에는 가업상속 및 증여세 감면 요건이 상당히 엄격해 원활한 가업상속에 어려움을 겪는 중소기업들이 아주 많다.

---

49 전국경제인연합회(2014), 「수도권 규제 문제점과 합리화 방향」; 전국경제인연합회(2016), 「7대 갈라파고스 규제개선의 경제적 기대효과」
50 이하의 논의는 박희원(2019), 「한국과 일본의 중소기업 가업승계 현황 및 시사점」, 이슈분석 (762호), KDB산업은행 미래전략연구소에서 인용 및 참조

그림 3-5 **가업승계의 유형**

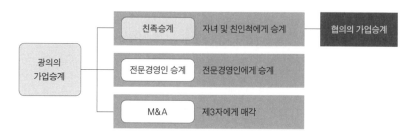

자료: 박희원(2019), 「한국과 일본의 중소기업 가업승계 현황 및 시사점」, 이슈분석(762호), KDB산업은행
　　　미래 전략연구소

　가업승계 요건을 완화해야 하는 현실적인 이유 중 하나는 우리나라
중소기업 경영자들의 고령화가 빠르게 진행 중이고, 중소기업들 대부
분이 가족기업 형태로 운영되고 있다 보니 가업승계가 사실상 중요한
경영 문제로 대두되고 있기 때문이다. 중소기업중앙회의 조사에 따르면
우리나라 가업승계 유형은 자녀를 통한 친족 승계가 대부분인데 가업
승계 요건이 엄격해 아직 결정하지 못했다고 응답한 비율이 상당히 많
은 것으로 조사되고 있다.

　이에 반해 전문경영인에게 승계하겠다는 비율은 매우 작은 상황
이다. 중소기업 경영자들은 가업승계를 결정하지 못하는 주된 원인으
로 승계 과정에서 부담해야 할 높은 상속세를 지목하고 있고 정부의 종
합적인 지원정책 부족도 큰 원인으로 제시하고 있다.

　[표3-6]에 따르면, 우리나라 중소기업들은 상속세 및 증여세 마련,
가업승계 요건 충족 곤란 등을 가업승계의 가장 큰 애로사항으로 지목
하고 있다. 상속 및 증여세 감면 요건 완화와 함께 경영 관련 법률, 조

표 3-6 **가업상속 및 증여세 감면 요건**(상속세 및 증여세법 제18조 2항)

요건	내용
가업 요건	피상속인이 10년 이상 계속 경영한 중소·중견기업
피상속인 요건	지분 50% 이상을 10년 이상 보유, 가업 영위 기간의 50% 이상 재직
상속인 요건	18세 이상, 상속 개시일 이전 2년 이상 가업에 종사, 신고기한까지 임원 취임 및 신고 이후 2년 이내 대표이사 취임 등
상속 및 증여 후 사후관리 요건	승계 이후 10년 간 자산, 종업원 수 및 주식 지분 유지 시 감면

자료: 김용덕(2018), 「중소기업 재도약을 위한 가업승계 실태조사 분석」, IBK경제연구소에서 재인용

세, 회계에 대한 전문 기관의 컨설팅 지원을 희망하고 있는 것으로 나타났다.

우리나라는 선진국과 달리 대를 이어 기업을 가업으로 이어가는 이른바 장수기업이 그다지 많지 않다.[51] 가령 200년 이상 장수기업이 일본은 3,113개, 독일과 프랑스가 각각 1,563개와 331개인 데 반해 우리나라는 역사가 100년이 넘는 기업이 두산, 동화약품, 신한은행, 우리은행, 몽고식품, 광장, 보진재 등 고작 7개에 불과한 실정이다. 과도한 가업승계 요건이 중견기업으로 성장하는 데 있어서 저해 요소로 작용하고 있지는 않은지 살펴보고 가업승계의 애로사항을 해소할 수 있는 정부 차원의 보다 종합적인 지원정책 마련이 절실하다.

참고로 주요국의 가업승계 현황과 대응 방안을 좀 더 들여다보면, 우선 독일의 경우 전체 중소기업 중 13.7%인 51만 1,000개의 중소기업이 향후 5년간 가업승계를 계획하고 있는 것으로 조사됐다. 가업승계를 계

---

[51] 김용덕(2018), 「중소기업 재도약을 위한 가업승계 실태조사 분석」, IBK경제연구소

획 중인 독일 중소기업 중에서 58%에 해당하는 중소기업이 그로부터 2년 이내에 승계자를 찾았고, 독일 중소기업 소유주의 절반 이상은 가족승계를 선호하는 것으로 나타났다. 360만여 개 중소기업의 93.6%가 가족기업이고 이 가운데 15만 개 정도가 조만간 가업승계 과정을 겪을 것으로 추정되고 있다.

일본은 우리나라와 비슷하게 중소기업 경영자의 고령화가 상당히 빠른 속도로 진행되고 있어서 가업승계 문제가 이미 주요한 경제·사회적인 이슈가 되고 있다. 최근 조사 자료를 보면, 60세 이상 CEO 중 절반 정도가 승계자를 찾지 못해 폐업할 예정이라고 응답했으며 개인사업자의 경우에도 약 70%가 후계자가 없어 사업을 그만둘 계획이라고 응답했다. 자산 1억 엔 이상 법인 경영자를 대상으로 중소기업 사업승계 준비 상황을 살펴보면 50%가 넘는 중소기업이 사업승계 준비를 하지 못하고 있는 것으로 조사됐다.[52]

이에 따라 일본 정부는 중소기업 가업승계에 친화적인 환경을 구축하기 위해 2017년 '사업승계 5개년 계획'을 마련해 중소기업의 사업승계를 지원해주는 제도를 시행하고 있다. 이어 2018년도에는 사업승계·재편·통합 문제를 중소기업·소규모 사업자 지원을 위한 중점 정책으로 설정하고 예산 및 세제 지원을 확대하는 등 정부 차원에서 이미 적극적으로 대응해나가고 있다.

우리나라도 양질의 일자리 창출과 지속가능한 성장을 위한 중소기업의 계승·발전이란 차원에서 가업승계 요건을 완화할 필요가 있다. 그리고 이를 위해 가업승계에 대한 인식을 획기적으로 전환해 '제2의 창

---

52 중소기업연구원(2018), 「해외 중소기업 정책동향(5월호)」

업'이라는 관점에서 보다 더 적극적으로 지원[53]해나가야 한다. 동시에 무엇보다도 가업승계가 부의 대물림이 아닌 가업의 계승이라는 긍정적인 차원으로 이해하려는 사회적 인식 전환 노력이 병행돼야 한다.

(4) 국내 기업의 리쇼어링(리턴) 정책의 실효성 제고

앞의 제4장 [그림 1-28] '해외직접투자 추이'에서 보았듯이 우리 기업들의 해외직접투자 규모가 2000년대에 들어서 급격히 늘어나고 있다. 물론 글로벌 수출시장 개척, 원료 및 반제품의 국제 경쟁력 확보 등 불가피하거나 바람직한 측면이 있는 것은 부인할 수 없다.

그러나 최근 들어 우리 기업들이 국내 제조업에 대한 투자를 오히려 축소하는 등 상대적으로 국내 투자를 회피하고 있다는 데 문제가 있다. 제조업의 국내 공동화를 방지하고 기업의 경쟁력을 강화하기 위해서는 해외로 생산기지를 이전한 기업들에 대해 국내로의 재투자를 유인해 고용을 창출할 수 있는 정책, 즉 적극적인 리쇼어링(리턴) 정책이 필요하다는 목소리가 높을 수밖에 없다.

사실 우리나라를 포함해 여러 나라들에서 각종 세제 혜택과 투자 및 고용 보조금 지원을 통해 해외에 진출한 자국 기업들이 리쇼어링할 수 있도록 노력 중이다. 리쇼어링 기업들의 인정 범위를 확대하고 입지·설비 보조금 지원 요건을 완화하거나 법인세 감면 대상을 확대하는 등의 다양한 리쇼어링 기업 지원정책을 실시하고 있다.

그러나 우리나라 기업들의 리쇼어링 지원제도 및 인센티브에 대한

---

[53] 중소기업연구원(2018), 「해외 중소기업 정책동향(5월호)」

표 3-7 주요 선진국 제조업 유치 전략

미국	독일	일본
법인세 인하추진 (35%→28%, 제조업 25%)	기업 조세부담 완화 (38.7%→29.8%)	법인세 단계적 인하 추진 (40.7%→38.0%→35.6%→23.9%→23.2%)
설비투자 세제혜택 연장 (1년→2년)	노동시간 연장 (주 48시간)	입지제한 규제 완화
리쇼어링 기업에 최대 20% 이전비용 지원	해고절차 간소화	노동유연성 확보 (파견기간 1년→3년)

자료: 산업통상자원위원회(2013), 「해외진출기업의 국내복귀 지원에 관한 법률안에 대한 공청회」; 양금승(2017),
　　　「한국 제조업 해외직접투자의 특징 분석 및 U턴 촉진방안」, 한국경제연구원

그림 3-6 우리나라 리쇼어링 기업 지원제도 만족도

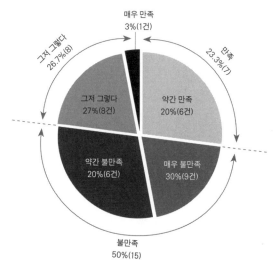

주: 30개사 조사 대상
자료: 양금승(2017), 「한국 제조업 해외직접투자의 특징 분석 및 U턴 촉진방안」, 한국경제연구원

만족도는 그다지 높지 않은 것으로 조사되고 있다. 리쇼어링 기업 지원

그림 3-7 **국내 복귀 시 및 복귀 이후 가장 큰 애로사항**

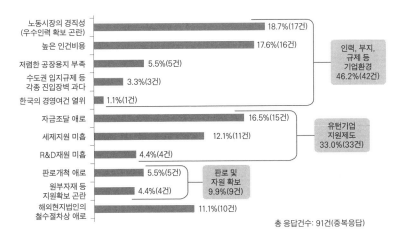

노동시장의 경직성
(우수인력 확보 곤란) 18.7%(17건)

높은 인건비용 17.6%(16건)

저렴한 공장용지 부족 5.5%(5건)

수도권 입지규제 등
각종 진입장벽 과다 3.3%(3건)

한국의 경영여건 열위 1.1%(1건)

인력, 부지, 규제 등 기업환경 46.2%(42건)

자금조달 애로 16.5%(15건)

세제지원 미흡 12.1%(11건)

R&D재원 미흡 4.4%(4건)

유턴기업 지원제도 33.0%(33건)

판로개척 애로 5.5%(5건)

원부자재 등
지원확보 곤란 4.4%(4건)

판로 및 자원 확보 9.9%(9건)

해외현지법인의
철수절차상 애로 11.1%(10건)

총 응답건수: 91건(중복응답)

자료: 양금승(2017), 「한국 제조업 해외직접투자의 특징 분석 및 U턴 촉진방안」, 한국경제연구원

제도에 대한 만족도 설문조사[54]에 의하면 '불만족'으로 응답한 비율이 50%에 달해 전체적으로 만족스럽지 못한 것으로 나타났기 때문이다. 국내 복귀 시 또는 복귀 후에 여러 가지 애로사항을 겪고 있는 것으로 조사돼 리쇼어링 기업 지원정책의 실효성을 제고해야 한다는 목소리가 높다.

또한 국내 복귀 시 또는 복귀 이후에도 우수인력 확보 곤란(18.7%), 높은 인건비(17.6%), 자금 조달(16.5%), 판로 개척(5.5%) 등에서 어려움을 겪고 있는 것으로 나타났다. 리쇼어링 기업이 체감할 수 있도록 실효성 높은 지원정책을 추진하는 것이 긴요하다고 하겠다.

리쇼어링 기업 촉진법이라고 불리는 '해외진출기업의 국내 복귀 지원

---

54 양금승(2017), 「한국 제조업 해외직접투자의 특징 분석 및 U턴 촉진방안」, 한국경제연구원

'포스트 코로나' 역량 걱정된다

(2020.04.16.)

중국 우한武漢에서 시작돼 전 세계로 퍼지며 세계적 대유행(팬데믹)으로까지 확산된 신종 코로나바이러스 감염증(코로나19)은 채 몇 개월도 안 돼 인류의 삶을 통째로 뒤흔들어 놨다. (중략)

그리고 '바이러스 경제'라는 뉴노멀은 이제 막 태동기에 접어든 4차 산업혁명을 앞당길 기폭제로 작용할 것이다. 사회적 거리 두기 와중에 우리가 목도하는 삶의 방식 변화가 그 증거다. 팬데믹이 심각해질수록 사람들은 자의든 타의든 재택근무와 온라인 쇼핑을 통해 경제적 소비 활동을 이어갈 수밖에 없다. 학생들은 온라인 교육을 통해 학업을 계속하고 있다. (중략)

눈을 돌려 우리의 처지를 살펴보자. 비록 산업화는 늦었지만, 정보화만큼은 뒤처지지 말자는 기치 아래 지난 20년 동안 세계가 부러워할 수준의 우수한 IT 인프라를 성공적으로 구축해왔다. (중략)

정부·여당은 그동안 각종 규제 철폐 등 새로운 기업 환경 조성에 최선을 다하겠노라 했지만, 지난 3월 국회에서 타다금지법을 통과시켰다. 또한 최근 사회적 거리두기 와중에서조차 필요한 의료 서비스를 온라인 공간에서 원격으로 받을 수 없다는 우리의 현실은 시사하는 바가 크다. 비록 물적·기술적 토대를 갖췄다 하더라도 각종 규제와 이익단체의 반발 등에 가로막혀 이를 활용한 다양한 서비스를 개발하고 제공할 수 없다면 4차 산업혁명의 도래는 요원한 일이 될 것이다.

우리의 사고가 고정관념과 미래에 대한 막연한 불안감에 사로잡혀 있다면 혁신은 물론이고 내일도 없다는 사실을 깨달아야 한다. 코로나19라는 글로벌 팬데믹이 가져온 바이러스 경제 시대를 맞이한 지금 4차 산업혁명을 주도하고 관련 산업들의 글로벌 경쟁력을 확보할 수 있는 대책 마련에 정부와 민간이 머리를 맞대고 총체적으로 논의할 때다.

자료: 김동수, 2020년 04월 16일, 문화일보

법'상 개선 과제로는 고용·입지·설비보조금 지원 조건과 해외 사업장 청산 및 양도 조건 완화가 필요하다는 응답이 높은 비중을 차지했다. 리쇼어링 기업 촉진을 위한 정책 과제로는 투자·고용·보조금 지원 확대, 인건비 인하와 함께 원활한 인력 수급 등을 꼽았다. 따라서 우선적으로 이러한 부분들에 대해 리쇼어링 기업이 필요로 하는 맞춤형 정책이 요구된다고 하겠다.

(5) 외국인 투자 환경 개선

한편 앞의 제1부 제3장에서 보았듯이 외국인 직접투자FDI는 우리 경제에 상당히 기여해오고 있음에도 불구하고, 최근에는 외국인의 국내 투자 규모가 두드러지게 줄고 있다. 2018년 외국인 직접투자 신고 규모가 2,669건, 269억 달러이던 것이 2020년에는 2,185건, 207억 달러로 무려 23%나 감소했다. 그만큼 국내에의 투자 환경이 해외에 비해 상대적으로 나빠지고 있기 때문은 아닌지 정부는 그 원인을 심층 분석해야 한다.

따라서 앞서 언급한 내국인 투자 환경 개선 외에도 외국인 기업을 대상으로 한 조세 감면 정책, 최적 입지 제공, 각종 규제 철폐 및 외국 기업인의 체류 여건 개선 등의 인센티브 제도를 더욱 강화하는 조치를 포함해 정부의 보다 적극적인 정책적 노력이 요구된다.

외국인 기업이 떠난다···직접투자 2년째 감소

(2021.01.13.)

외국인 직접투자가 2년 연속 감소한 것으로 나타났다. 특히 최악의 한일 관계 영향을 받을 수밖에 없는 일본의 대한對韓 직접투자는 전년에 비해 반 토막 수준으로 추락했다.

산업부가 12일 발표한 '2020년 외국인 직접투자 동향'에 따르면, 2020년 외국인 직접투자FDI는 신고 기준으로 전년 대비 11.1% 감소한 207억 5,000만 달러(약 22조 7,900억 원)였다. 실제 집행을 기준으로는 전년 대비 17% 감소한 110억 9,000만 달러를 기록했다. 코로나 사태로 인해 전 세계적으로 투자가 크게 위축된 가운데 우리나라도 예외가 아니었던 것이다. 국가별로는 최근 한국과 관계가 악화일로에 있는 일본의 투자가 급감했다. 지난해 일본의 외국인 직접투자는 전년(14억 달러)의 반 토막인 7억 달러 수준으로 폭락했다.

최근 한국에 대한 외국인 직접투자는 2018년 269억 달러에서 2019년 233억 달러, 지난해 207억 달러로 2년 연속 감소세다. (중략)

외국인 투자 감소세 속에 외투 기업들의 한국 철수도 계속되고 있다. 산업부에 따르면, 외투 기업 등록 말소 건수는 2017년 1,028건, 2018년 791건, 2019년 738건에 달했다.

외국인 직접투자 감소에 대해 전국경제인연합회는 외투 기업에 대한 법인세 감면 조치 폐지, 근로시간 단축, 최저임금 인상 등 투자 여건 악화를 핵심 요인으로 꼽았다. 성태윤 연세대학교 교수는 "코로나 이전부터 최저임금 인상 등 비용 상승, 각종 규제 강화로 경영진의 부담 증가, 법인세 인상 등이 기업들의 투자 제약 요건으로 작용했다"며 "결국 일자리 감소와 소득 악화로 귀결될 것"이라고 말했다.

자료: 안준호 기자, 2021년 01월 13일, 조선일보

2. 기업의 수용성을 고려한 노동정책

(1) 노동시장의 특징

기업의 수용성 측면에서 가장 중요하게 고려돼야 할 대원칙 중 하나가 임금이 노동생산성을 반영해서 결정돼야 한다는 것이다. 생산성이란 자본과 노동이라는 생산요소를 투입해 얼마만큼의 산출물을 생산해내는가를 나타내주는 지표다. 따라서 노동에 대한 가치인 임금을 결정하는 과정에서 노동생산성은 주요한 고려 사항이 될 수밖에 없다. 따라서 우리나라 노동생산성의 추이와 함께 국제적인 비교를 통해 우리나라 노동정책에 대한 시사점을 살펴보고자 한다.

먼저 우리나라 노동생산성 추이를 살펴보자. 노동생산성은 노동투입량에 대한 산출량의 비율 또는 부가가치의 비율이다. 구체적으로는 투입된 노동의 단위 시간당 또는 근로자 1인당으로 측정할 수 있다. 시간당으로 산정한 노동생산성을 보면, 기준년도인 2015년 이후 상승하는 추세로 2018년 106.8을 기록해 전년 대비 2.5% 증가했다. 반면 근로자 1인당으로 측정한 노동생산성은 기준년도 이후 정체 상태로 2018년 100.9를 기록해 전년 대비 0.4% 증가에 그쳤다. 이처럼 시간당으로 산정한 노동생산성이 나아지고 있음에도 1인당 노동생산성은 변동이 없는 것은 1인당 근로시간이 점차 줄어들고 있기 때문으로 판단된다.

보기에 따라서는 우리나라 노동생산성이 2015년 이후 다소 개선되고 있다고 평가할 수 있겠지만 전산업 기준으로 OECD 국가와 비교해 볼 때 전반적으로 낮은 수준이라는 사실을 부인할 수 없다. 2016년 기준 시간당 노동생산성은 32.93달러로 미국 63.26달러, 독일 59.88달러,

그림 3-8 노동생산성 지수 추이

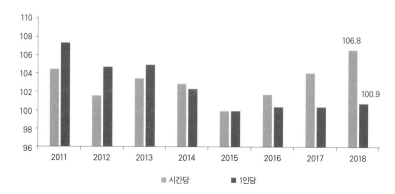

주: 2015=100
자료: 한국생산성본부, 생산성통계

그림 3-9 시간당 노동생산성 국제비교

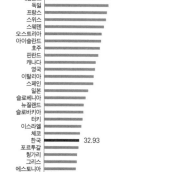

주: 1) 2015=100
    2) 2016년 전산업 기준
자료: 한국생산성본부, 생산성통계

그림 3-10 취업자당 노동생산성 국제비교

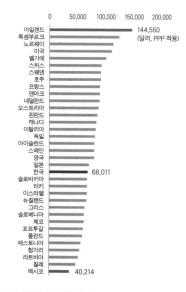

주: 2016년 전산업 기준
자료: 한국생산성본부, 생산성통계

일본 41.54달러 등 주요국과 비교해 상당히 낮다.

같은 시기 1인당 기준으로 살펴보더라도 우리나라 취업자당 노동생산성은 6만 8,012달러로 미국 11만 168달러, 독일 8만 1,351달러, 일본 7만 1,198달러 등 주요 국가들과 비교해볼 때 역시 현저히 낮고, OECD 국가들 가운데 하위권에 머물고 있다.

연관 3-1

우리나라 대·중소기업 간 제조업 노동생산성

대기업과 중소기업 간 노동생산성 격차도 시급한 문제로 지목되고 있다. 2016년 기준 대기업의 노동생산성(1인당 명목 부가가치 기준)은 3억 4,170만 원인 반면, 중소기업의 노동생산성은 1억 1,700만 원 수준에 그쳐 중소기업의 노동생산성은 대기업의 34.2%에 불과한 것으로 나타났다. 문제는 대기업과 중소기업의 노동생산성 격차가 2010년 28.8%까지 감소했다가 이후 다시 증가하고 있다는 데 있다. 철강, 자동차 등 주요 업종별로 세분해 살펴보면, 우리나라 중소기업의 노동생산성은 대체로 대기업의 절반에도 못 미치는 실정이다. 2016년 기준 주요 업종별 대기업 대비 중소기업의 노동생산성은 철강 50.7%, 자동차 44.9%, 조선 32.3%로 조사됐다.

그림 **대기업 대비 중소기업 노동생산성 비중**

주: 2010년 기준가격
자료: 한국생산성본부(2018), 「2018 제조업 기업규모별·업종별 노동생산성」

이렇듯 우리나라의 대기업 대비 중소기업의 노동생산성 수준은 주요국에 비해서도 낮은 상황이다. 제조업 분야만 놓고 보자면, 우리나라 대기업 대비 중소기업의 노동생산성 비중은 35.3%로, 프랑스 57.5%, 독일 55.0%, 일본 50.5% 등과 비교해 많이 낮은 수준이다.

그림 대기업 대비 중소기업 노동생산성 비중

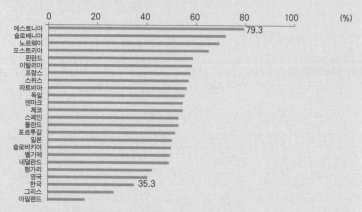

주: 1) 한국은 사업체 기준 자료이며 그 외 국가는 기업체 기준 자료
    2) 유럽의 경우 기업규모는 종업원 수 250인, 한국과 일본은 300인 기준
    3) 제조업 대상 2016년 기준
    4) 영국과 일본은 2015년 기준
    5) 노동생산성은 종업원 1인당 명목부가가치(자국화폐)로 측정
자료: 한국생산성본부, 생산성통계

주력산업의 노동생산성도 2010년대 들어와서 전반적으로 낮아지고 있다. 2000년대와 2010년대 노동생산성 증가율을 살펴보면, 반도체와 가전을 제외하고는 2010년대에 들어와 크게 낮아진 것으로 나타나고 있다.

표 기간별 주력산업의 노동생산성 증가율 (단위: %)

기간	반도체	디스플레이	통신기기	가전	석유화학	일반목적기계	자동차	철강	조선
2000~2010	6.2	3.9	9.7	7.6	6.4	5.9	4.7	5.8	7.6
2011~2017	10.2	1.9	-7.5	7.5	-2.3	0.6	-1.7	-3.8	-8.4

자료: 한국생산성본부(2018), 「2018 제조업 기업규모별·업종별 노동생산성」

OECD "한국 中企 생산성, 대기업 30% 수준"

(2019.05.27.)

우리나라 중소기업 노동자 1명당 노동생산성은 대기업의 30% 수준에 불과한 것으로 나타났다. 생산성 격차는 대기업과 중소기업 간 소득 불평등을 야기하는 원인으로 지목된다. 27일 경제협력개발기구OECD의 「한국 중소기업과 기업가 정신에 활력 불어넣기」란 보고서를 분석한 결과, 중소기업 노동자 1명당 노동생산성은 대기업의 3분의1 수준이었다.

노동자 1인당 부가가치 창출을 따져 대기업의 생산성을 100으로 설정할 때, 국내 중소기업 생산성은 32.5로 나타났다. 이 수치는 아일랜드(10.7), 그리스(26.9), 멕시코(29.5)에 이어 OECD 회원국 중 넷째로 낮았다. 반면 OECD 상위권 국가의 중소기업 노동자 생산성은 대기업의 절반 이상 수준(50~60%)을 보였다. 선진국과 비교했을 때 현격한 차이다. 우리나라는 중소기업(근로자 249명 이하)이 고용한 인력 비율이 전체 근로자 중 87.2%를 차지한다. 즉, 국내 노동자 10명 중 9명이 중소기업에서 일하는 셈이다.

대부분 근로자가 중소기업을 통해 경제활동과 가계소득을 이어가고 있다는 의미다. 국가경제에서 중소기업이 차지하는 비중이 높을 수밖에 없는 이유다.

문제는 생산성이 경제와 직결된다는 점이다. 현재 노동생산성 하락으로 수출·투자 부진으로 이어지는 상황이다. 주 52시간제가 도입되고 생산가능인구가 감소하는 상황에서 노동생산성 향상은 반드시 풀어야 할 과제로 인식된다. 국내 중소기업 노동생산성 성장률은 1982년 15.5%에서 1992년 23.7%까지 속도를 냈다가 2015년에는 0.5%로 정체 수준으로 둔화했다. (하략)

자료: 조득균 기자, 2019년 05월 27일, 아주경제

우리나라 노동생산성이 주요국에 비해 낮다는 문제점과 함께 노동시장의 경직성과 이중성 역시 자주 거론된다. 우리나라 노동시장의 경직성 정도가 OECD 평균 수준이라는 점에서 '평균적인 의미'에서 경직

돼 있다고 보기 어렵다는 견해[55]도 있다. 그러나 세계경제포럼WEF의 국가 경쟁력 평가 결과에 의하면 우리나라의 국가 경쟁력은 2018년 15위에서 2019년 13위를 기록했다. 하지만 관련 항목인 고용 및 해고 관행(87위→102위), 임금 결정의 유연성(63위→84위), 노사 관계 협력(124위→130위) 등에서 낮은 순위를 기록하고 있다는 점에서 노동시장의 경직성이 국가 경쟁력에 부정적인 영향을 주고 있다고 진단할 수 있다.

정규직·비정규직과 관련된 노동시장의 이중구조 문제도 우리 경제가 안고 있는 고질적인 문제점으로 지적되고 있다. 사실 노동시장의 이중구조 문제는 고용보호제도 차이만으로는 설명되지 않는 측면이 존재한다.[56] 노동시장의 이중구조는 임시직, 시간제 근로자가 많을수록, 보수와 복지 등에서 격차가 클수록, 임시직과 상용직 간의 이동성이 낮을수록 심각하다고 볼 수 있다. 우리나라는 정규직과 비정규직 간 경제적 차이가 사회적 갈등으로까지 확대됨으로써 경제·사회적 비용이 커지고 있는 것이 현실이다.

노동시장의 이중구조 문제는 비단 우리나라만의 고유한 문제는 아니다. 노동시장의 지표들을 이용해 분석한 해외 사례들을 들여다보면 스페인은 임시직의 비중이 높고 상용직과의 임금 격차도 일정 수준 존재해 이중구조가 비교적 심하다고 평가되고 있다. 독일 역시 이중구조화 문제의 심각성이 점차 제기되고 있는 상황이다. 반면 스웨덴과 네덜란드는 임시직과 시간제 근로자의 비중은 높지만 상용직과 비교해서 임금, 복지에서의 차별이 적어 이중구조 문제가 크게 심각하지는 않은 것으로 평가되고 있다.

---

55 김준(2015), 「우리나라 노동시장의 유연성과 안정성: 현황과 과제」, 국회입법조사처
56 이하의 논의는 전병유 외(2018), 「노동시장의 이중구조와 정책대응: 해외사례 및 시사점」, 한국은행에서 인용 및 참조

표 3-8 4개국 이중구조 현황 및 노동시장 관련 지표(2017년 기준)

구분	스페인	독일	스웨덴	네덜란드
이중구조 현황	이중구조 심함 (임시직 많고 격차도 있음)	이중구조 문제 일부제기 (임금격차 점차 확대)	이중구조 미미 (임금격차 적음)	이중구조 미미 (임시직·시간제 많지만, 차별이 비교적 적고 자발적 선택)
임시직 근로자 비중[1]	26.7%	12.9%	16.9%	21.8%
시간제근로자 비중[1] (비자발적 시간제)[2]	13.8% (62.0%)	22.2% (10.6%)	13.8% (24.7%)	37.4% (7.1%)
임금 10분위 배율[3](2016년)	3.12	3.33	2.28	3.02
임시직의 3년 후 상용직 전환률[4]	46%	60%	–	70%
EPL 정규직 보호 엄격성[5](2013년)	2.36	2.84	2.52	2.94
EPL 임시직 사용 규제 지수[6](2013년)	3.17	1.75	1.17	1.17
실업률	17.2%	3.7%	6.7%	4.8%
고용률(15~64세)	62.1%	75.2%	76.9%	75.8%
노동이동률[7](2014년)	33.9%	28.8%	42.1%	33.4%

주: 1) 전체 취업자에서 차지하는 비중(자료: OECD)
    2) 시간제 근로자 중 비자발적으로 시간제 근로를 하게 된 근로자 비중(자료: OECD)
    3) 1분위(하위 10%) 임금근로소득 대비 10분위(상위 10%) 임금근로소득의 배율로서 전일제 임금근로자의 월평균 소득 기준이며, 초과근무나 특별수당까지도 포함함. 스페인과 네덜란드는 2014년, 스웨덴은 2013년 기준(자료: OECD)
    4) 2008년 임시직 근로자 중 2011년 기준으로 상용직으로 전환된 근로자의 비중(자료: OECD(2013), 「Strengthening Social Cohesion in Korea: Edition 2013」
    5) OECD 고용보호법제지수 중 임시직 근로자 개별적·집단적 해고의 엄격성(버전 3)
    6) OECD 고용보호법제지수 중 임시직 근로자 사용 규제 지수
    7) 입직률+이직률. 입직률(이직률)은 일정 시점으로부터 1년 이내에 입직(이직)한 근로자가 전체 근로자에서 차지하는 비중(자료: 각국 통계청, 김준(2015)에서 재인용)
자료: 전병유 외(2018), 「노동시장의 이중구조와 정책 대응: 해외사례 및 시사점」, 한국은행에서 재인용

(2) 노동정책의 방향

이렇듯 우리 경제가 안고 있는 노동생산성 저하 문제, 그리고 노동시장의 구조적인 문제점들을 고려할 때 과연 우리 기업들이 수용할 만한 노동정책은 어떠해야 하는지 심각하게 고민해야 할 때다. 국내외 사례 등을 검토해볼 때 다음과 같은 상생적 노사 문화의 정착, 최저임금의 차등 적용, 탄력적 주 52시간 근무제 시행 등과 같은 기업의 수용성을 고려한 유연한 노동정책이 필요한 시점이라고 본다.

첫째, 상생적인 노사 문화 정착이 시급하다. 이를 위해서는 경영진과 근로자 모두 극한적인 대립 구도에서 벗어나 보다 열린 마음으로 합의점을 찾으려고 하는 타협의 정신이 요구된다.[57] 이해 당사자들 간의 뿌리 깊은 불신과 일방의 요구만을 관철시키려는 태도, 자신의 이익만을 극대화하려는 노사 문화의 결과가 어떠했는지는 가장 비근한 예로 쌍용자동차의 사례를 통해 우리가 익히 경험한 바 있다.

노사 공히 상호 불신하는 태도를 버리고 대승적인 차원에서 노사 모두 경영에 책임 있는 주체라는 자세로 상생할 수 있는 타협점을 찾기 위해 노력하는 문화를 정착시켜나가야 한다. 그러지 않고서는 시공을 초월해 분업과 협력이 이뤄질 4차 산업혁명 시대 우리 산업은 경쟁력을 잃고 설 자리마저 없어질 것이기 때문이다.

둘째, 최저임금은 여러 사정을 감안해 차등 적용과 같은 유연한 접근이 필요하다. 최저임금제란 노·사 간 자율적으로 협의해야 하는 임

---

57 이하의 논의는 김훈 외(2009), 「대·중소기업 상생의 노사관계 구축방안 연구」, 한국노동연구원에서 인용 및 참조

쌍용자동차 노사분규 사례의 교훈

2008년부터 극심한 판매 부진에 시달렸던 쌍용자동차는 전체 7,200여 직원들 중 3분의 1에 달하는 2,400명이 인력 감축 상황에 내몰렸고 이 중 1,640명은 2006년 6월 이미 회사를 떠난 상황이었다. 남은 조합원들을 중심으로 노조는 고용 보장을 요구하며 공장을 점거하는 등 노사 간 최악의 대치 상황으로 이어졌다. 쌍용자동차 경영진은 회사 회생 계획안을 채권단과 법원에 제출하면서 인원 감축에 집착했고, 노조는 진지한 타협 방안에 대한 논의를 미룬 채 공장 가동을 전면 중단하는 극한 파업으로 맞섰다. 결국 2009년 1월 최대 주주인 중국 상하이자동차가 법정관리를 신청하면서 노사 간 대립은 최고조에 달했다.

쌍용자동차의 대규모 정리해고 문제와 이를 둘러싼 노사 양측의 극한 대립 과정은 우리나라 노사 문화의 모습을 단적으로 보여주는 사례라고 할 수 있다. 회사의 문제를 대화와 타협으로 풀어내지 못하고 일방적인 주장으로 서로에게 책임을 떠넘기기에만 급급했다.

근본적으로는 노사 양측 모두 보다 넓은 시각으로 사태의 본질을 바라보지 못했다는 데 문제가 있다. 쌍용자동차와 관련된 1차 협력업체만 해도 220여 개에 달하고 전·후방 산업을 통해 다수의 기업들과 거래 및 협력 관계를 맺고 있었다. 쌍용자동차 문제는 지역사회의 문제이기도 했다. 쌍용자동차의 붕괴로 관련 지역경제가 침체의 늪에 빠지는 상황에 직면하게 된 것이다.

금 결정 과정에 국가가 개입해 임금의 최저 수준을 정하고 사용자에게 이 수준 이상의 임금을 지급하도록 법으로 강제하는 제도다. 저임금 노동자의 이익을 보호하자는데 일차적인 목적이 있는데[58, 59] 우리나라는

---

58 최저임금위원회 홈페이지 참조
59 최저임금법 제1조(목적): 근로자에 대하여 임금의 최저수준을 보장하여 근로자의 생활안정과 노동력의 질적 향상을 꾀함으로써 국민경제의 건전한 발전에 이바지하는 것을 목적으로 한다.

그림 3-11 연도별 최저임금 결정 추이

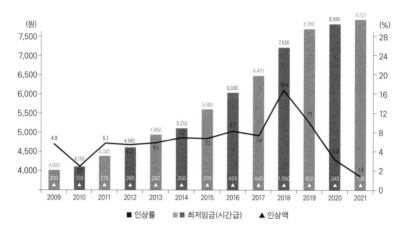

1986년 12월 31일 「최저임금법」을 제정·공표하고 1988년 1월 1일부터 도입, 실시하고 있다.

지난 2010년 이후의 자료를 살펴보면 최저임금은 물가상승률을 반영한 수준에서 결정됐으나 2018~2019년에는 소득주도 성장정책이라는 이름 하에 예외적으로 대폭 인상됐다. 2018년 최저임금은 7,530원으로 전년 대비 16.4%가 인상됐고 2019년에도 8,350원으로 전년 대비 10.9%가 인상됐다. 최저임금이 두 자릿수 이상으로 빠르게 인상되다 보니 영세상인 및 자영업자 부담이 늘어나고 오히려 경제에 부작용을 초래할 가능성이 크다는 지적이 나오면서 2020년(8,590원)과 2021년(8,720원)에는 전년 대비 각각 240원(2.9%) 및 130원(1.5%) 인상됐다.

그렇다면 우리나라 최저임금 수준이 다른 나라와 비교해서 어느 정도 수준인지 살펴볼 필요가 있다. 우리나라 최저임금은 2017년 기준 전

그림 3-12 기업 특성에 의한 최저임금 적용 필요성 의견조사 결과

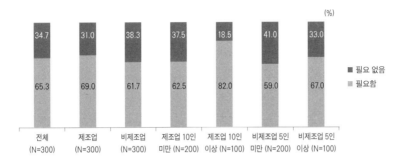

주: N은 조사대상 기업체 수를 의미
자료: 중소기업중앙회(2019), 「2020년 최저임금 결정을 위한 중소기업 의견조사 보고서」

일제 근로자 중위임금 대비 52.8% 수준으로 OECD 31개 국가 가운데 17위를 기록했으나 미국(33.7%), 일본(41.5%), 독일(48.5%)보다는 높은 수준으로 조사됐다.[60] 그런데 2018년과 2019년 두 차례에 걸쳐 이미 최저임금이 큰 폭으로 상승했기 때문에 2019년 기준으로 이를 비교할 경우 우리나라 중위임금 대비 최저임금 수준은 62.6%로 OECD 31개 국가 중에서 6위를 기록하게 된다.

최저임금제도가 가지고 있는 좋은 취지를 잘 살리기 위해서는 영세 사업자와 중소기업이 급격한 부담을 느끼지 않도록 인상 속도는 물론 기업들이 처한 환경과 특성을 고려해 최저임금을 차등 적용하는 방안을 고려해야 한다. 최근 중소기업을 대상으로 한 설문조사에 따르면 기업의 특성을 반영한 최저임금 적용 필요성에 대해서 전체 조사 기업의 65.3%가 공감하고 있는 것으로 나타났다. 최저임금의 차등적용을 고려

---

[60] OECD Stat에서 참조

할 기업 특성으로는 업종별(77.3%), 규모별(48.5%), 직무별(12.0%) 특성 순으로 응답 비율이 높았다.

셋째, 주 52시간제를 정한 근로기준법의 탄력적 운용도 검토해볼 필요가 있다. 우리나라는 OECD 국가들 중 노동시간이 비교적 긴 국가에 속하므로 오래전부터 근로시간 단축이 필요하다는 주장이 제기돼왔다.

실제로 2016년 기준 우리나라 취업자의 연간 노동시간은 2,069시간, 그리고 임금근로자 기준으로는 연간 노동시간이 2,052시간으로 멕시코 다음으로 긴 것으로 조사됐다. 취업자 기준 우리나라 연간 노동시간은 OECD 평균보다도 306시간 많은 것으로 나타났다.[61]

이에 따라 정부는 주 52시간 근로시간을 법제화하고 제도 개선을 통해 2022년까지 연간 노동시간을 1,800시간대로 줄이는 것을 목표로 설정했다. 사업장 규모별로 최대 68시간에서 52시간으로 단축하는 근로기준법 개정(안)이 국회에서 통과돼 시행 중인데 사업장 규모를 고려해 시행 시기를 300인 이상 사업장은 2019년 4월 1일부터, 50인 이상~300인 미만 사업장은 2020년 1월 1일부터, 5인 이상~50인 미만 사업장은 2021년 7월 1일부터 단계적으로 적용토록 하고 있다.

그런데 주 52시간제 도입에 따른 경제내 파급효과를 추정한 결과를 살펴보면 근로시간 단축에 따른 임금 감소의 영향이 고용형태별, 그리고 사업체 규모별로 다르게 나타났다. 국회예산정책처의 추정 결과를 보면, 우선 주 52시간 근로시간 제한에 따른 전체 임금 감소분은 평균 37.7만 원으로 월급여 대비 11.5% 감소하는 것으로 추정되고 정규직

---

61 김상우(2018), 「연장근로시간 제한의 임금 및 고용에 대한 효과 분석」, NABO 산업동향&이슈(2월호), 국회예산정책처에서 재인용

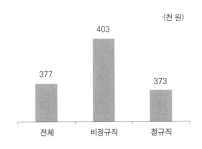

그림 3-13 주52시간 근로시간 제한에 따른 임
금영향(고용형태별)

(천 원)

403

377

373

전체   비정규직   정규직

주: 「2016년 6월 고용형태별 근로실태조사」 원자료
　를 이용하여 국회예산정책처에서 산정
자료: 김상우(2018), 「연장근로시간 제한의 임금 및
　　고용에 대한 효과 분석」, NABO 산업동향&이
　　슈(2월호), 국회예산정책처에서 재인용

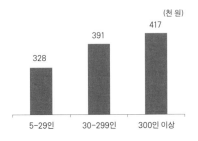

그림 3-14 주52시간 근로시간 제한에 따른 임
금영향(사업체 규모별)

(천 원)

417

391

328

5~29인   30~299인   300인 이상

주: 「2016년 6월 고용형태별 근로실태조사」 원자료
　를 이용하여 국회예산정책처에서 산정
자료: 김상우(2018), 「연장근로시간 제한의 임금 및
　　고용에 대한 효과 분석」, NABO 산업동향&이
　　슈(2월호), 국회예산정책처에서 재인용

보다 비정규직의 급여 감소액이 더 큰 것으로 나타났다. 즉, 주 52시간 근로 제한에 따른 비정규직의 급여 감소액은 40.3만 원으로 월급여 대비 17.3% 감소하는 반면 정규직은 37.3만 원, 10.5% 감소하는 것으로 추정됐다.

또한 주 52시간제 도입에 따른 임금감소는 대기업 등 사업체 규모가 클수록 임금 절대 수준 자체가 높기 때문에 감소액으로는 더 많지만, 감소비율로는 작은 것으로 나타났다. 5~29인 사업장의 경우 급여 감소액은 32.8만 원, 급여 감소율은 12.6%인 데 반해 30~299인 사업자의 급여 감소액과 급여 감소율은 각각 39.1만 원, 12.3%, 300인 이상 사업자의 급여 감소액과 급여 감소율은 각각 41.7만 원, 7.9%로 조사됐다. 이에 반해 주 52시간 근로 제한에 따른 추가 노동시간을 보전하기 위해 신규 고용이 창출된다고 가정할 경우 약 16만 명의 고용이 창출될 가능성이 있는 것으로 추정됐다.

2% 저성장 후폭풍 몰려온다

(2020.01.23.)

지난해 국내총생산GDP 성장률이 간신히 2%를 기록했다. 이 같은 저성장은 1990년대 이후에는 1997년 외환위기와 2008년 글로벌 금융위기 직후, 딱 두 번 있었다. 그러나 국가적 위기 상황이 아닌 평상시 경제 상황에서 2% 성장은 사실상 처음이니, 경제 전반에 미치는 충격과 위기감은 클 수밖에 없다. 더 우려스러운 점은, 최근 몇 년간 추이에서 보듯 성장률이 명백히 하향 곡선을 그리고 있다는 사실이다. (중략)

경제가 어려워지면 2,700여 만 명에 이르는 고용인력의 처지에 정부가 최우선으로 관심을 둬야 하는 것은 불문가지다. (중략)

지난해 1년간 취업자 수가 그 전년에 비해 30여 만 명 증가했다는 통계를 두고 정부는 정책적 노력의 결과라고 자평한다. 그러나 초단기 근로자인 주당 17시간 미만 취업자 수는 30여 만 명이 늘었다. 신규 취업자의 연령층을 보면 핵심층이라고 할 30대와 40대가 각각 5만여 명과 16만여 명이 줄어든 반면, 주로 임시직과 비정규직이 많은 60대 이상 고령층에서 신규 취업자 수가 37만여 명 늘었다. 제조업 종사자 수 역시 8만여 명이 감소한 것으로 나타났다.

왜 이런 현상이 나타날까? (중략)

결론적으로 몇 가지 제언을 한다. 첫째, 지금과 같은 위기 상황에서는 기업의 역할이 막중하다. 반기업 정서가 만연한 상황에서는 기업들의 투자를 기대하기 어렵다. 한마디로 기업들의 사기를 북돋아 주고 춤추게 해야 한다. 둘째, 이를 위해서라도 정부의 역할은 필요한 최소한도에 그쳐야 한다. 기업들이 공정한 경쟁을 통해 최대한의 성과를 낼 수 있도록 게임의 룰을 감시하는 역할에 충실해야 한다. 셋째, 최저임금 인상속도 조절과 주 52시간제의 탄력적 운용을 위한 입법 보완을 서둘러야 한다. 마지막으로, 보편적 복지에서 생산적 복지로 정부의 복지정책에 대한 패러다임을 바꿔야 한다. (하략)

자료: 김동수, 2020년 01월 23일, 문화일보

장시간 노동 관행을 개선하고 워라밸이라는 말로 상징되듯 삶의 질을 향상시킨다는 긍정적인 취지에도 불구하고 산업별·직무별 특성을 고려하지 않은 경직적인 제도 시행으로 경제적 부작용이 나타나고 있는 만큼 탄력적 운용을 고려해볼 필요가 있다. 특히 앞서 보았던 조사 결과가 의미하듯 근로시간 단축으로 소득이 줄어든다는 추정이 가능하므로 실제로는 줄어든 임금을 보전하기 위한 목적의 이른바 투잡 근로의 등장으로 오히려 근로시간이 늘어날 가능성이 있다.

그리고 노동시장의 경직성과 정규직과 비정규직으로 구분되는 노동시장의 이중구조 때문에 주 52시간제 도입으로 줄어든 근로시간만큼 양질의 일자리 창출로 이어지기 어려울 가능성이 높다. 또한 노동시간 단축으로 생산성이 향상된다는 주장의 근거도 다소 희박하기 때문에 일반화하기 어렵다.

무엇보다 주 52시간 근로시간 도입에 대해 기업들이 느끼는 부담이 상당하다. 실제로 기업들은 근무시간 관리 부담(32.7%), 납기나 R&D 등의 업무 차질(31.0%), 추가 인건비(15.5%) 등의 다양한 애로사항을 겪고 있는 것으로 나타났으며, 신규인력 채용보다는 근무시간 관리 강화, 유연근무제 도입 등을 통해 주 52시간제 도입에 대응하고 있는 것으로 나타났다.[62] 따라서 당초 제도 도입의 취지를 훼손하지 않는 범위에서 기업의 특성에 따라 주 52시간 근로제를 보다 탄력적으로 운영할 필요가 있다고 판단된다.

---

62 대한상공회의소(2018.12.11), 「주 52시간 근로시간제 기업실태 조사」, 보도자료

3. 효과적인 외국인 인력 유입(이민) 정책

(1) 인구 추이와 문제점

미국 보건계량분석연구소IHME는 2020년 7월 우리나라 인구는 '2031년 5,429만 명으로 정점을 찍고 2100년에는 반토막이 될 것'이라는 분석 결과를 발표했다. 우리나라 통계청 역시 지난 2019년에 우리나라 인구가 2029년 5,194만 명으로 정점을 찍은 뒤 인구증가율이 마이너스로 돌아서기 시작해 2067년에는 1982년 수준인 3,929만 명으로 줄어들 것이라는 비관적인 전망을 내놓고 있다.

통계적으로 보더라도 지금 우리나라는 지구상 가장 빠른 저출산·고령화 시대를 경험하고 있다. 2018년 합계출산율이 1명 선 이하로 무너진 이후 2020년에는 0.84명으로 OECD 평균(1.63명)의 절반 수준에 그치는 세계 최저 수준이다. 그에 반해 평균수명은 빠르게 늘고 있는데 지금은 83세를 넘겨 세계에서 최장수 국가 그룹에 속해 있는 상황이다. 그 결과 2025년부터는 65세 이상 고령인구가 전체 인구의 20% 이상을 차지하는 초고령화 사회로 진입하고 2067년에는 전체 인구의 절반에 가까운 46.5%까지로 그 비율이 높아질 것으로 전망되고 있다.

이러한 추세에 따라 우리나라는 65세 이상 고령인구가 전체 인구의 7% 이상을 차지하는 소위 고령화 사회에서 20% 이상을 넘어가는 초고령화 사회로 진입하는 데 걸리는 기간이 그 어떤 나라들보다 짧을 것으로 예측되고 있다. 즉, 미국은 90년, 유럽은 100년 이상이 소요될 것으로 예측되고, 이미 초고령화 사회로 진입한 일본도 35년이 걸린 데 반해 우리는 불과 25년밖에 걸리지 않을 것으로 전망되고 있다. 사실상

그림 3-15 총인구 및 인구성장률

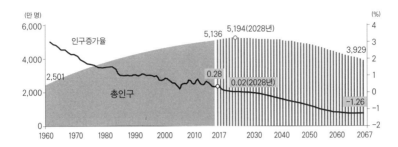

자료: 통계청(2019), 「장래인구 및 가구추계」

그림 3-16 고령인구비율 추이

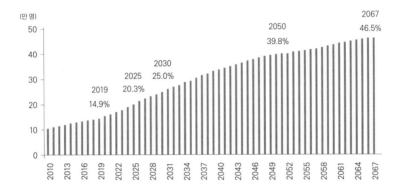

주: 고령인구비율 = 65세 이상 인구 / 총인구 X 100
자료: 통계청(2019), 「장래인구추계」

이 분야 세계신기록을 세우는 셈이다. 이러한 추세에 따른 당연한 귀결이겠으나 그로 인해 우리나라 평균연령은 2019년 기준 이미 42.6세에 달했고, 매년 0.5세씩 높아지고 있는 실정이다.

이처럼 심각한 인구구조의 변화로 우리 경제에는 막대한 타격이 우려되고 있다. 우선, 15세 이상 64세 이하 생산가능인구가 2018년

3,765만 명으로 이미 정점을 찍고 감소하기 시작했는데 2067년에는 1,784만 명으로 감소해 2018년 생산가능인구의 47% 수준으로 낮아질 전망이다. 더욱이 주요 경제활동인구라고 할 수 있는 25~49세 인구층은 2018년 1,954만 명에서 2067년에는 그의 42% 수준인 823만 명으로까지 줄어들 전망이다. 이 추세대로라면 절대인구 감소시점 또한 통계청이 전망한 2029년보다 더 빨라질 것으로 보인다.

생산가능인구의 감소는 노동투입량을 그만큼 감소시켜 우리 경제의 잠재성장률을 떨어뜨리고 경제 활력을 위축시키게 될 것이다. 최근 수년간 노동투입량이 우리 경제성장률에 3분의 1 정도 기여해왔던 사실을 고려해볼 때 생산가능인구의 감소로 우리 경제의 잠재성장률은 현재의 2%대에서 2030년대에는 세계의 평균 수준인 2%대에도 못 미치는 1%대로 낮아질 것으로 OECD, KDI와 같은 국내외 주요 기관들은 전망하고 있다.

문제는 여기서 그치지 않는다. 절대인구의 감소와 함께 급속한 고령화는 소비를 줄어들게 해 기업의 투자를 위축시키는 등 우리 경제의 총수요 축소로 이어져 장기적인 경기침체를 유발할 가능성도 배제할 수 없다. 이와 함께 고령인구의 증가로 노년층 부양비용이 급격하게 증가해 국민연금 등의 재정 부담이 급격히 늘어나고 산업구조 변화도 불가피할 전망이다.

그런 의미에서 이를 타개하기 위한 보다 근본적인 대책을 강구해야 한다. 앞서 우리의 장기적인 인구 추이를 전망했던 미국 보건계량분석연구소IHME는 인구감소 추세를 완화하기 위해, 첫째 여성들이 일과 가정을 양립할 수 있는 사회적·경제적 환경 조성, 둘째 정년 연장 등을 통한 경제활동가능인구 확대, 마지막으로 적극적인 이민정책을 현실적인 대안으로 제시했다. IMF도 경제성장률의 하락을 막기 위한 처방으로 '이민정책'을 제시한 바 있다.

우리 정부 역시 이 문제의 심각성을 인식하고, 지난 2005년 「저출산·고령사회기본법」을 제정하고 대통령 직속의 저출산·고령사회위원회를 만들어 관련 대책을 위해 2006년부터 2018년까지 무려 143조 원의 국가예산을 쏟아부었다. 하지만 정책의 효과는 높지 않아서 합계출생률은 2010년 1.23명에서 2020년 0.84명으로 더욱 낮아졌다. 결론적으로 실패한 정책이었다고 볼 수밖에 없다.

(2) 이민정책의 현주소

저출산·고령화 심화로 수년 내 절대인구가 감소되고, 우리 경제의 구조적인 침체까지 우려되는 상황을 타개하기 위해서는 효과적인 이민 유입정책에 대해서 보다 적극적으로 고민해야 할 시점이다. 정부도 인구구조의 급격한 고령화가 우리 경제에 미칠 부정적인 영향 타개책의 일환으로 지난 2008년부터 시작해 지금까지 총 세 차례에 걸쳐 5년 단위의 외국인 정책 기본계획을 수립하고 추진해왔다.

제1차 기본계획(2008~2012년)에서는 적극적인 이민 허용을 통한 국가 경쟁력 강화, 이민자의 사회통합 등을 핵심적인 정책 목표로 제시했고, 제2차 기본계획(2013~2017년)에서는 국가와 기업에 필요한 핵심 인적자원 확보, 해외 유학생 유치 등을 중점적인 과제로 설정, 추진했다. 제3차 기본계획(2018~2022년)에서는 '인권과 다양성이 존중되는 안전한 대한민국'이라는 비전을 제시하고 '국민이 공감하는 질서 있는 개방' 등을 정책 목표로 하여 추진 중에 있다.

그러나 지금까지 추진해온 이민정책의 큰 틀은 핵심 인력의 확보보다는 단순 기능인력 유입에 주안점을 둔 듯하다. 예를 들자면, 고용허가제 하에서 저숙련 노동 외국인 근로자의 국내거주 허용 기간을 단계적으로 연장하거나 여성 결혼 이민자의 한국어 교육 및 직업훈련 등을 도입하는 것과 같은 소극적인 접근 방식이 대부분이었다.

이에 따라 단순 기능인력의 유입은 증가했지만 전문·숙련 인력과 같은 고급 해외 인력의 유입은 오히려 감소하고 있는 추세다. 전문·숙련 인력은 2012년 5만 264명으로 최고치를 기록했다가 이후 감소하기 시작해 2018년 기준 4만 명대 수준에서 정체돼 있다. 반면 2018년 기준 단순 기능 이민자는 54만 8,000명 수준으로 전문·숙련 인력의 12배 수준에 이른다.

이와 함께 현재의 전문 외국인 이민자 도입정책은 지나치게 엄격히

그림 3-17 **국내 체류 외국인 현황**

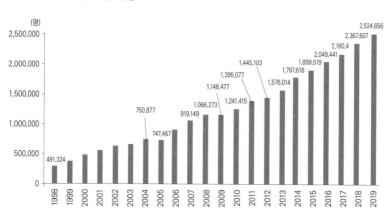

주: 1) 체류외국인통계는 매년 말 기준으로 국내 체류 중인 외국인 현황임.
　　 2) 체류외국인은 장기체류 및 단기체류로 구분됨.
자료: 법무부 출입국·외국인정책본부, 「출입국외국인정책 통계연보」

운용되다 보니 효과가 미흡하다는 비판이 제기되고 있다. 왜냐하면 기본적으로 내국인으로 대체할 수 없는 전문기술 직종에 한해서만 이민자를 허용하고 있기 때문이다.[63] 이처럼 전문 외국인 도입이 제한적으로 운용되고 있는 이면에는 국내 근로자를 대체할 수 있다는 우려와 함께 사회적 수용성 문제가 대두되는 등 이민자 증가에 따른 경제·사회적 부작용 가능성에 대한 우려 때문이다.

우선, 4차 산업혁명에 따른 기업의 인력 수요 측면에서 저숙련 일자리가 줄어들 것으로 예상돼 국내 노동인력과의 경쟁이 증가할 가능성이 높다. 다른 한편으로 외국인들에 의한 강력범죄 비율이 지속적으로 증가하고 있고, 음주·무면허 운전 등 교통범죄와 단순폭행, 주취폭력 등 폭력범죄의 절반 이상이 외국인 범죄로 분류될 만큼 치안 분야에서도 사회적 비용이 발생하고 있는 것도 사실이다.

그렇기에 최근 외국인 노동자에 대한 사회 내 부정적 인식이 존재하고 있고 그 비율이 증가세를 보이고 있다. 재외동포에 대한 국민의식 조사 결과[64]에 따르면 '외국인 노동자를 대한민국 구성원으로 받아들이기 힘들다'고 응답한 비율이 2013년 57.5%에서 2018년에는 61.1%로

---

63 「국내 전문·숙련 이민자 도입 정책」 개요
  ① 브레인 풀(Brain Pool) 사업(1994): 해외 유학자 초청 목적
  ② Gold Card 사업(2000): IT 및 첨단 과학자 초청 목적
  ③ 사이언스카드 제도(2001): 해외 기술인력 유치 및 고용 지원
  ④ 해외고급인력기술도입제도(2001): 중소기업 해외 고급 기술인력 도입 지원
  ⑤ Contact Korea(2008): KOTRA 글로벌 전문인력 지원센터 설치 및 운영
  ⑥ 법무부 외국인 점수제(2010): 외국인 전문인력의 연령, 학력, 소득 등을 평가 후, 거주자(F-2) 자격을 부여
  ⑦ HunetKorea 시스템 및 VISA PORTAL 통합(2014): 기업 인재채용 지원을 위한 온라인 사증신청제도
64 재외동포재단(2017), 「재외동포에 대한 국민인식 조사」

그림 3-18 외국인 노동자에 대한 인식구조

그림 3-19 외국인 노동자에게 부정적 이미지를 갖고 있는 이유

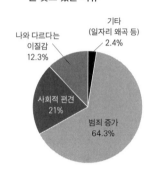

주: 2018년 10월 10일부터 18일까지 전국 14-99세 남녀 3892명을 대상으로 진행, 표본오차는 95%의 신뢰
수준에서 ±1.57%임.
자료: 두잇서베이(2018), 「외국인 노동자에 대한 우리의 태도」에서 인용

3.6%p 증가했다. 반면 '외국인 노동자도 대한민국 구성원이다'라고 응답한 비율은 같은 기간에 42.5%에서 38.9%로 3.6%p 감소했다.

외국인 근로자에 대한 국민들의 부정적인 인식과 함께 범정부적 차원의 이민정책에 대한 컨트롤타워 부재 및 법·제도 연계성 부족 문제도 해결돼야 한다. 현재 이민정책은 저숙련 외국인 노동자에 대한 인원만을 제한하려다 보니 현실을 반영하는 데 미흡한 측면이 많다.

다시 말해 '외국인력정책위원회'에서 국내 인력 수요를 예측하고, 외국인 노동자들의 허용 규모를 결정하고 있으나 외국인 노동자들의 불법적인 장기 체류가 늘어나면서 결과적으로 현실에서 관찰되고 있는 단순노동 분야의 외국인 근로자 수는 오히려 증가하고 있는 추세다.

또한 이민자 특성에 따른 기술별·산업별 적정 규모도 검토하지 않고 있으며 이민정책을 총괄하는 정부 부서(컨트롤타워)가 존재하지 않아서 부처 간에는 물론 중앙정부와 지방정부 간 역할 분담과 사업 연계도 미흡한 실정이다. 그러다 보니 이민자 관련 예산과 사업 규모 역시 감소 추세에 있고 중복 과제 사업 배제와 사업 통합을 추구하고는 있지만 중점 분야와 핵심 사업 선정 차원에서 중복을 방지할 수 있는 프로세스 마련이 충분하지 못하다.

조금 더 구체적으로 보자면 여성가족부의 다문화 가족정책, 교육부의 다문화 교육 지원정책, 법무부의 외국인 사회통합 지원정책 등이 상호 연결고리를 결여한 채 독립적으로 추진되고 있는데, 이런 문제점을 우선 개선할 필요가 있다.

(3) 바람직한 이민정책 방향

우선, 적극적이고 체계적인 이민제도 운용으로 인구감소 문제를 해결하고, 필요한 노동인력의 보완으로 경제 활력을 유지하고 있는 주요국 사례를 살펴볼 필요가 있다.

미국은 분야별 필요 인력 유입을 위해 '우선순위제도Preference System'를 실시해 매년 100만 명 이상 이민을 받아들이고 있다. 호주는 전체 인구의 1%에 해당하는 20만~25만 명의 이민을 받아들이고 있다.

독일 등 유럽의 주요 국가들도 적극적으로 이민제도를 활용하고 있다. 스페인과 그리스는 유입된 이민 인력으로 가사노동력을 대체시킴으로써 가사노동에 종사하던 여성들의 경제활동 참여와 사회 진출을 촉진시켰다. 스위스는 기존의 단순 생산노동력 유입에서 벗어나 보다 우수한 고급 이민 노동력을 유치함으로써 전반적인 인적자본의 수준이 높아지면서 경제 전체의 생산성도 높아지는 효과를 보고 있다.

특히 저출산·고령화로 인한 문제점을 타개하기 위한 목적에서 비자정책을 통해 특정 분야의 전문가나 기술자의 취업을 촉진 또는 유도하고 장기 거주를 유인하는 해외 사례들은 우리가 눈여겨볼 만한 대목이다. 주요국들은 전문 기술자를 유치하기 위한 노력의 일환으로 유학생 정책을 운영하거나 취업이나 학업을 위해 한시적으로 체류토록 한 후 일정한 자격을 갖춘 경우에는 영주 자격을 주는 방식을 채택하고 있다.

그런 의미에서 향후 우리나라 이민정책의 방향 역시 아래에서 제시하는 바와 같이 선별적 이민정책의 강화, 통합적 이민관리 체계 구축, 포용적 다문화주의 사회 지향 등을 추구해야 할 것이다.

첫째, 이미 저출산·고령화 문제를 경험하고 있는 선진국들에서 추진하고 있듯이 우리나라도 선별적 이민정책을 강화해나가야 한다. 대다수 선진국들은 부족한 일손을 메우기 위한 차원의 단순 기능인력 유입에서 벗어나 보다 적극적으로 전문인력을 유입하는 방향으로 이민정책을 전환하고 있고 이를 위한 기술 및 자격 심사를 강화하고 있다.

예를 들면 이민자 유입으로 고령화에 대응해온 스웨덴과 독일 등은 단순노동 이민을 지양하고 분야별 전문 직종, 인도적 목적의 난민 수용 방식 등으로 이민자의 수준과 규모를 조절하고 있다. 미국과 호주와 같이 전통적으로 이민자를 수용해 인구 규모를 늘려왔던 국가들 역시 국내 노동시장과 국민정서에 기반을 두고 선별적인 이민정책을 강화하고 있는 추세다.

우리나라도 경제활동인구가 감소하고 있는 현재의 노동시장 여건을 감안해 단순노동인력의 유입보다는 전문인력의 유입을 확대해나가는 노력이 필요하다. 특히 4차 산업혁명 시대에는 기계화나 자동화 등으로 단순노동과 같은 일자리가 줄어드는 대신 핵심 기술인력 수요가 늘어날 것으로 예상되기 때문에 해외 전문인력에 대한 수요 파악과 이들에 대한 활용 방안 등을 포함해 종합적인 전략을 수립함으로써 해외 전문 인력의 국내 유입 기반을 확충해나가야 한다.

이와 함께 교육정책과 연계해 이공계 분야의 해외 우수인재에 대해 국내 기업 취업을 지원하는 등 보다 적극적으로 우수 외국인 유학생 유치 전략을 수립할 필요가 있다. 이를 위해 필요하다면 현재와 같은 '고용허가제'에서 '기업의 자율 선발권' 부여로 관련 정책 전환을 적극 검토하는 것도 좋은 출발점이라고 생각한다.

둘째, 통합적인 이민관리 체계를 구축해야 한다. 이민자 증가 추세와 이민 유형의 다양화, 이민 문제에 대한 사회적인 통합과 공감대 형성 등을 고려할 때 이민정책을 총괄·조정할 수 있는 권한을 가진 정부 내 전담 조직, 즉 컨트롤타워가 필요하다.

법무부의 외국인정책위원회, 여성가족부의 다문화가족정책위원회, 고용노동부의 외국인력정책위원회, 교육부의 다문화 교육 지원 등 우리나라 외국인 관련 정책은 여러 정부 부처에서 나뉘어 관리되고 있고 관련 정책 또한 이들 개별 부처별로 시행되고 있기 때문에 정책 간 연계는 물론 효과성도 떨어지고 있다.

이민청과 같이 경제·사회·복지 분야를 포괄하는 이민정책에 대한 컨트롤타워로서의 정책 조정기구 설치를 논의해나가야 할 것이다. 또 현재의 이민 관련 6개 법률[65]을 가칭 '이민법'으로 통합하고, 이민정책 총괄 조직으로 하여금 통합법 운영의 주체가 되게 하는 방안을 강구해야 한다.

---

65 ① 「출입국관리법」, ② 「재외동포의 출입국과 법적지위에 관한 법률」, ③ 「외국인근로자의 고용 등에 관한 법률」, ④ 「재한외국인처우기본법」, ⑤ 「다문화가족지원법」, ⑥ 「난민법」

셋째, 국내 이주민들에 대한 취업 지원을 확대해야 한다. 국내 이주민들이 열악한 노동 환경에 내몰리지 않도록 이들의 근로 조건에 대한 관리·감독을 강화하고 내실화해야 한다. 이주민들이 줄어들고 있는 국내 노동·생산인력을 일정 부분 대체할 수 있도록 맞춤형 취업 지원을 확대하고 취업을 희망하는 이들에게 한국어 교육 및 직업 소양교육을 확대할 필요가 있다.

마지막으로, 다문화주의를 포용할 수 있는 사회로 나가야 한다. 문화적 다양성을 인정하고 결혼 이주민들이 한국 사회의 정당한 일원으로서 살아갈 수 있도록 다양한 프로그램을 개발하고 지원해야 할 것이다. 기존 정책이 우리 사회로의 일방적인 동화주의를 추구하는 것이었다면, 앞으로는 다문화주의적인 관점에서 이들에 대한 지원 방안을 마련해나가야 할 것이다.

그런 의미에서 중앙정부와 지방정부가 공동으로 다문화가족 구성원들의 사회적 활동 참여를 촉진할 수 있도록 법적·제도적 지원을 강화하고 다문화가정의 생활 실태는 물론 정책적 요구 사항들을 면밀히 파악해 맞춤형 지원정책을 펼쳐나가야 한다.

특히 다문화가정 자녀들이 한국 사회의 당당한 구성원으로서 역할과 자부심을 가질 수 있도록 세심하게 보살피는 노력이 절실한 시점이다. 이들이 중·고교 과정까지 중단 없이 학업을 지속할 수 있도록 보다 적극적인 진로상담을 제공하고, 나아가 이들이 글로벌 시대 한국과 부모의 나라를 연결해주는 가교로서 역할을 해나갈 수 있도록 배려하는 전방위적인 노력이 절실하다.

주요국의 이민정책과 역사적 사례

구분	미국	호주	독일
주요 제도	1952년 이민국적법(INA)이 제정되어 이민과 국적을 규율하는 기본적으로 적용 - 이민정책 집행은 국토안보부, 법무부, 국무부, 노동부, 보건복지부가 담당 - 우선순위제도(Preference System)를 통해 취업(영주) 이민 비자 발급의 할당량 시행 - 1순위(과학, 예술, 교육 등)부터 5순위(10명 이상의 고용창출 투자자)까지 할당량을 차등 적용하는 제도(강동관 외, 2015)	- 1958년 제정한 이민법(Migration Act)을 근간으로 이민교육법(1971). 이민규정/이민법 시행령(1994). 호주시민권법(2007)이 존재 - 이민국경보호부(De-part-ment of Immigration and Border Protection)가 이민정책을 총괄. 호주국경수비대(Australian Border Force)는 불법적 교역. 이동에 대한 조사 및 집행	- 2004년에 제정한 통합이민법이 독일 이민법의 기본으로, 이전의 외국인체류법, 자유이전법, 난민법과 국적법, 재외동포에 관한 법률을 흡수 - 수상 산하의 연방자문관이 외국인 통합정책의 기획 및 평가를 담당. 연방이민난민청이 이민통합업무의 연계 조정과 집행 담당
역사적 사례	1) 1952년 이민국적법 제정(Immigration and Nationality Act. INA): 숙련노동자에 대한 외국인 입국을 허용하는 선별 이민제도의 시작 2) 1961년 이민 및 귀화법 제정: 출신국가에 의한 입국차별화 폐지 3) 1990년 합법이민법 제정: 비영주취업비자 제도확대 4) 2001년 국가안보 위협에 대처: 9·11테러 이후 난민에 대한 심사 강화	1) 20세기 초 이민제한법 발효: 유색인종의 이민을 제한하는 차별 정책 2) 2차 세계대전 이후: 군사적·경제적 측면에서 인구가 많이 필요하게 되어 적극적인 이민정책을 펼침 3) 1973년 차별 이민정책을 포기: 아시아 지역 출신 이민자들이 대거 유입	1) 1955년: 외국인근로자 초청 제도를 실시하여 이민자 증가 2) 1970년대/1980년대: 독일에 유입된 외국인근로자의 배우자와 자녀의 체류 또는 가족이민을 허가함으로써 이민자가 증가 3) 1990년: 독일 통일과 동구권의 몰락으로 독일계 귀환재외동포의 이민자 유입이 대폭 증가

역사적 사례			
5) 2018년: 도널드 트럼프 대통령의 재정착 난민에 대한 입국 제한 결정 6) 2019년: 가족 이민 비중을 줄이고 능력기반(Merit-based)의 새 이민 정책 발표 *매년 100만명 영주권 취득 7) 2020년: 이민 수수료 대폭 인상(영주권 신청자는 1인당 총 2,195달러, 시민권 신청자는 1,170달러). 단기 전문직 취업비자(H+1B) 사전 등록제 도입. 연방 대법원의 DACA(불법체류청년 추방유예정책) 폐지 철회 판결. 이민 심사 강화	4) 1990년 최초로 단기 이주 노동자를 받아들이기 시작: 시장 주도로 받아들였으며 종래에는 숙련 노동자들 위주로 받아들임. 이에 대하여 호주 정부가 적극적인 이민장려정책으로 저출산 및 고령화에 대비하는 것이라 평가하기도 함 *매년 20~25만명 영주권 취득(2,300만명 인구의 1%에 해당). 해외출생자비율 30%	4) 2000년: 외국인 부모가 독일에서 최소 8년간 체류하거나 영주권을 가지고 있을 경우 외국인부모의 자녀가 독일 출생시 독일국적 취득을 허용(출생지 주의 부분적 허용) *외국인력 중 컴퓨터 전문가에 대한 취업 허가를 공표함으로써 2001년 그린카드(정착 허가) 제도의 효시가 됨 5) 2004년: 새로운 이민법이 제정되면서 외국인노동자정책, 재이주민정책, 난민 및 망명 정책이 하나로 체계화 *2000년대부터 노동력 부족 해소 위해 적극 유입 6) 2014년: 신규영주 이민 57만명(캐나다, 호주보다도 많음). 외국인 자녀들의 이중국적 취득이 가능하게 되어 이들에게도 직업교육 참여 기회를 줌 7) 2016년: 신규 영주이민자 수는 170만명. 주로 분쟁과 전쟁을 피해 망명 신청을 하는 시리아와 이라크 국민들	

이민정책 대전환해야 나라가 산다

(2020.02.20.)

국력을 보여주는 지표 중 하나로 3050클럽이라는 척도가 있다. 인구 5,000만 명 이상, 그리고 1인당 국민소득이 3만 달러를 넘어서는 국가들을 일컫는 용어다. (중략)

앞으로 10년 후에는 우리 국민의 평균연령이 50세에 육박해 가히 노인 천국이라 불려도 무방할 정도인데 그로 인한 사회·경제적 후폭풍은 말 그대로 예측불허다. 이미 생산연령인구가 2018년부터 줄어들기 시작했기에 조만간 경제 전반의 활력이 떨어지는 것은 불문가지다. 그로 인해 2%대로 주저앉은 우리 경제의 잠재성장률이 곧 1%대로 떨어질 것이라는 우려가 현실이 될 가능성이 커지고 있다. (중략)

우선, 장기적 관점에서 범국가 차원의 접근을 통해 출생률을 높여나가야 한다. 정부는 이미 2005년 '저출산·고령사회기본법'을 제정하고 대통령이 위원장이 되는 저출산·고령사회위원회를 통해 5년 주기의 종합계획을 수립해왔다. 이를 통해 2018년까지 143조 원이나 되는 예산을 출생률 제고 정책에 쏟아부었지만, 출생률은 계속 떨어지고 있다. 단지 퍼붓기식 재정정책만으로는 실효를 거둘 수 없다는 사실을 우리는 이웃 일본의 사례에서도 똑똑히 봐왔다.

이제는 다른 대안들도 심각하게 고민해야 할 때다. 그중 하나가 우리에게 소중한 외국의 인적자원들이 좀 더 적극적으로 유입될 수 있도록 이민정책을 획기적으로 개선하는 일이다. (중략)

이와 관련해 주요 국가들의 사례는 시사하는 바가 크다. 미국은 숙련 노동자, 자본력을 가진 투자가, 우수한 연구 실적을 가진 유학생 등을 대상으로 매년 100만 명이 넘는 외국인들에게 신규 영주권을 부여하고 있다. 독일은 노동력 부족 문제를 해소하기 위한 외국인 근로자 초청 제도 등을 통해 미국 다음으로 많은 이민자를 받아들이고 있으며, 영국·프랑스·캐나다 역시 활발하게 이민제도를 운용하고 있다. 호주도 비교적 폭넓게 매년 전체 인구의 1%에 가까운 외국인들에게 영주권을 부여하고 있다. 이들 국가에서 이민자들은 인구감소와 고령화를 완화하는 것은 물론 경제 전반에 걸쳐 활력을 유지하는 데 큰 역할을 하고 있다.

이제는 우리도 이민정책에 대한 기존의 틀과 관념을 과감하게 바꾸는 결단이 필요한 상황이다. 우선, 외국인 근로자와 이민, 그리고 다문화가정을 바라보는 국민인식의 대전환이 있어야 한다. 문화적 다양성을 존중하는 사회적 환경을 조성하고 이민자와 다문화가정 2세들의 사회 진출 연착륙을 위한 정책적 배려 또한 이뤄져야 한다. 이와 함께 선진국의 사례를 분석해 우리 경제와 사회에 도움이 되는 방향으로 좀 더 세분화되고 체계적인 이민정책을 마련해야 한다. 외국인 근로자와 이민자들의 유입이 우리 경제에 뺄셈이 아니라 덧셈이 되는 방향으로 작동할 수 있도록 섬세한 정책 설계가 요구된다. 아울러 이를 총괄할 수 있는 확실한 컨트롤타워를 설치해 정책을 집행해야 할 것이다. (하략)

자료: 김동수, 2020년 02월 20일, 문화일보

제10장

획기적인 미래 먹거리 산업의 발굴·육성

1. 주력산업 재도약을 위한 환경 마련

과거 우리 경제의 허리로서 고도성장을 이끌어온 주력산업들 대부분이 급변하는 국내외 여건 속에서 저성장 단계로 진입해 있고, 더욱이 4차 산업혁명 시대라는 환경 변화까지 겹쳐 획기적인 미래 먹거리 산업의 발굴이 절실한 시점이다.[66] 현재 우리 주력산업 대부분이 국내 생산

---

[66] 이하의 논의는 조철 외(2016), 「한국 주력산업의 미래비전과 발전전략」, 산업연구원에서 인용 및 참조

여건이 취약해지고 있고 해외 수요가 감소하는 것은 물론 중국 등 경쟁국들의 빠른 추격으로 인해 저성장의 어려움을 겪고 있기 때문이다.[67]

이러한 어려움의 요인[68]을 구체적으로 살펴보면, 우선 국내 요인으로 우리나라 주력산업 대부분이 생산 및 수출 측면에서 이미 성숙기이거나 향후 10년 이내에 성숙기로 접어들기 때문이다. 대부분의 주력산업이 상대적으로 높은 인건비 때문에 국내 생산비용이 높다 보니 국제 경쟁력 측면에서 한계가 있고, 제한된 내수시장과 인력 수급상의 애로, 녹록지 않은 규제 환경 등이 생산시설의 해외 이전을 촉진시키는 요소로 지목되고 있다.

국외 요인으로는 철강·가전·통신기기·디스플레이 등의 주력산업은 글로벌 공급이 일정 수준에 도달해 더 이상 빠른 성장세를 기대하기 어려운 상황이고 중국 등 후발 기업과의 기술 격차도 크지 않아서 세계 시장을 두고 경쟁이 치열하게 전개되고 있다. 가전과 통신기기 분야는 신제품으로 수요가 대체되기는 하겠지만 절대적인 시장 자체는 큰 폭으로 늘어날 가능성이 낮다.

관련해서 현대경제연구원이 발표한 연구 결과[69] 역시 참고할 만하다. 준가공무역형 산업구조와 박리다매형 생산구조의 고착화로 인한 경제·산업구조의 낙후성, 세계 경제의 성장률이 하락하면서 수요가 크게 늘지 않고 있는 글로벌 성장 패러다임의 변화, 중국 경제의 부상, 경

---

67 주원(2018), 「한국 주력산업의 위기와 활로」, 한국경제주평(789호), 현대경제연구원은 ① 경제산업구조의 낙후성, ② 글로벌 성장패러다임 변화, ③ 중국경제 부상, ④ 노동시장의 경직성, ⑤ 체감하기 어려운 규제 개혁의 5가지를 주력산업의 위기 요인으로 지목
68 조철 외(2016), 「한국 주력산업의 미래비전과 발전전략」, 산업연구원에서 인용 및 참조
69 이하의 논의는 주원(2018), 「한국 주력산업의 위기와 활로」, 한국경제주평(789호), 현대경제연구원에서 인용 및 참조

표 3-9 우리나라 주력산업에 영향을 준 부정적 요인

구분	부정적 요인
자동차	경직된 노사관계 기업간 협업 및 연계경험과 능력부족
조선	수요급감에 의한 구조조정 압력
일반기계	높인 인건비와 노사관계에 따른 비용상승, 원천기술 및 솔루션 R&D 투자 부족
철강	글로벌 보호무역주의 강화, 4D프린팅, 로봇 등 제조업 혁신에 따른 소재투입 구조변화, 소재 간 경쟁·소재 대체
석유화학	나프타 기반으로 원가경쟁력 취약, 중국의 수요 감소세 및 자급률 상승세, 북미산 세일 기반 화학제품의 아시아 시장 유입 임박, 고부가 스페셜티 개발능력 취약, 환경규제 강화 등
섬유	인력수급, 인건비 등 생산여건악화, 원천기술 미흡, 신기술·신제품 연구개발 역량 부족, 브랜드력·제품 신뢰도 부족, 수입 급증
식품	영세성으로 인한 과감한 규모의 투자 미흡, 작은 내수시장으로 인한 기업 경쟁력 확대 제약
가전	원천기술 취약, OS와 플랫폼 취약
통신기기	특허분쟁, 미흡한 SW(플랫폼, 솔루션), 경쟁력 등
디스플레이	중국의 LCD 생산능력 확대
반도체	전문인력 부족 중국의 투자로 인한 경쟁 심화 전망

자료: 김경유 외(2018), 「주력산업의 정의 및 정책적 의미와 발전전략 탐색에 관한 연구」, 산업연구원

제가 감내할 만한 수준을 넘어서는 노동비용과 노동시장의 경직성, 기업이 실질적으로 체감하기 어려운 규제개혁 등을 주력산업이 위기에 봉착하게 된 주요한 원인들로 지목하고 있다.

이렇듯 어려워지고 있는 국내외 경제 여건 변화를 감안해 신성장동력 산업을 발굴해서 이를 주력산업으로 발전시켜나감으로써 국내외 수요를 창출하고, 또한 국내 투자 및 생산 여건을 획기적으로 개선함으로써 국내 생산을 확대하는 노력이 시급한 상황이다.

"中 첨단산업 발전, 한국에 영향 커…선제적 대응 필요"

(2019.08.04.)

중국의 첨단산업 발전이 한국에 특히 영향이 클 수 있다는 연구 결과가 나왔다. 이 때문에 한국을 포함한 주요 교역국들은 선제적으로 대응해야 한다는 조언이 제기된다.

4일 한국은행이 발표한 '해외경제 포커스'에 실린 「중국의 첨단산업 발전 현황 및 주요 과제」 보고서에 따르면 '중국제조 2025' 전략 등으로 중국의 첨단산업이 발전할 경우 생산 측면에서 글로벌 가치사슬이 크게 변화할 것으로 보인다. 중국 성장구조도 내수 중심으로 바뀔 전망이다.

이는 특히 주요 교역국인 한국과 미국, 아세안에 미칠 영향이 클 것이라는 진단이 나왔다. 해당국들은 선제적으로 대응해야 할 필요성이 제기됐다.

보고서에 따르면 중국 첨단 제조업 중 주목해야 할 분야는 인공지능AI과 빅데이터, 신에너지차 사업이다. AI 시장 규모는 현재 약 50억 달러, 빅데이터 산업은 660억 달러 수준으로 보인다. 신에너지차는 글로벌 전기차 시장의 47.6%를 점유했다.

다만 미국과의 마찰 등 주요 과제가 남아있는 상황으로 분석된다. 미·중 무역 분쟁으로 인해 '중국제조 2025' 목표 달성이 상당 기간 지체될 전망이다. 또한 고용시장 문제와 산업 효율화 등 역시 문제로 지적됐다.

자료: 천민아 기자, 2019년 08월 03일, 뉴시스

따라서 정부는 물론 기업과 소비자 등 경제주체 모두의 역할이 조화를 이루어야 한다. 4차 산업혁명 시대를 맞아 주력산업이 새롭게 구축돼야 하기에 더욱 그렇다. 정부는 원칙적으로 민간 분야에서 주력산업을 자발적으로 선정하고 성장할 수 있도록 지원하는 역할에 충실해야

한다. 다시 말해 정부는 주력산업이 성장할 수 있도록 마중물 역할을 해야 한다. 해당 분야의 규제를 혁신하는 것은 물론 새로운 분야, 특히 리스크가 큰 분야에 대해서는 어느 정도 틀이 잡힐 때까지는 주도적인 역할을 할 필요가 있다.

기업들은 급변하고 있는 글로벌 시장의 흐름을 감지하고, 예측해나 가면서 종래와 같은 빠른 추격자fast follower의 자세에서 과감히 탈피해 유망 분야를 개발하고, 주도해나가는 선도자first mover로서의 역할로 전환해야 할 것이다.

끝으로 소비자들도 기업들이 생산하는 재화와 서비스를 고르는 것에 만족하는 수동적 소비 성향에서 탈피해 프로슈머producer+consumer 입장에서 기업이 나아가야 할 방향을 제시하고 유도하는 역할을 해야 한다.

2. 창조적인 스타트업 발굴 및 육성

산업정책적인 측면에서 한국경제를 지탱시켜 나아갈 획기적인 미래 먹거리 산업을 발굴하고 육성하기 위해서는 무엇보다도 이제 막 창업한 기업들, 즉 스타트업이 성장·발전할 수 있는 생태계 조성이 필요하다. 이를 위해 정부 차원에서 좀 더 체계적이고도 종합적인 정책적 지원 방안이 마련돼야 한다. 「중소기업창업지원법」에 따르면 기술 기반으로 창업한 비상장 기업을 통칭해 스타트업이라고 지칭하고 있는데, 제도적 기준으로는 업력 7년 이하의 신생기업을 말한다.

기존 주력산업의 성장이 정체되고 그로 인한 저성장 국면을 탈피하

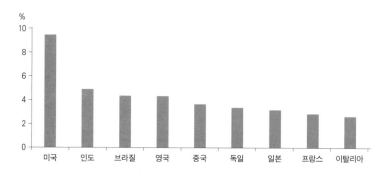

그림 3-20 **주요국 초기 스타트업 종사자 비율**

주: 초기 스타트업 종사자란 18~64세의 경제인구 중, 스타트업 설립자(공동설립 포함)로서 3개월 이상 급여
없이 초기 비즈니스 세팅에 종사하는 인력
자료: 곽배성(2018), 「스타트업이 경제지도를 바꾼다」, POSRI 이슈리포트, 포스코경영연구원, p.2에서 재인용

기 위한 차원에서 미래 경제를 이끌어나갈 신산업의 발굴 필요성이 제
기되자 스타트업이 주도하는 경제성장이 세계 각국에서 중요한 이슈로
부각되고 있다. 이에 따라 거의 모든 나라가 예외 없이 기존 산업에 혁
신을 불러일으키는 창조적인 스타트업을 발굴, 육성하기 위해 노력하고
있다.

그 결과 전 세계적으로 국가 경제에서의 스타트업 비중이 크게 늘어
나고, 경제활동의 중심이 전통산업에서 스타트업으로 빠르게 이동해가
고 있는 중이다.[70]

실리콘밸리로 대표되고 있듯이 혁신 생태계가 가장 발전돼 있는 미
국의 경우 전체 경제활동인구의 10% 가까이가 초기 스타트업에 종사하

---

70 곽배성(2018), 「스타트업이 경제지도를 바꾼다」, POSRI 이슈리포트, 포스코경영연구원에서
인용 및 참조

고 있는 것으로 조사됐다.

스타트업은 혁신적인 아이디어를 통해 발굴된 제품이나 서비스가 상용화되기까지 여러 단계를 거치게 된다. 스타트업은 성장 단계별로 적절한 자금 지원이 필수적인데 대다수 스타트업은 기술과 아이디어는 가지고 있으나 자체적으로 자금을 동원할 수 있는 능력이 부족하므로 창업과 운영에 필요한 초기 자금을 외부 투자에 의존하는 경향이 높다.[71] 따라서 설립 후 초기 안착하는 과정에서 스타트업이 안정적으로 성장하기 위해서는 정부 차원의 정책적인 지원이 필수불가결하다.

정부에서도 일자리 문제를 해결하고 고착화되고 있는 저성장 시대를 극복하기 위한 대안으로 스타트업이 갖는 중요성을 인식해 창업을 활성하기 위한 정책을 추진하고 있다. 2017년 기존 창업 지원 정책의 구심적 역할을 해왔던 중소기업청을 중소벤처기업부로 확대·개편한 바 있다.

그동안 정부의 적극적인 창업 지원 정책 등으로 인해 양적인 면에서는 스타트업이 두드러지게 성장했다. 가령 2018년 기준 벤처 인증기업의 숫자는 3만 7,000개에 이르고, 매출 1,000억 원 이상의 벤처인증 법인과 투자규모 역시 각각 572개와 4조 2,000억 원을 기록하는 등 지속적으로 증가하는 모습을 보이고 있다.

그러나 성공한 스타트업을 인용할 때 통용되고 있는 유니콘 기업의 경우-기업가치 10억 달러(1조 원) 이상으로 성장한 스타트업- 2019년 12월까지 탄생한 국내 유니콘 기업은 11개뿐이다. 대부분 모바일 환경

---

71 이하의 논의는 국회도서관(2020), 「스타트업 육성 정책」, FACT BOOK(80호) 및 국회예산정책처(2017), 「4차 산업혁명 대비 미래산업 정책 분석 V [창업기반 및 중소기업 성장 대책 분석]」에서 인용 및 참조

그림 3-21 우리나라 스타트업 발전 양상

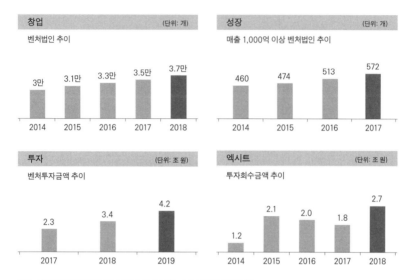

자료: 국회도서관(2020), 「스타트업 육성 정책」, FACT BOOK(80호)

을 기반으로 한 전자상거래, O2OOnline to Offline, 핀테크, 게임·패션·뷰
티산업 부문에서 성장해왔다. 전 세계 유니콘 기업 수는 2019년 기준
411개이며, 이들 기업 가치를 합산할 경우 1조 3,000억 달러(약 1,500조
원)에 이른다는 점을 감안할 때 우리는 아직도 갈 길이 멀다 하겠다.[72]

국내 스타트업 생태계는 최근 창업기업 수, 투자금액, 유니콘기업 수
등의 양적인 성장은 있었지만 미국의 실리콘밸리나 영국의 런던과 같은
글로벌 스타트업 생태계와 비교하면 여전히 미흡한 실정이다. 궁극적으

---

72 윤병훈(2019), 「국내외 유니콘 기업 현황과 시사점」, 이슈브리프, 산업은행(KDB) 미래전략
연구소에서 인용 및 참조

그림 3-22 **국내 유니콘 기업 현황**

순번	탄생시기	기업명	분야	기업가치 (억 달러)	창업년도
1호	2014. 05	쿠팡	전자상거래	90.0	2013
2호	2014. 11	옐로모바일	핀테크	40.0	2012
3호	2017. 04	L&P 코스메틱(메디힐)	패션&뷰티	17.8	2009
4호	2018. 08	크래프톤	콘텐츠(게임)	50.0	2007
5호	2018. 12	비바리퍼블리카(토스)	핀테크	22.0	2013
6호		우아한 형제들(배달의 민족)	O2O	26.0	2011
7호	2019. 02	야놀자	O2O	10.0	2007
8호	2019. 04	위메프	전자상거래	26.5	2010
9호	2019. 06	지피클럽(제이엠솔루션)	패션&뷰티	13.2	2003
10호	2019. 11	무신사	패션&뷰티	18.9	2012
11호	2019. 12	에이프로젠	의약	10.4	2000

자료: 국회도서관(2020), 「스타트업 육성 정책」, FACT BOOK(80호), p29에서 재인용

로는 혁신적이고 창의적인 아이디어를 실험하고 이를 시장에 선보여 평가받을 수 있는 스타트업 생태계 조성이 긴요하다. 따라서 정부의 지원 방식도 초기 스타트업들의 생존을 넘어서 궁극적으로는 유니콘 기업으로 성장해갈 수 있도록 종합적이고도 체계적으로 지원해나가야 할 것이다.

이를 위해 앞으로는 아이디어 중심이나 내수형 창업에서 벗어나 기술 중심 그리고 글로벌 지향 창업이 활성화되도록 여건을 조성해나가야 한다. 또한 4차 산업혁명에 대응해나갈 수 있는 신성장 분야에서 중소기업의 R&D 지원을 우대하고 성장 가능성이 높은 창업·벤처기업에 대한 지원을 확대해야 할 것이다.

국내 유니콘 이력 기업 20개 달해…카카오게임즈·쏘카 등 추가 포함

(2020.10.20.)

국내 유니콘 이력 기업(기업 가치 1조 원 이상)이 20개에 달한 것으로 나타났다. 특정 글로벌 미디어 매체에 포함되지 않았거나 비공개를 원하는 기업을 포함한 수치로, 유니콘 기업의 지속 증가에 따른 창업·벤처 생태계 조성에 활력을 불어넣을 것이란 긍정적 신호가 나오고 있다. 20일 중소벤처기업부에 따르면, 최근 투자 유치에 힘입어 유니콘 이력 기업에 포함된 국내 기업이 20개사로 집계됐다.

유니콘 기업 개념은 미국 벤처캐피털 에일린 리가 2013년 처음 사용한 것으로, '혁신적 비즈니스 모델'로 10억 달러 이상의 기업 가치를 달성한 비상장 기업을 뜻한다. 최근 미국, 중국, 영국 등 주요 국가에서 유니콘 기업이 꾸준히 탄생하면서 이들 기업 현황이 창업 벤처 생태계를 나타내는 주요 지표로 인식되고 있다. (중략)

이에 중기부는 국내 벤처 투자와 언론 등 파악 가능한 방법으로 실제 기업가치 1조 원이 넘는 기업 현황을 조사한 결과, 씨비 인사이트에 등재되지 않았으나, 크런치 베이스에 유니콘 기업으로 등재된 티몬과 함께 비공개를 희망하는 2개사를 확인할 수 있었다. 이들 기업은 국내 벤처 투자를 통해 기업 가치가 1조 원이 넘은 것으로 파악됐다. 또 최근 코스닥에 상장한 '카카오게임즈'와 화장품 기업인 '잇츠한불', 게임 기업인 '더블유게임즈'와 '펄어비스' 등 5개사가 상장 전 유니콘 기업 조건에 충족한 것으로 확인됐다.

여기에 최근 600억 원의 투자 유치에 성공한 쏘카도 기업 가치 1조 원 이상으로 평가받아 새롭게 유니콘 기업에 등극했다.

앞서 2014년 5월 쿠팡을 시작으로 옐로모바일, 위메프, 무신사, 야놀자 등이 유니콘 기업에 이름을 올린 바 있다.

자료: 이준기 기자, 2020년 10월 20일, 디지털타임스

관련해서 과거 개발연대에 정책금융이 커다란 역할을 했던 점을 상기해서 이제는 달라진 금융 환경에 맞게 시장친화적 방식을 통해 정책적으로 자금을 지원하는 방안도 적극 검토할 필요가 있다고 본다. 또한 과도한 규제의 개선은 물론 기존 이익집단의 반발 가능성을 잘 이해하여 이들 사이의 갈등을 중재하기 위한 노력도 적극적으로 펼쳐나가야 한다.

3. 첨단 서비스산업 발전을 위한 기반 구축

앞으로 미래 먹거리 산업을 창출하기 위해서는 첨단 서비스산업 발전을 위한 노력이 필수적이다. 우리나라는 세계 어느 국가에도 뒤지지 않을 만큼 ICT 인프라 환경이 잘 구축돼 있다는 강점이 있음에도 불구하고 이를 활용한 ICT 기술 기반의 첨단 서비스산업 발전은 상당히 미흡한 것이 현실이다. 다시 말해 ICT 기술과 융합된 첨단 서비스산업의 발전이 절실한 상황이지만 진입상의 각종 규제로 인해 신 서비스 분야의 창업과 성장이 제약되고 있다.

한 예로 글로벌 유수 기업들 중에서 서비스산업 기업들이 차지하는 비중이 50%를 훨씬 넘지만, 우리나라의 경우에는 매출액 기준으로 2019년 국내 100대 기업 중 서비스 기업은 38개사에 불과하다.[73]

시가총액 상위 10개 기업을 놓고 볼 때, 지난 10년간 미국은 서비스 기업이 2008년 5개사에서 2018년 7개사로 늘었으나 우리나라는 같은

---

[73] 기획재정부(2019.6.26.), 「서비스산업 혁신 전략」, 보도자료 인용

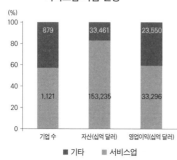

그림 3-23 글로벌 2,000(Forbes) 기업 중 서비스업 기업 현황

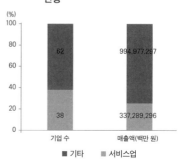

그림 3-24 국내 100대 기업 중 서비스업 기업 현황

자료: 기획재정부(2019.6.26.), 「서비스산업 혁신 전략」, 보도자료

기간 중 3개사에서 2개사로 오히려 감소했다. 해외에서는 가능한 사업 모델이 우리나라에서는 각종 규제에 발이 묶여 있다 보니 의료, 교통, 게임, 핀테크 등 4차 산업혁명 시대를 주도해나갈 첨단 서비스산업에서의 사업 영위가 사실상 불가능하기 때문이다.

그런 의미에서 규제를 획기적으로 혁신함으로써 ICT 인프라와 융합된 첨단 서비스산업을 발굴·육성할 수 있는 제도적 기반 마련이 시급하다. 즉, 기존 ICT 인프라를 활용해 제조업과의 융합이나 제조업의 서비스화 등을 촉진시킴으로써 신산업을 발굴하고 성장동력화해 나가야한다.

그렇지만 현실을 보면 다소 암울하다. ICT 융합 첨단 서비스산업 발전을 도모하기 위해 입법화를 추진 중인 「서비스산업발전기본법」은 10년째 국회에서 표류하고 있다. 이 법은 양질의 일자리를 창출하고 제조업과 서비스산업의 동반성장 및 우리 경제의 성장동력을 확충하기 위한 목적에서 2011년 도입을 추진했지만 의료 분야 등에서의 이해관계자들의 대립 때문에 지금까지도 입법화가 미루어지고 있다.

다른 한편으로 이해관계자들 간 대립으로 신산업으로 성장하지 못한 예도 있다. 지난 2013년 한국형 우버택시 서비스 시스템이 도입되면서 조금 더 다양한 형태의 택시 이용 서비스를 제공하려는 노력이 있었다. 하지만 기존 택시업계의 강력한 반발로 관련 법령이 개정되면서 2년 만에 사업을 접어야 했다.

그 대안으로 2018년에는 '타다'라 불리는 새로운 영업용 택시 서비스업이 등장했으나 이 역시 기존 택시업계의 강력한 반발에 부딪혀 일명 '타다금지법'이라고 불리는 「여객자동차운수사업법」 개정안이 2020년 3월 국회에서 통과돼 새로운 규제 조치가 시행되면서 결국 영업을 접어야 했다.

정부는 서비스산업 전반의 혁신과 활력을 제고함으로써 내수 확대, 일자리 창출, 성장동력 확충을 위한 '서비스산업 혁신 전략 기본방향'을 수립[74]해 추진하고 있다. 그렇지만 좀 더 근본적으로는 지금껏 기존 이해관계자들의 반발에 부딪혀 제도화되지 못한 「서비스산업발전기본법」부터 국회 통과가 가능하도록 노력해야 한다.

기득권을 보호하려는 이익단체들과 이에 편승한 정치권의 저항, 그리고 신사업의 발아와 성장을 가로막는 각종 규제의 개선 노력이 수포로 돌아간다면 이미 도래한 4차 산업혁명 시대에 우리 산업의 글로벌 경쟁력을 저해하는 결과로 이어질 것이라는 우려가 커지고 있다.

---

74 정부(2019. 06. 26.)의 '서비스산업 혁신 전략 기본방향'에서 제시한 4대 전략: ① 재정·세제·금융 등에서 서비스업과 제조업 차별 해소, ② 표준화·R&D·인력 양성·규제 혁신 등 기초 인프라 확충, ③ 서비스-제조업 융합 촉진, ④ '서비스산업발전 기본법' 입법 등 거버넌스 체계화

'타다금지법' 국회 통과…현행 타다 서비스 불가능해져

(2020.3.6.)

국회는 6일 본회의에서 이른바 '타다금지법'으로 불리는 여객자동차운수사업법 개정안을 통과시켰다. 렌터카 기반 차량 출 서비스 업체인 '타다'는 지난달 19일 법원으로부터 현행법을 위반하지 않았다는 판결을 받았지만 여야의 법 개정으로 사법부의 판단과 상관없이 영업을 중단하게 됐다. 다만 국회는 법 시행까지 1년 6개월의 유예기간을 두기로 했다.

개정된 여객자동차법은 여객자동차 운송 플랫폼 사업을 제도화하는 내용이다. 타다와 같이 렌터카를 활용한 운송업체들이 플랫폼 운송 면허를 받아 기여금을 내고 택시총량제를 따르면 영업을 할 수 있다. (중략)

타다는 관광 목적이 아닌 일상생활에서 단시간 이용하는 경우가 많기 때문에 이 조항을 적용하면 사실상 서비스가 불가능해지는 셈이다. (하략)

그림 '타다' 서비스 관련 일지

2018년	10월	쏘카 자회사 VCNC. 타다 서비스 시작
2019년	2월 11일	서울개인택시조합 전·현직 간부, 타다 모기업 쏘카 이재웅 대표, VCNC 박재욱 대표 서울중앙지검에 고발
	4월 4일	서울개인택시운송사업조합, 서울시에 타다 프리미엄 서비스 인가 불허 요구
	5월 5일	서울광장 인근서 택시기사 안모(76)씨 분신 사망 서울개인택시조합 타다 퇴출 요구 대규모 집회
	6월 11일	서울시, 준고급 택시 서비스 타다 프리미엄 인가
	7월 17일	국토부, 면허총량제 등 택시제도 개편 방안 발표
	8월 6일	VCNC, 서울개인택시조합, 서울택시운송사업조합 공정위에 신고
	10월 23일	서울개인택시운송사업조합, 타다 금지 법안 마련 촉구 대규모 집회
	10월 24일	박홍근 의원(더불어민주당), 타다 영업방식 금지하는 여객자동차운수사업법 개정안 발의. 이른바 '타다 금지법'
	10월 28일	검찰, 여객자동차운수사업법 위반 혐의로 이재웅 대표, 박재욱 대표 불구속 기소
	12월 5일	공정거래위원회, '타다 금지법'에 공식 반대 의견 제출
	12월 6일	'타다 금지법' 국회 국토위 전체회의 통과
	12월 10일	플랫폼 드라이버들, '타다 금지법'에 첫 반대 집회
2020년	2월 12일	타다, 쏘카에서 분할
	2월 29일	서울중앙지법, 타다 1심 무죄 판결
	3월 6일	여객자동차운수사업법 개정안 (타다 금지법), 국회 본회의 통과 (찬성 168명, 반대 8명, 기권 9명)

자료: 이유미 기자, 2020년 03월 06일, 연합뉴스

4. R&D의 질적 수준 제고

4차 산업혁명 시대를 맞아 주요국들은 경쟁적으로 첨단산업 분야의 선점을 위해 민간과 정부가 협력해 R&D 촉진에 몰두하고 있다. 특히 인공지능AI, 빅데이터, 사물인터넷IoT, 블록체인, 3D 프린팅, 자율주행, 클라우드 컴퓨팅 등 이른바 4차 산업혁명을 주도할 핵심 분야를 중심으로 각국은 치열한 패권 경쟁을 벌이고 있다고 해도 과언이 아니다. 특히 중국은 선진국에 대한 추격 단계를 지나 이미 일부 첨단 분야에서는 세계 최고의 기술 수준을 보유하고 관련 시장을 선점해나가고 있는 상황이다.

우리 역시 IT 등의 분야에서 주요 선진국들과 비교해 결코 뒤지지 않는 수준의 기술력을 바탕으로 획기적인 미래 먹거리 산업을 발굴하고 세계 시장을 선도해나가기 위해서는 R&D의 질적 수준을 한층 더 제고하는 노력을 기울여야 한다.

우리나라 R&D의 양적인 투입은 [표 3-10]에서 보듯이 주요 국가들과 비교해볼 때 세계 최고 수준이다. 2018년 기준 우리나라의 총연구개발비는 85조 7,287억 원으로 2017년 대비 8.8% 증가했고, 2021년에는 100조 원에 이를 것으로 보인다. 우리나라 GDP 대비 연구개발비 비중은 4.81% 수준으로 미국 2.79%, 일본 3.21%, 독일 3.04% 등 주요 선진국들과 비교해보더라도 훨씬 높은 수준이다.

연구개발비 현황을 경제주체별로 살펴보면 2018년 기준 기업체의 연구개발비는 68조 8,344억 원으로 전체의 80.3%를 차지하고 있다. 공공 연구기관과 대학은 각각 9조 8,439억 원, 7조 504억 원으로 전체의 11.5%와 8.2% 수준이다.

표 3-10 **주요국 연구개발비 및 GDP 대비 비중**

구분	한국 (2018)	미국 (2017)	일본 (2017)	독일 (2017)	프랑스 (2017)	영국 (2017)	중국 (2017)
연구개발비 (억 달러)	779.0	5,432.5	1,561.3	1,121.9	565.2	438.9	2,604.9
배율(한국=1)	1.00	6.97	2.00	1.44	0.73	0.56	3.34
GDP 대비 비중(%)	4.81	2.79	3.21	3.04	2.19	1.66	2.15

주: R&D관련 통계에 OECD가 적용하는 2018년 한국의 환율 1,100.558원/달러 적용
자료: 정민우·정기웅(2019), 「2018년 우리나라와 주요국의 연구개발투자 현황 비교」, KISTEP 통계브리프(제22호)에서 재인용

또한 2018년 기준 기초 연구개발비는 12조 1,805억 원(14.2%), 응용 연구개발비는 18조 8,247억 원(22.0%), 개발연구비는 54조 7,235억 원(63.8%)이 투입돼 개발연구비가 상대적으로 많은 비중을 차지하고 있다. 기초연구의 중요성에도 불구하고, 우리의 기초 연구개발비 비중은 미국, 프랑스 등 주요국보다 낮은 수준이다.

이처럼 R&D에 많은 재원을 투입하고 있음에도 불구하고, 그것이 기술 창업과 사업화로 이어질 수 있는 성과 창출 측면에서는 상당히 미흡한 것이 현실이다. 일례로 우리나라 기술무역수지의 적자 추세가 지속되고 있는데, 이는 양적인 투입이 질적인 성과 창출로 이어지지 않고 있다는 반증이기도 하다.

우리나라 기술사업화 성공률은 48%로 조사돼 선진국보다 낮은 수준이며, 특히 중소기업은 R&D 성과 창출 측면에서 많은 어려움을 겪고 있는 것으로 나타났다. 중소기업이 기술사업화 과정에서 겪는 가장 큰 애로 요인은 '기술 개발자금 부족'(30.4%)과 '기술 개발인력 확보 곤

그림 3-25 **주요국 연구 단계별 연구개발비 비중**

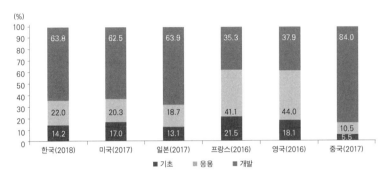

주: 미국과 프랑스, 일본은 기타 부문이 제외되어 있어 합계가 100.0%가 되지 않음.

자료: 정민우·정기웅(2019), 「2018년 우리나라와 주요국의 연구개발투자 현황 비교」, KISTEP 통계브리프(제22호)에서 재인용

란 및 이직'(18.2%) 등으로 나타나고 있다.[75]

이처럼 R&D의 질적인 성과창출 수준이 낮은 이유로는 기획 단계에서의 전략적 고려 부재, 사업화 성공 이후의 지원 시스템 부족, 기술사업화를 위한 R&D 지원 예산 부족, 국가 차원의 컨트롤타워 기능 미흡, 법·제도적 지원 체계 미비 등 여러 가지 요인이 지적되고 있다.[76] 기술사업화가 성공적으로 잘 이루어지고 있는 다른 나라들의 사례를 참고해이를 우리나라 실정에 맞게 도입·적용하려는 노력이 필요하다.

특히 중소기업의 기술사업화 애로사항들을 조기에 발견해 해소하려는 정책적 노력이 요구된다. 나아가 향후 민관이 머리를 맞대고 우리 경제의 주력산업이 과연 무엇이 될 것인지 되짚어보고 그 분야에 핵심역

---

75 백홍기·최성현(2018), 「국내 기술금융 현황 및 시사점」, VIP 리포트(721호), 현대경제연구원에서 재인용

76 김우진(2013), 「국가 R&D 과제의 사업화 촉진방안」, 한국금융연구원에서 인용 및 참조

표 3-11 **주요국 자금 조달 수월성 비교(점수)**

국가명	은행대출 수월성	벤처캐피털 접근성
독일	5.0	4.3
일본	5.3	3.5
중국	4.5	4.1
미국	5.3	3.0
한국	3.5	3.2
OECD 평균	4.4	3.4

주: 7점 만점
자료: 백흥기·최성현(2018), 「국내 기술금융 현황 및 시사점」, VIP 리포트(721호), 현대경제연구원에서 재인용

그림 3-26 **기술사업화 애로 요인**

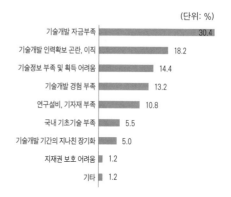

자료: 백흥기·최성현(2018), 「국내 기술금융 현황 및 시사점」, VIP 리포트(721호), 현대경제연구원에서 재인용

량을 집중하고, 관련 국가들과의 국제적인 R&D 협력도 강화해나가야 할 것이다.

또한 우리 정부 차원의 R&D 전략과 관련해서는 다음과 같은 문제점들이 지적되고 있다.[77]

첫째, 범부처 과학기술정책의 컨트롤타워 기능이 미흡하다. '국가과학기술자문회의'가 존재하지만 과학기술정책 조정 역할이 미흡하고 전문적이면서도 심도 있는 R&D 예산의 배분·조정 기능이 미흡하다는 평가를 받고 있다. 부처별 신규산업 요구 증가에 따라 R&D 예산 심의·검토, 배분·조정 업무가 가중되고 있지만 제한된 기간 및 자체 전문 조직의 역할도 부족해 충실한 심의가 부족하다는 평가를 받고 있다.

---

77 이하의 논의는 국회예산정책처(2019), 「국가연구개발사업 분석(총괄)」에서 인용 및 참조

주요국 과학기술사업화 추진 예[78]

주요국은 과학기술의 사업화를 중점 지원 대상으로 설정하고 다양한 정책을 추진하고 있다.

- 미국: 기술이전·사업화를 위한 규제 및 법규를 재검토하고 Lab-to-Market 전략,* 투자수익 이니셔티브Return on Investment: ROI** 등을 통해 연방 R&D 의 투자수익성 제고

  * 과학기술정책과 상무부 주도 하에 추진되고 있는 공공 R&D 기술사업화 정책으로, 국가경제 성장 및 안보를 위해 연방정부 자금 지원 R&D로부터 발생한 기술의 상용화 및 이전 가속화와 효과성 제고를 도모

  ** 글로벌 혁신 리더십 수호, 신속한 제품의 시장화, 경제성장, 강력한 국가안보 혁신 기반 유지 등을 위해 기술이전을 촉진하고 연방 R&D의 투자수익을 확대시킬 수 있는 프로그램을 지원하는 것이 핵심

- 독일: 연방정부, 연구기관, 대학 등의 지원주체 간의 부담 하에 중소기업 사업화를 지원하고 있으며 교육·컨설팅 지원 프로그램을 적극 활용해 산·학·연 창업문화 확산을 위해 노력

- 일본: 상호 연계성, 일관성, 보완성, 대학 벤처, 지역 혁신에 기반해 기초연구로부터 생산·판매까지의 전 단계 지원을 통해 연구개발 단계 간 연계 강화를 촉구

- 중국: '횃불 계획'*과 고용 창출을 위한 창업정책 등을 통해 기술성 및 시장성이 높은 창업기업에 대한 집중 지원을 실시하고 정책의 산업 연계성 향상을 위해 노력

  * 중국 과학기술부가 1988년부터 시행하고 있는 대표적인 R&D 정책으로서, 국가 발전을 위한 과학기술 역량 제고, 첨단기술 성과의 사업화, 첨단기술 산업의 국제화 등을 주요 목표로 추진

---

78 김현오·김홍영(2019), 「기술사업화 정책 동향」, 기술동향브리프(8호), 한국과학기술기획평가원에서 인용

표 3-12 정부 R&D 예산 중 중소기업 R&D 예산 추이   (단위: 억 원, %)

구분	2010년	2011년	2012년	2013년	2014년	2015년	2016년	2017년	2018년
정부 R&D(A)	137,014	148,902	160,244	169,090	177,793	188,900	190,942	194,615	196,681
중소기업 R&D(B)	17,702	21,523	24,862	25,869	26,228	29,202	30,266	33,320	32,307
비중 (B/A)	12.9	14.5	15.5	15.3	14.8	15.5	15.9	17.1	16.4

주: '정부 R&D'는 해당연도 정부 R&D 전체 예산
자료: 국회예산정책처(2019), 「국가연구개발산업 분석(총괄)」, p.17에서 재인용

둘째, 다양한 기초연구 분야의 R&D 투자 전략이 미흡하고 부처 간 협력이 낮은 성장동력 R&D 투자로 성장동력 정책의 연속성과 일관성이 미흡해 전략적인 중장기 R&D 투자 전략이 부재하다.

셋째, 중소기업 R&D 투자가 지속적으로 증가해왔으나 정부 R&D 예산에서 중소기업 R&D가 차지하는 비중은 2010~2018년 기간에 12.9~17.1% 수준으로 비교적 낮은 비중을 차지하고 있다. 이와 함께 중소기업의 연구개발인력 비중 및 기업 부설 연구소 보유 비율이 감소하면서 중소기업의 기술경쟁력은 크게 나아지고 있지 않다.

넷째, 창의적·도전적 R&D 성과 창출 체계가 부족하다. 정부는 혁신적 R&D 성과 창출을 위해 노력하고 있으나 시장 수요 기반의 과제 기획이 미흡한 실정이다.

따라서 과학기술 분야 범부처 정책조정 기능을 강화해 컨트롤타워의 기능을 보강할 필요가 있으며, 과학기술혁신본부의 독립성, 자율성, 전문성을 강화할 필요가 있다. 또한 중장기적인 R&D 전략이 필요하며 중소기업의 R&D 투자 효율성을 높여 성과 창출로 이어지게 하는 것

이 중요하다. 신성장 분야와 기초원천 분야에서 창의적이고 도전적인 R&D 지원과 기업·대학·연구소 간 산·학·연 협업 R&D도 확대되도록 해야 한다.

제11장

복지정책의
대전환

1. 복지 문제를 둘러싼 국민의 인식 변화

이제 우리는 선진국 진입 척도 중 하나로 이해되고 있는 1인당 국민
소득 3만 달러가 넘는 시대를 맞이하고 있다. 그에 따라 자연스럽게 국
민들의 복지에 대한 수요도 늘고 있고, 그 내용이나 수준도 다양하게
표출되고 있는 것이 지금의 현실이다.

그러나 우리보다 앞서 다양한 복지정책을 도입한 선진국들의 사례에
서 보듯이 복지정책을 둘러싼 사회적 합의를 도출하는 작업이 말처럼
쉽지만은 않다. 그런 의미에서 사회보장제도와 관련해 국민들의 인식이

222   제III부 4차 산업혁명 시대의 패러다임 대전환

표 3-13 우리나라 전반적인 사회보장 수준 인식 조사 (단위: %)

사회보장 수준	5년 전	현재	5년 후
긍정 견해	23.7	50.3	73.8
부정 견해	76.3	49.7	26.2

주: 긍정 견해: 다소 높음~매우 높음, 부정 견해: 매우 낮음~다소 낮음
자료: 보건복지부·한국보건사회연구원(2018), 「2018년 사회보장 대국민 인식조사 연구」

현재 어떤지 먼저 살펴볼 필요가 있다. 이를 바탕으로 정부의 사회복지 지출에 대한 평가는 물론 앞으로의 방향에 대해서도 논의해보고자한다.

보건복지부와 한국보건사회연구원의 2018년 조사에 따르면, 우리나라의 사회보장 수준에 대해서는 부정적인 견해보다 긍정적인 견해가 다소 높은 것으로 나타났다. 그리고 향후 사회보장 수준이 더 나아질 것으로 기대하고 있는 것으로 조사됐다.

조사 결과를 좀 더 들여다보면, 현재 우리나라 국민들이 사회보장 측면에서 가장 염려하고 있는 점은 일자리이고 향후 5년 후와 관련해서는 노후생활에 대해 가장 많이 염려하고 있는 것으로 조사됐다. 그럼에도 역설적으로 '노후준비를 하고 있지 않다'고 응답한 비율이 49.1%에 달했는데 경제활동 상황별로는 임시·일용직 및 실업자와 같이 안정적인 소득원이 없는 사람일수록 제대로 된 노후준비를 하지 못하고 있는 것으로 나타났다. 노후준비 방법은 국민연금(60.7%), 예금·적금·저축성보험(20.0%), 부동산(8.3%) 순으로 많았다.

이와 같은 국민들의 염려를 반영하듯이 사회보장 분야별로 우선돼야 하는 정책은, 보건의료 분야에서는 의료비 부담 완화(29.4%), 일자리

그림 3-27 노후준비 여부

그림 3-28 경제활동 상황별 노후준비 여부

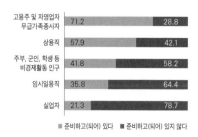

자료: 보건복지부·한국보건사회연구원(2018), 「2018년 사회보장 대국민 인식조사 연구」

표 3-14 사회보장 분야별 가장 우선돼야 하는 정책

정책 분야	가장 우선되어야 하는 정책
보건의료	의료비 부담 완화(29.4%), 공공의료 확충 및 의료접근성 강화(20.0%), 건보재정 안정화(19.3%) 등
일자리 창출 우선 대상	청년(38.4%), 노인(23.8%), 중장년(17.5%), 여성(13.1%) 등
일자리 질 개선 우선 정책	정규직·비정규직 고용격차 완화(27.9%), 고용안정성 강화(21.2%) 등
보육 및 아동 돌봄	국공립보육시설 확충(24.1%), 아동 돌봄 부담 완화(23.2%), 무상보육 확대(19.0%) 등
주거 취약가구 지원정책	공공주택 공급 확대(30.8%), 주거비 지원(23.8%), 복지서비스 연계주택 확대(22.8%) 등
사회서비스 중점 정책	서비스 확충(33.8%), 공공성 강화(29.7%), 지역 간 서비스 격차 해소(19.5%) 등
돌봄 필요 대상이 지역 사회 거주하기 위한 정책	적합한 주거환경(25.5%), 재가 돌봄 서비스 확충(21.9%), 정보제공·안내 강화(19.9%), 동네의원을 통한 건강관리 강화(19.6%) 등

자료: 보건복지부(2018.11.20.), 「2018년도 사회보장 대국민 인식조사 결과 발표」, 보도자료

창출 우선 대상 분야에서는 청년들의 일자리 창출(38.4%), 일자리 질에
서는 정규직과 비정규직의 고용 격차 완화(27.9%), 그리고 주거취약 가
구를 위해서는 공공주택 공급 확대(30.8%) 등으로 나타났다.

2. 복지제도의 현주소

이와 같은 국민들의 인식 변화에 발맞춰 최근 들어 정부는 사회복지
및 보건지출 등과 같은 공공사회지출을 늘리는 방향으로 정책을 추진
하고 있다. 재정지출 16대 분야 중 사회복지 및 보건지출은 2018년 기
준 144.7조 원으로 국가 총지출에서 차지하는 비중이 33.7% 수준이다.

우리나라의 GDP 대비 공공사회지출은 주요국과 비교하면 아직도
낮은 수준이긴 하지만 지출 규모가 가파르게 증가하고 있다는 점에서
속도에 대한 우려의 목소리가 나오고 있다. OECD 국가들의 GDP 대
비 공공사회지출 비중과 비교해보면 2018년 기준 우리나라는 11.1%로

그림 3-29 **사회복지 및 보건지출 추이**

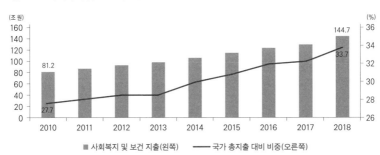

주: 본예산 기준
자료: 보건복지부(2018), 「통계로 보는 사회보장」

그림 3-30 분야별 국가 재원배분 현황

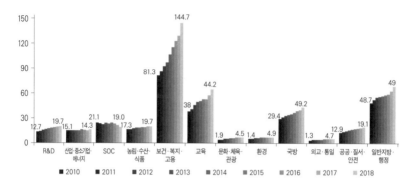

주: 본예산 기준
자료: 보건복지부(2018), 「통계로 보는 사회보장」

OECD 평균인 20.1%보다도 상당히 낮다.

그러나 2010~2018년 기간 사회복지 및 보건지출 연평균 증가율은 7.5%로 국가 총지출 증가율 4.9%를 크게 상회하고 있어서 정부의 공공사회지출이 빠르게 증가하고 있다는 사실을 부인할 수 없다. 성장과 복지의 균형 내지 조화라는 관점에서 재정에 큰 부담을 초래하지 않는 선에서 공공사회복지 증가율에 대한 속도 조절이 필요한 이유다.

복지수준 논의와 관련해서는 소득분배 현황과 추이가 어떠한지도 한번 살펴볼 필요가 있다. 소득분배 균등도를 측정하는 대표적인 지표로는 '소득 5분위 배율'과 '소득 10분위 배율'이 있는데, 이 두 지표를 통해 우리나라 소득분배 상황을 평가해보자.[79]

---

[79] 소득 5분위 배율이란 5분위 계층(최상위 20%)의 평균소득을 1분위 계층(최하위 20%)의 평균소득으로 나눈 값을 의미하며, 배율의 값이 클수록 불균등함을 나타내고, 소득 10분위 배율도 마찬가지로 최상위 계층 10% 평균소득을 최하 계층 10%의 평균소득으로 나눈 값을 의미하며, 배율의 값이 클수록 불균등함을 의미한다. 이외에도 소득분배를 측정하는 지표로는 지니계수(Gini coefficient)와 팔마비율(Palma ratio) 등이 있다.

그림 3-31 GDP 대비 공공사회지출 국제비교

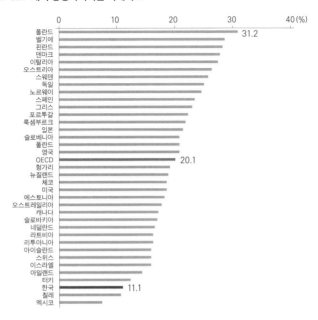

주: 1) 2018년 기준
    2) 일본은 2015년, 오스트레일리아·이스라엘·터키·멕시코는 2016년, 캐나다·칠레는 2017년 기준
자료: OECD, Social Expenditure Database

2019년 시장소득으로 산출한 소득 5분위 배율은 11.56, 소득 10분위 배율의 경우에는 32.43으로 조사돼 2010년대 중반 이후 불균등도가 다소 심화되고 있는 것으로 나타났다. 시장소득이 아닌 처분가능소득을 중심으로 살펴보면, 2019년 5분위 배율은 소득 최상위 20% 계층의 소득이 최하위 20% 계층소득의 6.3배, 소득 10분위 배율의 경우에는 최상위 10% 계층의 소득이 최하위 10% 계층 소득의 10.7배로 각각 나타나 시장소득을 기준으로 했을 때보다는 불균등도가 다소 완화되는 모습이지만 여전히 높은 것으로 조사됐다.

표 3-15 소득 5분위 배율 추이

연도	시장소득	처분가능소득
2011	11.21	8.32
2012	10.65	8.10
2013	10.29	7.68
2014	10.32	7.37
2015	10.41	6.91
2016	10.88	6.98
2017	11.27	6.96
2018	11.15	6.54
2019	11.56	6.25

표 3-16 소득 10분위 배율 추이

연도	시장소득	처분가능소득
2011	28.20	16.04
2012	26.55	15.75
2013	25.90	14.60
2014	25.90	13.51
2015	26.76	12.27
2016	29.36	12.47
2017	31.28	12.54
2018	31.10	11.36
2019	32.43	10.71

자료: 통계청, 소득분배지표

　그 외에도 널리 활용되고 있는 소득분배지표로 지니계수[80]와 팔마비율이 있다. 지니계수는 0에서 1 사이의 값을 갖고 소득분배가 완전히 균등한 경우는 0, 완전 불균등한 경우는 1의 값을 갖는다. 2019년 기준 지니계수는 시장소득 기준 0.404, 처분가능소득 기준 0.339로 나타났다.

　팔마비율은 소득 상위 10% 인구의 소득 점유율을 하위 40% 인구의 소득 점유율로 나눈 값인데 수치가 높을수록 소득격차가 커졌음을 의미한다. 팔마비율은 처분가능소득 기준으로 2011년 1.74에서 2015년 1.42로 소폭 낮아진 이후 2017년까지 큰 변화를 보이지 않았으나,

---

80 지니계수의 국제비교 시 지니계수 산정에 필요한 기준 자료가 각국마다 차이가 있기 때문에 직접 비교하는 것은 무리가 있어 국제비교는 생략함.

표 3-17 지니계수 추이		
연도	시장소득	처분가능소득
2011	0.418	0.388
2012	0.411	0.385
2013	0.401	0.372
2014	0.397	0.363
2015	0.396	0.352
2016	0.402	0.355
2017	0.406	0.354
2018	0.402	0.345
2019	0.404	0.339

표 3-18 팔마비율 추이		
연도	시장소득	처분가능소득
2011	2.05	1.74
2012	1.98	1.71
2013	1.86	1.59
2014	1.82	1.51
2015	1.79	1.42
2016	1.87	1.45
2017	1.90	1.44
2018	1.86	1.36
2019	1.89	1.32

자료: 통계청, 소득분배지표

2018년과 2019년에는 각각 1.36과 1.32로 다소 완화되었다.

특정 계층이 처한 빈곤 문제로 노인 빈곤 문제와 소득 계층별 소득 수준의 차이에 대해서도 살펴보자. 우선, 우리나라의 노인 빈곤 문제는 최근 들어 큰 사회적 이슈로 부각되고 있다. 노인 빈곤 정도는 상대적 빈곤율과 빈곤 갭 지표를 통해 파악해볼 수 있다.[81] 먼저, 우리나라 노인 계층의 소득분배지표를 보면 상대적 빈곤선인 중위소득의 50% 이하를 버는 노인인구는 전체 노인인구 대비 41.4%(상대적 빈곤율, 2019년 처분가 능소득 기준)로 상당히 높은 상황이다.

그리고 상대적 빈곤선에 해당하는 소득과 하위소득 계층에 속하는

---

81 상대적 빈곤율이란 전체 인구 중 빈곤 위험에 처한 인구의 비율을 의미하는데, 중위소득의 50%에 해당하는 소득을 상대적 빈곤선으로 설정하고 상대적 빈곤선 이하의 인구비율로 계산 하며 노인 등 특정계층에 대한 빈곤율 산정 시에 많이 이용된다.

표 3-19 노인계층 소득분배 지표

연도	상대적 빈곤율(%)		평균빈곤갭(%)
	시장소득	처분가능소득	
2011	56.9	46.5	42.8
2012	55.4	45.4	43.3
2013	55.7	46.3	43.3
2014	55.9	44.5	41.8
2015	56.6	43.2	40.4
2016	57.5	43.6	39.8
2017	56.7	42.3	39.8
2018	58.5	42.0	37.4
2019	69.0	41.4	35.3

자료: 통계청, 소득분배지표

사람들의 소득 간 차이를 나타내는 지표인 빈곤 갭은 하위소득에 속하는 사람들이 얼마만큼의 소득을 벌어야 빈곤에서 벗어날 수 있는지 그 부족한 소득의 정도를 나타내는 값이다. 하위소득 계층의 평균소득이 낮을수록 빈곤 갭의 값은 커지는데[82] 노인인구 중 빈곤에서 벗어나기 위한 상대적 빈곤선 대비 부족한 소득분은 35.3%로 조사됐다.

마지막으로 소득분위별 소득변화 추이를 살펴보면, 소득분위별 차이가 있기는 하지만, 특히 하위 20% 계층인 1분위 가계소득의 증가율 둔화가 두드러지게 나타나고 있다. 1분위 소득 증가율은 2017년 2분기 8.5%로 고점을 찍은 이후 하락하다 다시 반등했으나, 2019년 4분기에

---

82 통계청의 소득분배지표 참조

그림 3-32 소득 1분위와 5분위의 가계소득 증가 추이

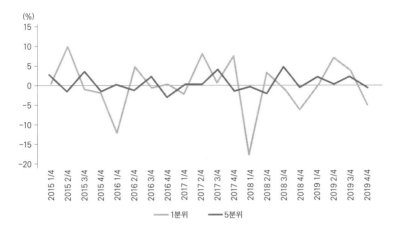

주: 1) 전체가구 기준
  2) 경상소득 기준
  3) 전분기 대비 증감률
자료: 통계청, 가계동향조사

그림 3-33 소득 2·3·4분위의 가계소득 증가 추이

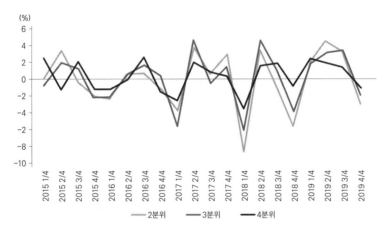

주: 1) 전체가구 기준
  2) 경상소득 기준
  3) 전 분기 대비 증감률
자료: 통계청, 가계동향조사

표 3-20 가구당 평균소득·자산·부채 현황　　　　　　　　　　　　　　　　(단위: 만 원)

연도	경상소득	자산	부채
2012	3,360	17,170	3,240
2013	3,600	18,265	3,646
2014	3,800	19,506	4,007
2015	3,924	20,443	4,500
2016	4,300	22,240	5,000
2017	4,457	23,780	5,100
2018	4,567	25,500	5,252
2019	4,652	25,508	5,550
2020	–	25,795	6,000

주: 1) 전체 가구 기준
　　2) 보유 가구 중앙값 기준
　　3) 자산과 부채는 조사년도 3월 31일 기준, 경상소득은 전년도 1월 1일~12월 31일(1년간) 기준
자료: 통계청, 「가계금융복지조사(패널)」

는 마이너스를 나타냈다.

2019년도 분기별 추이를 보면 상위 20% 계층인 5분위 계층의 소득 증가율은 대체로 플러스를 보이는 반면, 1분위 계층의 소득 증가율은 2019년 4분기 마이너스를 보여 소득분배가 악화되는 모습을 보여주고 있다. 이러한 현상은 정도의 차이는 있었지만 2018년에도 비슷하게 나타났다.

가계부채 또한 소득과 자산의 증가 속도에 비해 빠르게 증가하는 양상을 보이고 있어 가계부채 문제가 사회적 관심사로 떠오르고 있다. 2019년 기준 조사 가구의 중앙값 기준으로 가구당 경상소득은 4,652만 원, 자산은 2억 5,508만 원, 부채는 5,550만 원 수준이며, 2012~2019년

기간 중 연평균 증가율은 소득 4.7%, 자산 5.8%, 부채 7.9%로 부채의 증가 속도가 소득의 증가 속도보다 빨라 이에 대한 우려가 제기되고 있다.

지난 2020년 9월 기준 가계부채는 1,682조 원으로 GDP 대비 100.6%나 돼 미국(81.2%), 일본(65.3%), 유로존(60.0)% 및 세계 평균 (65%)보다 월등히 높다. 이를 소득분위별로 살펴보면 2020년 기준 1분위의 부채는 2,000만 원 수준으로 2012~2020년 연평균 8.8%씩 증가 하였다. 소득 1분위의 부채 증가 속도가 소득 3, 4분위보다는 다소 느리지만 2, 5분위에 비해서는 더 빠른 것으로 나타났다.

이와 같이 관련 지표들을 종합해볼 때 부익부 빈익빈 현상이 심화되고 있는 것으로 나타나고 있어, 전 국민 또는 모든 계층을 대상으로 하는 보편적 복지보다는 꼭 필요한 계층에 맞추어 선택과 집중을 하는 선별적 복지가 보다 긴요하고 효과적이라고 보인다.

동시에 복지 사각지대에서 소외받는 계층이 있어서는 안 된다는 점에서 특히 노인 빈곤 문제와 저소득층의 생활고를 해결하기 위한 노력이 우선돼야 한다. 노인 빈곤 문제를 해결하기 위한 방안 중 하나로는 2016년부터 실시된 60세까지 정년을 보장하는 「고령자특별고용법」을 개정해 정년을 점진적으로 65세까지 연장하도록 함으로써 고령자에 대해서도 근로를 통한 생계유지가 가능하도록 기회를 넓혀줄 필요가 있다.

2020년 현재 65세 이상 인구가 30%에 육박하는 일본은 공무원 정년을 기존 60세에서 2022년부터 2년 단위로 1년씩 연장해 2030년까지 65세로 늘리기로 했고, 민간 분야에서도 정년을 70세로 연장하는 방안까지 추진하고 있다. 그 외에 독일, 프랑스 등 주요 국가들 역시 정년을 60세 이상으로 연장하는 방안을 실시하거나 추진 중에 있다. 우리도

표 3-21 소득분위별 부채 현황   (단위: 만 원, %)

연도	소득 1분위	소득 2분위	소득 3분위	소득 4분위	소득 5분위
2012	1,015	2,000	2,500	4,000	8,380
2013	1,300	2,000	3,000	4,240	8,750
2014	1,500	2,350	3,232	5,000	9,280
2015	1,520	2,500	3,520	5,486	10,000
2016	1,500	2,500	4,000	6,475	10,000
2017	1,800	2,941	5,000	6,640	10,000
2018	1,896	3,000	5,000	7,150	10,500
2019	1,700	3,000	5,050	7,848	11,631
2020	2,000	3,000	5,060	8,214	13,000
연평균 증가율	8.8	5.2	9.2	9.4	5.6

주: 1) 전체 가구 기준
     2) 보유 가구 중앙값 기준
     3) 부채는 조사연도 3월 31일 기준
자료: 통계청, 「가계금융복지조사(패널)」

일본, 유럽 등의 사례를 면밀히 분석해 특히 저출산·고령화 문제가 심각한 현실을 감안, 정년 연장을 적극 검토해야 한다고 본다.

또한 근로장려세제EITC 확대 등을 통해 근로 유인을 높이도록 하고, 동시에 기업의 고용 확대를 유도하기 위한 기업의 투자 의욕 제고 방안도 적극 추진해나가야 한다. 생산가능인구 전체에 걸쳐 일자리 확대야말로 최고의 생산적 복지라는 철학이 정부의 복지정책의 근간이 되도록 함으로써 성장과 복지 간에 균형추를 맞추는 노력이 무엇보다 중요하기 때문이다.

3. 외국 사례로부터 배우는 교훈

지속가능한 복지 체계를 구축하기 위해서는 다음과 같은 두 가지 큰 원칙 하에서 접근하는 것이 필요하다고 본다.

첫째, '일자리 창출이야말로 최고의 복지'라는 대전제 하에 복지정책의 큰 흐름이 짜져야 한다. 그리고 이를 위해서는 민간경제를 활성화시키는 데 재정지출의 우선순위가 두어져야 한다. 다시 말해 민간 분야의 일자리를 창출하거나 확대하고, 이를 통해 고용과 소득을 증가시키는 선순환의 구조가 정착돼야 한다. 그리고 정부 차원의 직접적인 복지 지원은 시장의 실패로 인해 그 과정에서 소외될 수 있는 계층에 대한 선별적이고도 보완적인 차원에서 필요한 복지에 중점을 두어야 한다.

둘째, 복지정책의 확대는 재정건전성 유지라는 큰 틀 속에서 고려되어야 한다. 그렇지 않으면 다른 여러 나라의 경우에서 보듯이 포퓰리즘적 복지정책의 남발과 그로 인한 방만한 재정 운용을 피할 수 없기 때문이다.

그런 의미에서 복지정책의 실패로 국가경제 운용에 심각한 어려움을 겪고 있는 남유럽과 남미의 사례를 살펴보는 것도 큰 의미가 있다고 판단된다. 2009~2010년에 남유럽 국가들 대부분이 극심한 재정위기를 경험했는데, 그로 인해 이들 국가에 대한 시장의 신뢰가 급격히 악화되면서 국가 부도 사태에 직면하게 됐다. 남유럽 재정위기의 근본적인 원인은 복지지출 증가 등 정부의 재정여력을 초과하는 세출로 인해 오랫동안 재정적자가 누적된 상황에서 당시 미국발 금융위기로 촉발된 글로벌 경기침체와 경제·사회개혁 조치의 지체로 인해 재정지출이 급격하게 증가됐기 때문이다.

표 3-22 남유럽 경제위기 확산의 국가별 원인

구분	내용
그리스	• 국가채무 중 대외부채의 확대(2009년 85.2%) • 재정시스템의 낙후: 큰 지하경제 규모 • 경기변동에 민감한 산업구조의 취약성 • 비효율적 공공부문 및 기득권 세력 반발 • 국가 통계의 신뢰성 상실과 이로 인한 부실한 재정적자 관리
포르투갈	• 무역수지 적자에서 비롯된 경상수지 적자 심화 • 산업기반 취약에 따른 수입의존형 경제구조 • 재정위기에 대한 포르투갈 정부의 서투른 대응 • 낮은 경제성장률과 노동시장의 경직성 • 최대 교역상대국인 스페인의 경기침체
스페인	• 취약한 경제 펀더멘털 속에 빠르게 증가하는 재정적자 • 부동산 거품 붕괴에 따른 경기침체와 높은 실업률 • 만성적인 무역수지 적자의 산업구조
이탈리아	• 만성적인 국가채무 • 큰 지하경제 규모 • 정치 및 행정의 비효율성으로 인한 국가경쟁력 악화 • 유로지역 평균에 못미치는 낮은 경제성장률

자료: 강유덕 외(2010), 「남유럽 경제위기의 본질과 향후 전망」, 오늘의 세계경제, 대외경제정책연구원

남유럽 재정위기 당시 그리스 등 관련 국가들의 주요 경제지표를 살펴보면 2009년 총 대외부채는 GDP 대비 그리스 170.9%, 포르투갈 238.7%, 스페인 172.3% 등으로 대단히 높은 수준이었다. 경상수지 역시 오랜 기간 동안 만성적인 적자 상태를 벗어나지 못했고 경제성장률도 마이너스를 기록했다. [그림 3-34]과 [그림 3-35]에서 볼 수 있듯이 그리스, 포르트갈, 스페인 등의 재정적자는 구조적이고도 내재적이라고 할 만큼 심각한 수준이었고, 그로 인해 국가채무 또한 급격히 증가하고 있었다.

아르헨티나와 베네수엘라 등 남미 국가들의 국가 부도 사례는 포퓰리

표 3-23 **남유럽 국가의 주요 경제지표** (단위: %)

구분	그리스	포르투갈	스페인	이탈리아	헝가리
총 대외부채	170.9	238.7	172.3	119.1	162.7
공공대외부채	90.9	61.3	29.1	52.3	45.3
경상수지적자	-11.2	-10.1	-5.1	-3.4	0.4
경제성장률	-2.0	-2.7	-3.6	-5.4	-6.3
국가채무	125.9	77.3	46.1	108.9	74.5

주: 1) 2009년 기준(남유럽의 금융·재정위기 시점)
    2) GDP 대비 비율
    3) 중앙정부 기준
자료: IMF; 유로통계청; IFS; World Bank; 노진영 외(2010), 「국가채무의 부도사례가 남유럽 국가의 재정위기
    에 주는 시사점」, 한은 조사연구(2010-04), 한국은행에서 재인용

즘(페론주의 등 대중인기영합주의)에서 비롯된 방만한 재정 운용이 근본적인 원인으로 지목되고 있다. 그런 의미에서 아르헨티나와 베네수엘라의 사례를 통해 포퓰리즘에서 비롯된 방만한 재정 운용이 어떤 결과를 초래했는지 좀 더 자세히 살펴보기로 한다.[83, 84]

아르헨티나는 2001년 815억 달러에 달하는 국가채무에 대해 모라토리엄을 선언하고 2005년과 2010년에 각각 채무 구조조정을 통해 원금의 75.6%를 탕감받은 전력이 있었다. 자원 부국이던 아르헨티나는 1990년대 최대 수출 대상국인 브라질의 경제위기 여파와 환율 불안으로 인한 자본 유출, 방만한 재정적자, 정치 불안 등으로 경제위기가 반

---

83 권기수·박미수(2014), 「아르헨티나 채무 디폴트 사태의 경제적 영향과 향후 전망」, 지역경제포커스(8권, 42호), 대외경제정책연구원
84 김진오·이시은(2014), 「베네수엘라의 최근 국내정치 불안 배경과 향후 전망」, 지역경제포커스(8권, 4호), 대외경제정책연구원

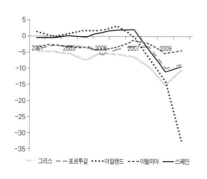

그림 3-34 PIIGS 국가들의 재정적자 추이

>>>> 그리스   ── 포르투갈   •••• 아일랜드   ─••─ 이탈리아   ── 스페인

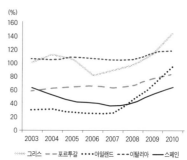

그림 3-35 PIIGs 국가들의 국가채무

<<<< 그리스   ── 포르투갈   •••• 아일랜드   ─••─ 이탈리아   ── 스페인

자료: 한국금융연구원(2011), 「유럽 재정위기의 전망과 대응방안」, KIF 이슈분석(3호)

복되고 있던 상황이었다. 게다가 오랫동안 소위 페론주의라는 포퓰리즘
적 경제정책으로 재정지출이 급속히 확대되면서 높은 수준의 국가부채
라는 구조적인 문제를 떠안고 있었다.

이를 개혁하기 위해 2015년 10월 출범한 마우리시오 마크리 정부
는 '친기업·친시장'을 표방하면서 정부 보조금과 연금 지급액을 삭감하
고 방만한 재정 운용을 개혁하려는 시도를 단행했다. 하지만 국민들의
거센 반발에 부딪치면서 노동개혁을 늦추고 물가 억제 목표도 완화하
는 등 점진주의를 표방하게 됐다. 그 결과 경기침체가 지속됐고 경제개
혁에 대한 투자자들의 신뢰까지 잃게 되자 해외 자본 이탈이 심화되면
서 2018년 5월 결국 IMF에 다시 570억 달러의 차관 지원을 요청하게
됐다.

한편 베네수엘라는 세계적인 고유가에 힘입어 2000년 초에는 경제
적으로 고성장을 기록했지만 2008년 글로벌 경제위기가 찾아오면서 국
제유가가 하락하자 2009~2010년에 마이너스 성장률을 기록했다. 이에

페론주의

(2015.11.27.)

'페론주의Peronism'란 1945년 후안 도밍고 페론 전 아르헨티나 대통령과 그의 부인 에바 페론이 주창한 국가사회주의 이데올로기로 외자 배제, 산업 국유화, 복지 확대, 임금 인상을 통한 노동자 수입 증대 등을 주요 내용으로 한다.

페론주의를 주창한 후안 도밍고 페론은 군인 출신 정치인으로 1946~1955년과 1973~1974년에 아르헨티나 대통령으로 재직했다.

페론주의는 아르헨티나 현대 정치사를 지배하며 오랜 기간 민중의 절대적인 지지를 받았다. 페론주의가 주창된 이후 아르헨티나에서 치러진 모든 선거에서는 좌파와 우파 가릴 것 없이 모두가 페론주의의 전통을 따랐다.

페론주의는 중남미 지역의 대표적인 포퓰리즘 사례로 꼽힌다. 페론주의는 무분별한 복지정책을 적극적으로 펼치고 내수 활성화를 위해 관세를 인상하는 등 빗장을 걸어 잠그며 결국 경제를 수렁에 빠뜨렸다는 비판을 받는다.

아르헨티나는 경기침체를 겪다 지난 2014년에 국가 부도(디폴트) 사태에 빠지기도 했다.

페론주의는 지난 11월 22일 아르헨티나에서 치러진 대통령 선거에서 보수 중도우파 성향의 야당 '공화주의 제안당PRO' 소속 마우리시오 마크리(56) 후보가 당선되며 일시적으로 막을 내리게 됐다.

마우리시오 마크리 대통령 후보자는 개혁과 경제 활성화를 내세우며 페론주의와 거리를 뒀다.

이에 다수의 외신은 마크리 후보의 대선 승리를 아르헨티나 정치의 급격한 변화라며 그에게 주어진 가장 큰 과제는 지난 70여 년 중 대부분 기간에 아르헨티나 정치를 지배해온 페론주의를 깨는 것이라고 평가했다.

자료: 이슬기 기자, 2015년 11월 27일, 연합인포맥스

베네수엘라 정부는 고정환율제도와 외환 및 자본 통제를 통해 석유산업이 경제에 미치는 영향을 완화시키려고 했다.

그렇지만 외환 통제는 암시장을 통한 비공식적인 달러 거래를 활성화시키면서 오히려 환율 상승압력으로 작용했다. 포퓰리즘에 기반한 팽창적인 재정 및 통화 정책은 유동성 과다로 이어져 하이퍼 인플레이션을 촉발시켰다. 외환 통제에 따른 수입 제한과 높은 물가상승률 및 가격 통제는 소비재, 식품, 의약품 등 생필품 부족 사태로 이어졌고 석유 수출대금 감소와 외국인 투자 유출 등으로 외환보유고가 지속적으로 감소했다. 국민들은 경제적 어려움이 가중되고 치안마저 불안해지자 국경을 넘어 이웃 콜롬비아로 탈출하는 상황으로까지 이어지고 말았다.

4. 지속가능한 복지 체계 구축·운용

남유럽과 남미의 사례에서 보듯이 국가재정이 감내하지 못할 정도의 포퓰리즘에 의해 설계된 복지 프로그램은 결코 지속가능하지 않을 뿐만 아니라 국가재정의 파탄으로 국가경제 전체가 회복 불능의 상황으로 갈 수 있다는 점을 직시해야 한다. 그런 점에서 여기서는 재정건전성 측면을 중심으로 앞으로 우리가 나아가야 할 복지정책에 대해 살펴보고자 한다.

현재 우리나라는 급속히 진행되고 있는 고령화와 그로 인한 복지수요 증가로 정부의 복지지출 속도가 예상보다 빨라서 재정건전성 악화가 우려되고 있는 실정이다. 정부의 '제2차 사회보장기본계획(2019~

표 3-24 사회보장 분야 지출 규모 (단위: 조 원)

구분	2019	2020	2021	2022	2023	합계
고용·교육	12.4	14.1	14.1	14.1	14.2	68.9
소득	18.8	21.2	23.6	26.4	29.6	119.6
건강	5.7	6.8	7.8	8.8	9.0	38.1
사회서비스	18.0	20.4	21.6	22	23.5	105.5
합계	54.9	62.5	67.1	71.3	76.3	332.1

자료: 보건복지부(2019), 「제2차 사회보장기본계획(2019~2023)」

2023년)'에 따르면 2019~2023년 기간 고용·교육, 소득, 건강 및 사회 서비스 등 사회보장 분야에 총 332.1조 원의 예산이 투입될 계획으로 있는데, 이로 인해 미래 세대의 부담이 가중될 것이 불을 보듯 뻔하다.

복지예산은 일단 한 번 편성되면 줄이기 어렵고 경제 여건이 개선되지 않을 경우 재원 마련을 위한 세금 인상도 쉽지 않다. 게다가 선거 과정에서 반복적으로 나타나고 있는 포퓰리즘적 정책이 남발될 개연성까지 감안한다면 앞으로 실제 재정 소요는 계획했던 것보다도 크게 증가할 가능성이 높다.

비록 우리나라는 주요 선진국과 비교할 때 재정적자 폭이 아직은 그리 크다고 볼 수는 없지만, 문제는 그 속도가 너무 빠르고 향후 재정적자 폭이 급속히 늘어날 가능성이 있으므로 이에 대해 각별한 주의가 요구된다. 과도한 재정적자가 장기간 지속되는 경우 이자 부담이 증가하고 인플레이션 압력이 유발되며 구축 효과로 인해 민간 분야의 금리가 상승하는 등의 어려운 문제가 발생하기 때문이다.

그렇게 되면 최종적으로 정부의 위기대응 능력에 대한 시장참여자들의 불신으로 이어져 경제위기로 확산될 가능성이 높다.[86] 남유럽과 남미 국가들의 선심성 복지 확대와 그로 인해 반복되고 있는 경제위기를 반면교사로 삼아서 선택적이고도 선별적인 복지라는 큰 틀 안에서 정부 재정을 운용해나가야 할 것이다.

한편 재정건전성과 관련해서 논의해야 할 또 다른 이슈가 바로 국가채무 문제다. 국가채무란 정부가 민간이나 해외에 원리금 상환 의무를 지고 있는 채무를 지칭하는데, 우리나라 국가채무의 규모는 2017년까지만 해도 660.2조 원으로 GDP 대비 36.0% 수준이었다. 2018~2022년 국가재정 운용 계획에 따라 당초 정부는 40% 초반에서 국가채무를 관리한다는 계획이었다.

그러나 2020년 COVID-19 사태가 터지면서 전반적인 경제 여건이 악화되자 이를 타개하기 위한 일환으로 전 국민 재난지원금, 자영업자 손실 보전 등 대대적인 재정지출 확대로 2020년 재정적자는 전년도에 비해 두 배로 늘어난 100조 원을 넘어섰다. 정부는 재정적자를 충당하기 위해 대규모 적자 국채를 발행했기 때문에 2020년 GDP 대비 국가채무 비율은 43.9%까지 치솟았다. 2020년 9월 국회예산정책처의 장기 재정 전망에 의하면 그 비율이 2022년 51.4%, 2024년 58.7%, 그리고 2030년 75.5%에 이르는 등 매우 빠른 속도로 증가할 것으로 내다봤다. 그리고 2060년에는 GDP 대비 국가채무 비율이 무려 158.7%까지 치솟을 것으로 예측했다.

또한 우리나라의 재정건전성은 공기업 부채를 포함하고 있지 않으므로 이를 포함할 경우 실제로는 공식 발표 수치보다 양호하지 못하다는

---

85 강유덕 외(2010), 「남유럽 경제위기의 본질과 향후 전망」, 오늘의 세계경제, 대외경제정책연구원

지적도 있다. 2018년 기준 우리나라 GDP 대비 비금융성 공기업 부채는 21.9%로 OECD 국가 중 최고 수준인데, 이를 포함할 경우 국가채무 수준은 63.3%라는 것이다.[86] 이와 같은 우려들 때문에 국가채무 수준을 적정수준에서 관리하고 재정건전성을 담보하기 위해 재정준칙을 도입해야 한다는 목소리가 그 어느 때보다도 높아지고 있다.

때마침 2020년 10월 정부는 '한국형 재정준칙'을 도입하겠다고 천명하고 우리나라 경제 여건을 감안해 국가채무 60%와 통합재정수지 비율 3%를 고려한 재정준칙을 도입하겠다고 한다.[87] 국가재정법을 개정해 재정준칙 도입을 위한 법적 근거를 마련하고 대규모 재해나 글로벌 경제위기 등 환경 변화에 대해서도 탄력적으로 적용하겠다는 것이다. 이를 위해 재정준칙의 한도[88]는 시행령에 위임하고 5년마다 재검토하는 방식으로 국가재정법 개정안을 확정했는데 올바른 방향이라고 본다.

과거에도 명시적으로 재정준칙을 도입하고 있지는 않았지만, 예산안 편성 과정에서 '국가재정 운용 계획'을 통해 중기적 관점의 재정 운용 목표를 수립해 예측 가능성을 부여하고 단년도 예산안을 편성·운용함으로써 중장기적으로 재정건전성을 유지하는 가운데 국가적 우선순위에 따라 전략적인 재원배분이 가능하도록 하려 했다.

그러나 현실적으로 예산안 편성 과정에서 국가재정 운용 계획은 전혀 구속성이 없고 총액배분 자율편성 과정에서 국회와의 협의 없이 행정부 내부에서 결정했다. 총액배분 자율편성이란 사전에 지출총액을 결

---

86 조경엽(2019), 「분야별 재원 배분의 방향과 전망」, 정책세미나 발표자료, 고려대학교 미래성장연구소
87 기획재정부(2020), 「재정준칙도입 방안」
88 한도계산식: $\frac{\text{국가채무비율}}{60\%} \times \frac{\text{통합재정수지비율}}{\triangle 3\%} \leq 1.0$

정하고 전략적 재원배분을 위한 분야별·부처별 지출 한도를 설정한 다음, 그 지출 한도 내에서 각 부처가 전문성과 자율성을 가지고 사업별로 재원을 배분하는 방식이다.[89]

재정준칙의 제도적인 도입을 계기로 정부는 앞으로 다음 사항들을 염두에 두고 지속가능한 복지와 재정건전성을 추구해나가야 할 것이다.

첫째, 중장기적인 재정건전성을 유지하는 틀 안에서 복지를 추구해야 한다. 추가적인 복지예산은 세출 구조조정이나 새로운 세수를 통해 재원을 마련함으로써 재정적자를 통한 복지 확대는 지양해야 한다. 미래 세대에 부담을 지우게 되고 결국에는 경제위기 발생 가능성을 높여 저소득층을 오히려 더 큰 위험에 빠뜨리는 결과를 초래할 우려가 크다는 점을 명심해야 한다.

재정적자를 통해 현금성 복지를 확대하는 과정에서 반복적인 경제위기를 겪고 있는 남미나 남유럽 국가들의 사례를 반면교사로 삼아 이를 답습하는 우를 범하지 말아야 할 것이다. 그런 차원에서 볼 때, 복지제도의 장기 지속가능성을 점검하고 개선해가면서 연금과 건강보험 등에 내재된 구조적인 문제점을 해결하고 성과관리 체계 구축을 통한 복지부문 내부의 구조조정을 추진함으로써 효율성을 높일 필요가 있다.

또한 과도한 복지는 결과적으로 근로 의욕을 떨어뜨리고 복지에 대한 의존성을 높이는 방향으로 사람들의 선택과 행동을 바꾸게 한다는 점을 고려해 복지제도를 설계해야 한다. 그런 의미에서 신규 사업보다는 기초생활보장제도, 국민연금, 고용보험의 사각지대를 우선적으로 해소해나가면서 무상보육 확대, 대학등록금 부담 완화 등과 같은 사회 서

---

89 박기영(2018), 「한국재정」 법우사에서 인용 및 참조

비스 확대, 그리고 근로와 구직 유인 강화와 복지전달 체계 개선을 우선적으로 고려할 필요가 있다.

관련해서 최근 COVID-19 사태를 계기로 복지제도에 대한 논쟁이 뜨겁다. 혹자는 보편적 복지제도를 실시하고 있는 대표적인 국가인 스웨덴 모델을 거론하기도 한다. 그러나 스웨덴은 인구가 1,000만 명 정도이고, 1인당 국민소득이 우리의 두 배인 6만 달러가 넘는 국가다. 그렇기에 복지재원에 대한 국민들의 부담 의지나 실제 부담 능력도 있어 '고부담-고복지' 체제를 운용하고 있다는 점도 같이 고려해야 할 것이다. 영국, 독일 등 일찍부터 국민복지제도가 발달한 서구 선진국들조차도 금융위기 등을 거치면서 고복지에서 과감히 탈피해 복지지출을 대폭 축소하는 대신 운용의 효율성을 높여 재정건전성 회복 및 안정에 성공한 사례들을 눈여겨볼 필요가 있다. 많은 선진국조차 '중부담-중복지' 제도를 운용하고 있는 것이 현실이다.

둘째, 재정건전성을 지속적으로 유지하기 위해서는 공공기관 관리 효율화가 반드시 필요하다.[90] 공공기관은 정부의 투자·출자 또는 정부의 재정 지원 등으로 설립·운영되기 때문에 공공기관의 재무건전성이 악화될 경우 공공기관 부채가 늘어나게 되면서 최종적으로는 정부가 이를 상환해야 하는 재정 위험이 발생할 수 있기 때문이다.

공공기관은 국민생활에 필요한 재화와 서비스를 공급하면서 경제발전과 국가 정책 목표 수행에 상당 부분 기여했다는 평가도 있다. 하지만 그 특성상 민간분야와는 달리 경쟁 시스템이 작동되지 않기 때문에 비

---

90 우리나라 공공기관은 '공공기관의 운영에 관한 법률' 제4조에 근거해 기획재정부 장관이 지정하는 기관을 의미하며, 2018년 5월 기준 총 338개 기관이 공공기관으로 지정돼 있으며 이중 공기업 35개, 준정부기관 93개, 기타공공기관이 210개다.

작년 국민부담률 26.8%…10년 만에 상승폭 최대

(2019.08.27.)

지난해 우리나라 국민들이 납부한 세금과 국민연금 등을 국내총생산GDP으로 나눈 국민부담률이 27%에 육박한 것으로 나타났다. 세수 호황과 각종 복지제도 확대 등에 따른 결과다.

26일 국회예산정책처의 '2019 조세수첩'에 따르면 2018년 우리나라 국민부담률은 26.8%로 집계됐다. 2017년(25.4%)보다 1.4%포인트 오른 수치다. 지난 10년간 연간 상승폭 중 가장 높다. 국민부담률이란 한 해 국민들이 내는 세금(국세+지방세)에 사회보장기여금(국민연금보험료, 건강보험료, 고용보험료 등)을 더한 뒤 그해 GDP로 나눈 값이다.

국민부담률은 이명박 정부 들어 추진한 감세정책 등으로 2008년 23.6%에서 2010년 22.4%로 낮아졌다가 2012년 23.7%로 다시 올랐다. 박근혜 정부 시절에도 오르내림을 보이다가 2016년 24.7%로 상승했다. 문재인 정부 출범 첫해인 2017년 25.4%에서 2018년 26.8%로 상승하고 있다.

지난해 국민부담률이 크게 오른 것은 조세부담률이 급격히 상승했기 때문이다. GDP에 세금 수입을 견준 조세부담률은 2017년 18.8%에서 지난해 20.0%로 1.2%포인트 올랐다. 지난해 총조세 수입이 역대 최대 수준인 377조 9,000억 원을 기록한 영향이다. 법인세 수입이 반도체 호황에 힘입어 전년 대비 19.9% 상승했다. 경제협력개발기구OECD 회원국 평균(2017년)은 34.2%로 우리보다 7%포인트 이상 높다. 다만 증가 속도는 OECD 국가들에 비해 빠르고, 올해 역시 건보료 인상(3.2%) 등에 따라 국민부담률 상승세가 계속될 전망이다.

자료: 이두걸 기자, 2019년 08월 26일, 서울신문

용 절감이나 성과 제고와 같은 유인구조가 거의 작동하지 않는 구조적인 문제점을 안고 있다. 또한 사업 활동을 위한 예산 편성과 집행에 있어서 정치적 압력과 같은 비합리적인 요소가 개입하거나 작용함으로써

불필요한 사업에 예산이 사용되거나 서비스 품질 저하 등과 같은 문제점이 발생할 개연성이 크다.

끝으로 급속한 고령 사회로 접어든 우리의 현실을 심각하게 직시해 '일자리 제공으로 일할 수 있는 계층에 대한 자립 기반 제공'이 최상의 복지정책이라는 확고한 신념하에 민간경제 활성화로 민간 분야 일자리가 확대되고 다시 고용 및 소득이 증가되는 선순환 구조 구축에 정책의 최우선 순위를 두어야 한다. 또한 앞서 언급했듯이 정년 연장 방안도 적극 검토해야 한다. 그리고 정부는 여기서 소외되는 계층에 대한 선별적·보완적 지원을 하는 시스템 구축이 지속가능한 복지정책이라는 것을 명심해야 할 것이다.

제12장

균형·공정
경제 시스템 구축

1. 제조업과 서비스산업 간 균형발전

우리 경제가 맞닥뜨리고 있는 잠재성장률의 하락, 그리고 그로 인한 저성장 문제를 극복하면서 지속가능한 성장을 이루어나가기 위해서는 무엇보다도 경제 운용 측면에서 기존과는 전혀 다른 접근법이 필요하다. 그중 하나가 바로 경제 내의 구조적인 불균형 문제를 극복하는 것이다. 이를 제조업과 서비스산업 간 불균형, 대·중소기업 간 불균형, 그리고 수출과 내수 간 불균형 문제로 나눠 다음에서 차례로 다루고자한다.

우리 경제는 지난 수십 년간 사실상 제조업을 근간으로 해서 경제성 장을 추구해왔다. 그 과정에서 제조업은 시기별로 적절하게 주력산업을 바꿔가면서 우리 경제의 성장을 견인해온 동력이자 엔진으로서 역할을 해왔다. 이제는 서비스산업의 경쟁력 향상과 유망 서비스산업 발굴을 통해 제조업과 서비스산업 간 균형발전을 도모해야 할 때다.[91]

앞에서도 지적했듯이 우리나라 서비스산업은 낮은 노동생산성, 규모의 영세성, 지역적 편중, 그리고 서비스산업 경쟁력 약화로 인한 무역수지 적자와 같은 구조적인 문제를 내포하고 있다. 우리나라는 제조업 대비 서비스산업 노동생산성이 2018년 기준 50.3% 수준으로 미국 82.4%, 일본 66.9%, 독일 68.4% 등 주요국과 비교해서 제조업과 서비스산업 간의 생산성 격차가 너무 크다. 또한 주요국들과 비교한 서비스산업의 노동생산성은 미국의 53.0% 수준으로 일본(86.2%)이나 독일(82.1%)보다도 낮고 OECD 평균의 70.1% 수준에 그치는 등 근본적으로 서비스산업 자체의 생산성이 낮다는 문제점이 있다.

낮은 생산성과 함께 규모의 영세성도 우리나라 서비스산업이 가지고 있는 문제점으로 지적되고 있는데, 2015년 기준 10인 미만 사업체 수가 전체 서비스산업 업체 수의 94.4%를 차지할 정도로 사업체의 평균적인 규모가 매우 작다. 또한 종사자 10인 미만 사업체당 연평균 매출액은 2.8억 원 수준으로 300인 이상 사업체당 매출액의 0.12% 정도밖에 되지 않는다.

이와 함께 우리나라 인구의 50%가 수도권에 거주하다 보니 전체 국

---

91 김천곤(2018), 「서비스산업 육성 및 발전과제」, 정책·이슈페이퍼(8호), 고려대학교 미래성장 연구소에서 인용 및 참조

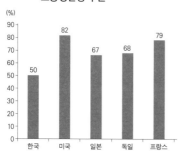

그림 3-36 주요국 제조업 대비 서비스업 노동생산성 수준

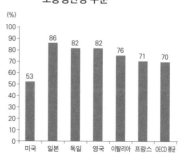

그림 3-37 우리나라 주요국 대비 서비스업 노동생산성 수준

주: 2018년 취업자당 노동생산성 기준
자료: 한국생산성본부(2020), 「2020 노동생산성 국제비교」

표 3-25 종사자 규모별 서비스업 사업체 수·종사자 수·사업체당 평균 매출액 (단위: 개, 명, 백만 원)

규모	사업체		종사자		사업체 당 매출액
	수	비중(%)	수	비중(%)	
1~9인	3,101,202	94.43	6,907,594	44.86	283
10~99인	205,538	6.19	5,002,448	32.49	5,705
100~299인	9,805	0.30	1,522,099	9.88	42,783
300인 이상	2,726	0.08	1,966,780	12.77	235,824

주: 1) 2015년 기준
  2) 건설업, 전기·가스·증기 및 수도사업은 제외
자료: 김천곤(2018), 「서비스산업 육성 및 발전과제」, 정책·이슈페이퍼(8호), 고려대학교 미래성장연구소에서 재인용

토 면적의 12%에 불과한 수도권에 서비스산업이 밀집해 있어서 지역 간 불균형도 문제로 지적된다. 이를 좀 더 들여다보면 2018년 사업체 수 기준으로 전체 서비스산업 사업체의 47.2%가 수도권에 분포돼 있고 종사자 수와 매출액 기준으로는 각각 52.8%, 65.7%가 수도권에 집중돼 있는 것으로 나타나고 있다. 서비스산업의 수도권 지역 편중 문제는 지

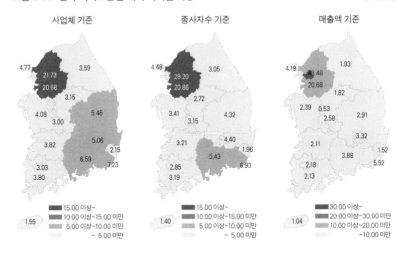

그림 3-38 **전국 서비스산업 대비 지역별 비중**   (단위: %)

자료: 김천곤(2018), 「서비스산업 육성 및 발전과제」, 정책·이슈페이퍼(8호), 고려대학교 미래성장연구소에서
재인용

역 간 성장 격차 문제와 외부 충격 발생 시에 지역 경제의 안정성 차원
에서도 문제가 될 가능성이 크다.

다른 한편으로는 글로벌 밸류체인의 확대에 따라 그동안 비교역재
로 인식됐던 서비스산업의 교역도 전 세계적으로 크게 늘어나고 있는
추세다. 그러나 국내 서비스산업의 낮은 경쟁력 때문에 국내 서비스산
업의 수출 비중은 적은 반면 수입은 늘어나고 있어 2018년 기준 300억
달러의 적자를 기록하는 등 서비스산업의 만성적인 무역수지 적자가
지속적으로 확대되고 있다.

이런 상황을 타개하기 위해서라도 앞으로 제조업과 서비스산업 간
균형발전은 중요한 경제정책 어젠다가 될 수밖에 없다. 우리나라 서비
스산업의 경쟁력을 획기적으로 개선하기 위해서는 다음과 같은 정책

방향을 고려할 필요가 있다.

첫째, 콘텐츠, 물류 서비스, 방송통신 등 글로벌 경쟁력이 있거나 예상되는 유망 서비스 업종을 중심으로 R&D 질적 수준 제고 등을 위해 집중적으로 지원해야 한다. 특히 4차 산업혁명과 연계된 신기술들과 접목시킴으로써 다양한 융복합 서비스가 가능할 수 있도록 해야 한다.

둘째, 내수시장만으로 우리나라 서비스산업을 육성하는 데는 한계가 있을 수밖에 없으므로 제조업과 함께 해외 시장에 진출하거나 해외 서비스 수요의 국내 전환 등 글로벌화를 추구해야 한다. 이를 위해 정부는 진출 국가에 대한 정보 제공 등 제조업에 못지않은 보다 적극적인 지원 방안을 모색해야 한다.

셋째, 우리나라 서비스산업의 경우 오랜 기간 동안 과당경쟁 방지를 위한 진입 규제, 영업시간 제한, 그리고 소비자 보호를 위한 개인정보 활용 규제 등과 같은 다양한 형태의 규제가 유지되고 있다. 향후 신기술과 접목한 새로운 서비스가 시장에 선보일 수 있도록 하기 위해서는 획기적으로 규제를 개혁 또는 완화할 필요가 있다.

4차 산업혁명 시대의 도래로 핀테크(금융), 스마트헬스(의료) 등 신기

표 3-26 국가별 총요소생산성 기여율(서비스업)   (단위: %)

구분	한국	미국	일본	프랑스	독일	영국
노동투입	33.67	31.85	27.90	54.57	31.44	51.91
자본투입	64.87	47.11	74.45	57.59	61.23	29.73
총요소생산성	1.46	21.04	-2.35	-12.16	7.32	18.36
부가가치	100	100	100	100	100	100

주: 1) 전 산업 기준
    2) 한국은 2001~2016년, 미국, EU12는 2000~2015년, 일본은 2001~2009년 자료
자료: 한국생산성본부(2018), 「총요소생산성 국제비교」에서 재인용

술과 접목된 복합적인 융합 서비스 도입이 싹트고 있는데도 불구하고 이를 가로막고 있는 각종 규제와 진입장벽으로 인해 이들 서비스 분야의 경쟁력 확보가 늦어지고 있는 것이 현실이다. 특히 서비스산업의 경우 우리나라는 미국과 독일, 영국 등 주요 선진국과 비교해 총요소생산성의 기여율이 상당히 낮은 수준을 보이고 있다는 점에서 각종 규제 완화를 통해 선진국 수준의 총요소생산성 향상을 꾀해야 한다.

박스 3-14

"영화·게임 등 소프트산업 키울 것"

(2009.12.10.)

(상략) 김동수 수출입은행장은 9일 서울 방화동 수출 중소기업인 케이티앤씨 본사 현장 방문 중 본지와 단독 인터뷰를 갖고 "수출입은행이 '선박'은행이란 이미지를 깨고, 한류 영화 등 문화 콘텐츠 산업, 수출 중소기업 부문에서도 강자가 되겠다"고 말했다.

수출입은행은 올 들어 본격적으로 영화·게임 등 문화 수출 상품에 대한 대출을 취급하고 있다. 〈해운대〉(17억 원), 〈내 사랑 내 곁에〉(13억 원), 〈굿모닝 프레지던트〉(17억 원) 등에 약 840억 원을 지원했다. 〈해운대〉는 관객 1,160만 명을 동원하는 등 흥행 실적도 좋다.

수출 중소기업 지원도 늘리고 있다. 김 행장은 "작년 여신(대출) 중 중소기업 비중이 27%였지만, 올해는 42%로 늘어났다"고 말했다. 또 지난 2월 취임 후 매주 1곳 이상의 수출 중소기업을 방문, 현장의 목소리를 듣고 새로운 아이디어를 내고 있다. 이날은 57번째 중소기업 방문이었다.

김 행장은 "향후 30년간은 우리 경제가 필요로 하는 새로운 산업을 발굴해야 될 때"라고 말했다. 그래서 향후 10년간 세계를 누비는 탄탄한 '알짜 수출 중소기업' 300개를 발굴해 20조 원을 지원할 계획이다.

자료: 박현철 기자, 2009년 12월 10일, 조선일보

2. 대·중소기업 간 불균형 개선

우선, 우리나라 경제에서 중소기업 위상을 살펴보면 2017년 전산업 기준 중소기업 업체 수는 360만 개로 99.9%, 종사자 수는 1,771만 명으로 81.8%, 매출액은 5,109조 원으로 42.1%를 각각 차지하고 있다.

또한 국민경제에서의 위상을 주요 국가들과 비교해볼 때, [그림 3-39]에서 보듯이 중소기업체 및 종사자가 차지하는 비중이 상대적으로 크다는 것을 알 수 있다.

이처럼 우리나라 기업의 절대다수를 차지하는 중소기업은 고용 창출과 부가가치 창출 등을 통해 우리 경제의 지속가능한 성장을 실현하게 하는 핵심적인 위치를 차지하고 있지만, 대·중소기업 간 경영상 불균형은 갈수록 커지고 있다.

우선, 수익성과 생산성 측면에서 중소기업은 대기업과 비교해 상당히 낮은 수준이며, 그 격차가 해가 지날수록 더 벌어지고 있다. 이는 관련 지표를 통해서도 잘 파악할 수 있다. 영업이익을 매출액으로 나눈

표 3-27 **중소기업 현황**   (단위: 개, 명, 십억 원)

구분	기업체 수		종사자 수		매출액	
	전체	중소기업	전체	중소기업	전체	중소기업
전 산업	3,605,700	3,601,617 (99.9)	17,708,429	14,485,432 (81.8)	5,108,798	2,149,450 (42.1)
제조업	417,667	416,141 (99.6)	4,482,583	3,143,952 (70.1)	1,996,513	660,575 (33.1)

주: 1) 2017년 기준
　　2) (　)는 전체 기업수, 종사자 수, 매출액 대비 비중
자료: 중소기업중앙회(2019), 「2019 중소기업 현황」

표 3-28 **주요국의 중소 기업체 및 종사자 수**
(전 산업)

구분	기업체 수 (천 개)	종사자 수 (천 명)
한국	6,638	14,104
일본	3,578	32,201
대만	1,491	9,054
미국	5,976	60,556
영국	8,972	16,836

그림 3-39 **주요국의 중소 기업체 및 종사자**
비중(전 산업 대비)

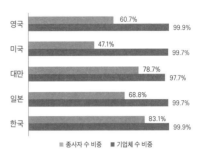

주: 1) 한국의 중소기업은 종사자수 1인 이상 기업체 대상이며 기준은 업종별 매출액에 따라 상이
　 2) 일본의 중소기업은 종사자수 1인 이상 300인 미만의 민영·비차산업 기업체 대상
　 3) 대만의 중소기업은 납입자본금 8,000만 NT$ 미만의 기업체 대상
　 4) 미국의 중소기업은 종사자수 500인 미만 기업체 대상
　 5) 영국의 중소기업은 종사자수 250인 미만 기업체 대상
　 6) 한국은 2018년, 일본은 2016년, 대만은 2019년, 미국은 2017년, 영국은 2020년 기준
자료: 중소기업중앙회(2020), 「2020 해외중소기업통계」

매출액 영업이익률을 보면 2018년 기준 중소기업은 5.16%, 대기업은 8.85%로 중소기업이 대기업의 58.3%에에 불과하다.

　매출을 통해 이자비용을 감당할 수 있는 정도를 보여주는 금융비용 대 매출액 비율은 중소기업이 대기업보다 높게 나타나고 있는데, 2018년 기준 중소기업은 1.58%, 대기업은 0.66%로 조사됐다. 이자비용당 영업이익을 보여주는 이자보상 비율의 경우에도 2018년 기준 중소기업은 326%, 대기업은 1,314%로 격차가 더욱 확대되고 있다.

　중소기업을 대상으로 한 정책자금 지원 규모도 증가하고 있는 추세다. 예를 들어 2018년 중소기업 대상 정책자금 지원액은 총 4조 4,150억 원으로 2000~2018년 기간 중 연평균 5.2%씩 증가해 2000년 대비 2.5배로 늘었다. 중소기업들은 자금을 조달할 때 주로 은행을 이용하고 있고,

표 3-29 중소기업과 대기업의 수익성 지표 비교
(단위: %)

구분		2011년	2012년	2013년	2014년	2015년	2016년	2017년	2018년
매출액 영업이익률	중소기업	5.10	4.95	5.24	5.18	5.23	5.54	5.35	5.16
	대기업	6.13	5.43	5.57	4.25	5.56	6.68	9.06	8.85
금융비용 대 매출액 비율	중소기업	1.91	2.01	1.57	1.76	1.56	1.52	1.43	1.58
	대기업	0.89	0.90	0.83	0.83	0.79	0.76	0.65	0.66
이자보상 비율	중소기업	267.43	246.52	333.63	294.36	336.43	364.61	373.72	326.34
	대기업	687.71	600.92	674.95	509.30	704.01	874.02	1,400.54	1,314.04

주: 매출액 영업이익률 = 영업이익/매출액, 금융비용 대 매출액 비율 = 이자비용/매출액, 이자보상비율 = 영업이익/이자비용
자료: 중소기업중앙회(2020), 「2020 중소기업 위상지표」, p.36에서 재인용

이어 정책자금, 비은행 금융기관 순으로 자금을 조달하는 것으로 조사됐다. 정책자금을 지원받은 중소기업은 2018년 1만 7,474개에 달했다.

신규자금 조달 원천별 비중을 살펴보면 소기업의 경우 정책자금 조달 비중이 다소 높다. 또한 오래된 기업일수록 은행을 통한 자금 조달 비중이 높은 반면, 신생기업들은 정책자금 조달에 좀 더 의존하는 경향이 있는 것으로 조사됐다.

인력 부족 문제도 제조업 분야의 중소기업들이 심각하게 느끼고 있는 애로사항으로 지적되었다. 2018년 중소제조업 전체 부족 인원은 5.1만 명, 이 중 생산직은 3.9만 명 수준으로 조사됐다. 인력 부족률은 중소제조업, 그리고 그중 생산직은 각각 2.2%, 2.7% 수준이었다.

연령별 종사자 구성비를 살펴보면 2017년 기준 30대 25.5%, 40대 37.1%, 50대 24.0%로 40대 구성비율이 가장 높고 20대와 60대 이상 구성비는 낮게 나타났다. 대기업과 비교해 중소기업에서 일하는 것을

그림 3-40 중소기업 정책자금 지원 현황

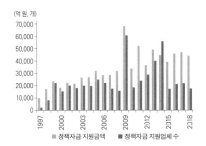

자료: e-나라지표, 중소기업금융지원 현황

그림 3-41 신규 자금 조달 원천별 비중

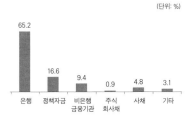

주: 신규 조달자금 보유기업 대상 복수응답
자료: 기업은행 경제연구소(2018), 「2018년 중소기
업 금융실태 조사」

표 3-30 중소기업 인력 부족률 추이   (단위: 천 명, %)

구분		2011년	2012년	2013년	2014년	2015년	2016년	2017년	2018년
인력 부족률	중소제조업	3.0	3.0	2.6	1.6	2.4	3.1	2.4	2.2
	생산직	3.5	3.6	3.3	1.9	3.2	4.0	3.0	2.7
부족 인원	중소제조업	65	66	55	38	59	69	57	51
	생산직	49	51	45	31	46	53	43	39

자료: 중소기업중앙회(2020), 「2020 중소기업 위상지표」, p.40에서 재인용

꺼려하는 국민들의 인식 전환과 함께 청년 구직자들이 중소기업을 기
피하는 문제점도 해결하기 위한 노력이 요구되는 상황이다.

대기업과 중소기업 간 영업이익률 차이를 보면 2014년 이후 확대되는
추세인데 2017년 3.6%p까지 벌어져 2004년 이후 최대치를 기록했다.
전체기업의 R&D 지출 중 중소기업(벤처기업 포함)의 비중은 2017년 기준
21.8% 수준으로 2009년 29.1%에서 감소하고 있는 추세다. R&D는 미
래의 경쟁력을 확보하는 데 필수불가결한 요소라는 점에서 앞으로 대

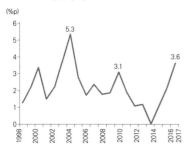

그림 3-42 대기업과 중소기업의 영업이익률 차이 추이

(%p)

5.3

3.1

3.6

주: 영업이익률 차이 = 대기업 영업이익률 - 중소기업영업이익률
자료: 한국은행, 「기업경영분석」; 중소기업중앙회, 「중소기업위상지표」; e-나라지표에서 재인용

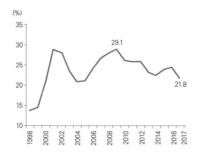

그림 3-43 중소기업의 R&D 비중 추이

(%)

29.1

21.8

주: 전체기업 중 중소기업(벤처기업 포함)의 R&D 예산 비중
자료: 과학기술정보통신부 「연구개발활동조사보고서」; e-나라지표에서 재인용

표 3-31 중소기업 수·위탁 거래 유형 (단위: %)

| 구분 | 수급기업 | | 위탁기업 | 수·위탁없음 |
	수탁받음	수탁받아 재위탁		
제조업	46.8	33.5	13.3	2.5	50.7
소기업	46.6	33.9	12.7	2.3	51.1
중기업	48.8	27.7	21.1	5.0	46.2

주: 1) 2018년 기준
   2) 수급기업은 타기업으로부터 위탁을 받아 납품하는 기업과 타기업으로부터 위탁을 받아 일부물량을 다른 기업에 재위탁하는 기업을 포함하며, 물품 생산을 위한 기계·설비, 가공되지 않은 원재료, 규격이 정해진 시제품, 일반 사무용품 구매 등은 제외
자료: 중소벤처기업부·중소기업중앙회(2019), 「2018 중소기업실태조사 결과: 제조업」

기업과 중소기업 간 경쟁력 차이가 계속 확대되지 않도록 중소기업에 대한 R&D 지원을 확대해나가야 할 것이다.

한편 제조업에 있어 중소기업의 수·위탁 거래 유형을 살펴보면, 제조업 중 수급기업 비중은 46.8%로 절대 비중을 차지하고 있다.

중소제조업체에 대해 제조 위탁 시 1순위 위탁기업의 규모를 보면 대기업 15.6%인 반면 중소기업이 84.4%를 차지한다. 또한 이러한 위탁생산에 따른 매출액 비중을 보면 중소제조업의 매출액에서 39.6%를 차지하는 것으로 나타났다. 이처럼 중소기업들은 위탁생산에 크게 의존하고 있고, 이 경우 중소기업으로부터 수탁받는 경우가 대기업으로부터 수탁받는 경우보다 많다는 것을 알 수 있다.

중소기업이 위탁기업과 거래 시에 겪는 애로사항으로는 계약 단계에서는 수시 발주와 부당한 대금 결정이, 그리고 생산 단계에서는 원자재 가격 상승분 납품 단가 미반영이 가장 큰 것으로 조사됐다. 납품 단계 및 청산 단계에서는 납기 단축·촉박과 납품 대금 결제기한 미준수가 가장 높은 애로사항으로 나타났다.

대기업과 중소기업 간 경쟁력 차이는 여전히 개선되고 있지 않고, 여기에 더해 중소기업이 대기업과 위탁 관계를 형성하는 비율도 비교적 높다는 점에서 중소기업과 대기업 간 경쟁력 차이 등에서 비롯되는 불공정한 거래 관행을 근절하고 상생을 위해 더욱 노력해야 할 것이다.

정부 역시 대기업과 중소기업과의 동반성장 및 상생협력을 위해 동

표 3-32 **위탁기업 규모와 수급기업의 모기업 의존도** (단위: %)

구분	1순위 위탁기업 규모		의존도(납품액/매출액)	
	대기업	중소기업	수급기업 매출액 대비	중소제조업 매출액 대비
제조업	15.6	84.4	81.8	39.6
소기업	12.8	87.2	85.7	41.6
중기업	49.6	50.4	76.7	37.0

자료: 중소벤처기업부·중소기업중앙회(2019), 「2018 중소기업실태조사 결과: 제조업」

반성장지수[92]를 발표하는 등 대기업과 중소기업 간 상생협력 문화를 조성하기 위해 나름대로 노력하고 있는 것으로 보인다. 이러한 정부의 노력과 더불어 대기업과 중소기업 모두 상생적 발전 모델을 정립함으로써 함께 성장하는 것이 결국 모두에게 이익이라는 인식을 공유하는 것이 중요하다.

그런 의미에서 중소기업 지원정책도 종래의 틀에서 벗어나 새로운 방식으로 바꾸어나가야 한다. 과거의 중소기업 지원정책을 정리해보자면 1970~1980년대에는 중소기업의 고유한 사업 영역을 지정하고 보호·육성하는 정책을 추진했고, 1990년대에는 중소기업 구조 개선 정책을, 2000년대부터 현재까지는 요소투입형, 보호·육성 위주, 직접적인 지원 등의 정책을 추진했다. 그렇지만 모두 장기적으로 중소기업의 혁신을 유도하고 경쟁과 협력을 촉진하기에는 미흡했다는 평가가 지배적이다.

또한 기존 중소기업 보호제도의 정책적인 효과 측면에서도 여러 문제점이 지적되고 있다. 우선, 중소기업 육성을 위해 금융과 세제 측면에서 여러 혜택이 제공되고 있으나, 결과적으로 지원 대상 중소기업이 정부에 지나치게 의존하는 경향이 있어왔다. 따라서 앞으로는 단순히 중소기업을 지원하는 소극적인 입장에서 벗어나 성장 사다리를 만들어내는 실효적인 정책이 필요하다.

한편 지원정책의 평가에서도 중소기업의 지속적인 발전을 위한 경쟁

---

92 동반성장지수는 기업별 동반성장 수준을 평가해 계량화한 지표(동반성장위원회와 공정거래위원회에서 산정·공표)로, 5개 등급(최우수, 우수, 양호, 보통, 미흡)으로 구분함. 2018년도 189개 대상 기업에 대한 동반성장지수를 평가한 결과 최우수사 31개사, 우수 64개사, 양호 68개사, 보통 19개사, 미흡 7개사로 나타남.

력 제고에 실질적인 도움이 됐는지 보다 객관적인 평가가 이루어져야 한다. 기존 중소기업 지원에 안주해 중소기업들의 자발적인 구조조정이 이루어지지 않다 보니 외부 충격이나 경제위기 발생 시 경제에 미치는 효과가 증폭되는 문제점이 존재하기 때문이다.

따라서 앞으로의 중소기업 지원정책은 4차 산업혁명 시대에 부합하는 혁신주도형 경쟁·협력 촉진, 수요자 실질 혜택 부여, 대·중소기업 간 상생의 생태계 조성 등에 중점을 두어야 한다. 이를 위해서는 다음과 같은 방안들이 검토될 필요가 있다.

첫째, 중소기업 경쟁력 및 협상력 제고를 위한 지원 방안을 강구해야 한다. 중소기업에 대해 R&D 지원정책을 추진할 때는 기존 보호 위주의 정책에서 벗어나 경쟁력을 제고하는 방향으로 정책을 전환하고 유사·중복적인 중소기업 정책이 양산되는 것을 지양해야 한다. 또한 민간의 수요needs 변화를 보완하는 역할에 집중하되 동시에 기업 생태계에 대한 사회 안전망 구축 차원에서 시장에서 퇴출되는 중소기업들에 대한 배려도 고려해야 한다.

둘째, 중소기업에 근무하는 직원들에 대한 실질적인 지원을 확대해나감으로써 우리 사회에 만연한 중소기업 취업 기피 현상을 타개해 중소기업에 우수인력이 유입될 수 있도록 해야 한다. 이를 위해서는 직원들이 중소기업의 지속적인 생존과 발전에 대해 불안감을 갖지 않도록 하는 것이 특히 중요하다.

그리고 이들에 대한 복지 지원 체계를 대폭 강화해 근무 만족도를 제고하는 방안도 생각해볼 수 있다. 또한 청년들의 중소기업 기피 현상을 해결하기 위해 중소기업 구직 청년들에 대한 전세자금 대출이나 결혼자금 지원 등을 보다 적극적으로 실시해서 청년 취업이 확대되도록 해야 한다.

셋째, 중소기업에서 중견기업 내지 히든 챔피언으로 성장하고 이어 대기업으로 진입하는 기업 생태계 내 계층 사다리가 작동되도록 하는 것이 긴요하다. 이를 위해서는 기존 중소기업 위주의 지원에서 탈피해 중견기업에게도 중소기업에 버금가는 지원 방안을 강구해야 한다. 그래야 중소기업이 중견기업으로 성장하지 못하고 지원정책에 의존해 중소기업에 계속 머물러 있으려고 하는 소위 피터팬 증후군 문제를 타개할 수 있다.

우리나라는 중소기업에서 중견기업으로 성장한 기업 수가 미미한 실정이다. 한국개발연구원KDI의 분석에 따르면 중견기업까지 성장한 업체는 0.1%에 불과하고 중소기업의 10년 후 생존율은 25.3%밖에 안 되는 것으로 조사됐다.

특히 강소기업으로도 불리는 히든 챔피언의 발굴과 지원이 무엇보다

표 3-33 **전 세계 히든 챔피언 분포**

국가	순위	기업 수	비중(%)
독일	1	1,307	47.6
미국	2	366	13.3
일본	3	220	8.0
오스트리아	4	116	4.2
스위스	5	110	4.0
중국	6	68	2.5
한국	7	23	0.84

주: 2011년 기준
자료: 황경진 외(2017), 「글로벌 히든 챔피언 발굴, 성장과정과 경쟁력 확보 전략」, 기본연구(17-08), 중소기업연구원에서 재인용

표 3-34 **중견기업의 성장 추이**

구분	2012	2013	2014	2015	2016	2017	2018	2019
중견기업 수(개)	3,436	3,846	2,979	3,558	4,014	4,468	4,635	5,011
고용인력(천 명)	1,067	1,161	898	1,153	1,250	1,360	1,410	1,490
매출액(조 원)	595	629.4	483.6	620.4	639	738	767	782

자료: 산업통상자원부(2020.12.16.), 「2020년 중견기업 실태조사」, 보도자료

중요하다. 참고로 이들 기업들의 분포를 주요국들과 비교해보면 2011년 기준 전 세계 히든 챔피언 기업을 가장 많이 보유한 국가는 독일로 경제 내 47.6%의 비중을 차지했다. 반면 우리나라의 히든 챔피언 기업 수(23개)는 독일(1,307개), 미국(366개), 일본(220개)에 비해 크게 뒤처져 있으며, 그만큼 경제 내에서 차지하는 비중이나 역할도 미미한 수준이다.

그런 의미에서 중소기업이 나름의 성장 과정을 거쳐 중견기업으로 성장하고 궁극적으로는 대기업으로 진화할 수 있도록 하는 기업 성장 프로그램 구축이 필요하다. 그렇지만 현실을 보면 기업 규모가 커지고 성장할수록 우리 중소기업들은 정부가 제공하는 다양한 혜택을 계속 받기 위해 또는 일정 규모 이상의 기업들에 적용되는 규제를 피하기 위한 목적에서 중견기업 또는 대기업으로 성장하는 것을 기피하는 피터 팬 증후군 현상이 존재한다.

좀 더 구체적으로 우리나라 중견기업들의 현황을 살펴보면 2019년 기준 중견기업 업체 수는 총 5,011개, 그리고 국내 기업 매출총액의 15.7%, 국내 기업 총고용의 14.3%를 각각 차지하고 있다.

2019년 기준 중견기업 업체 수는 2012년(3,436개)과 비교해 1.5배에

강소기업이 해답이다

2009년 1분기에 기업들, 특히 중소 수출기업들은 겨울 날씨보다 더 지독한 혹한기를 겪고 있었다. 미국발 서브프라임 모기지 사태로 촉발된 글로벌 금융위기의 한복판을 지나고 있었기 때문이다. 수주는 끊기고, 공장의 재고 물량이 산더미처럼 쌓여 있는 상황에서 대출금 만기 연장 회피 및 원리금 회수에 열을 올리는 은행들의 등쌀까지 그야말로 삼중고에 시달리고 있었다.

수출입은행 은행장으로 취임하고 나서 얼마 되지 않았던 그해 4월, 현장 방문차 부평 지역의 자동차 부품공단에 들렀다. 그곳에서 나는 심각한 불황의 여파로 대우차 공장의 생산이 막대한 차질을 빚게 되면서 거의 전량 그곳에만 의지하던 해당 협력업체들이 가동을 멈춘 채 깊은 시름에 잠겨 있는 것을 목도했다. 이를 계기로 우리나라 산업구조 전반의 문제점에 대해 심각하게 고민하게 됐다.

그런데 이런 와중에서도 송도 신도시 산업단지에 자리 잡고 있던 한 기업은 독자적인 기술 개발을 위해 과감한 투자를 계획하고 있었다. 똑같은 자동차 부품업체임에도 불구하고 그 회사는 독자적인 기술을 바탕으로 수출선 다변화를 꾀함으로써 국내 대기업 납품비율은 전체 생산량의 20%에도 못 미쳤고 80% 이상을 수출하고 있었다. 그것도 일본, 미국, 유럽 등에 골고루 수출하고 있어서 그만큼 위기를 잘 극복하고 있었다. 모두 다 같이 위기의 한가운데에 놓여 있었지만 그 충격파가 왜 이렇게 차이가 있는 것인지 그 이유를 곰곰이 생각해봤다. 해답은 바로 히든 챔피언에 있었다.

자료: 김동수(2013), 「현재에 묻고 미래에 답하다」, 매일경제신문사, pp.86-87에서 인용

달해 2012~2019년 기간 연평균 5.5% 증가한 것으로 나타났다. 고용인력과 매출액은 같은 기간 각각 연평균 4.9%, 4.0% 증가했다.

중견기업이 중소기업으로 회귀하지 않고 경영상 애로사항을 해소할 수 있도록 정책적인 뒷받침이 필요하다. 대기업으로 나아가기보다

는 오히려 중소기업으로의 회귀를 검토하게 만드는 가장 큰 요인은 조세 혜택과 금융 지원이었으며 중견기업들이 느끼는 가장 큰 경영상 애로사항은 2019년 기준 내수 부진(40.2%), 과당경쟁(14.0%), 인건비 부담(12.0%), 수출 부진(9.6%) 순으로 조사됐다.

성장 사다리를 확립하기 위해 정부 역시 2011년 7월 1일 기존의 「산업발전법」에 중견기업에 관한 법적 근거를 마련했고, 2014년 7월 22일 「중견기업 성장 촉진 및 경쟁력 강화에 관한 특별법」을 제정해 법적인 지원 근거를 보다 강화했다. 올바른 방향 정립이라고 보인다.

그렇지만 법적 지원의 내실화를 기하기 위해서는 종래 개별 기업 중심의 분절적인 지원보다는 전체적인 산업정책 구상 아래 보다 체계적이고도 통합적인 지원이 필요한 시점이다. 구체적으로 연 매출액 3,000억 원 미만의 경우는 R&D, 마케팅, 인력 등을 중점 지원하고, 연매출 1조 원 이상 대기업 진입 단계에 있는 경우는 현장 애로, 규제 개선, 사회적 책임 경영 문화 확산에 보다 중점을 두고 지원하는 방안을 고려해볼 수 있을 것이다. 세계적 수준의 혁신역량을 갖춘 글로벌 중견기업으로 성장할 수 있도록 R&D, 금융, 인력 등 분야별, 단계별로 맞춤형 지원 체계를 확립해야 한다.

김동수 수출입은행장, 히든 챔피언 키워 견고한 산업구조 만든다

(2009.12.3.)

"괜히 히든 챔피언 얘기하는 게 아닙니다. 우리나라는 산업구조상 중소기업과 대기업을 이어줄 중견기업이 너무 없어요. 그러니 가능성 있는 중소기업도 자꾸 정부 지원 아래 안주하려 하는 겁니다. 수출입은행은 강한 중견기업 풀을 만들어 우리 경제 자체의 뼈대를 다지고 싶습니다." 김동수 수출입은행장이 '싹수 있는' 중소기업을 키우는 데 은행 역량을 집중하겠다는 강한 의지를 보였다.

수은은 지난 11월 2019년까지 총 20조 원을 지원해 히든 챔피언 기업 300곳을 키우겠다는 전략을 이미 발표한 바 있다. 당장 내년부터 100여 곳 기업에 자금과 각종 컨설팅 서비스가 지원된다.

김 행장은 "한국형 히든 챔피언이란 수출 1억 달러 이상이고 지속적인 세계 시장 지배력을 갖는 중소·중견기업"이라고 설명했다.

히든 챔피언 지원 대상 기업의 업종은 주로 녹색성장 등 신성장동력과 연관되는 분야다. 이미 수은 측은 기술력, 성장가능성, CEO의 역량, 재무건전성 등을 기준으로 선정위원회 심사를 거쳐 1차로 실파인, 아모텍, 넥스트칩 등 12개 지원 대상 기업을 선정했다. (하략)

자료: 김태근 기자, 2009년 12월 03일, 매일경제

3. 공정과 상생 문화 확립

그동안 시장경쟁 촉진, 대·중소기업 상생 등을 도모하기 위한 목적의 공정거래제도가 꾸준히 발전해왔다. 1980년 공정거래법 제정을 비롯해 기업 간 수·위탁 거래, 특히 대기업과 중소기업 간 수·위탁을 규율하는 하도급법을 제정(1984년)하고, 생산자와 소비자 간의 거래에 있

어서 소비자의 권익을 보호하기 위해 소비자보호법을 제정(1980년)하는 등 모두 12개의 공정거래 관련 법률을 제정하고, 이를 바탕으로 공정거래위원회는 그동안 많은 반시장적인 거래 행위들에 대해 제재해왔다.

우선 공정거래위원회가 설립된 1981년 이후 2019년까지 공정거래법 위반에 대한 처리 실적을 간략히 살펴보고자 한다. 이 기간 동안 공정거래위원회가 처리한 사건은 총 9만 79건에 달하는데 법률별 사건처리 비중은 하도급법 43.6%, 공정거래법 29.2%, 소비자 관련법 22.4% 순으로 나타났다. 대·중소기업 간 하도급 거래에서 위법행위가 많이 발생했다.

같은 기간 동안 공정거래법을 위반한 유형별로 처리 실적을 살펴보

표 3-35 공정거래 관련 법률별 사건처리 현황 (단위: 건, %)

구분	공정거래법	소비자 관련법	하도급법	가맹 사업법	대규모 유통업법	대리점법	합계
사건 처리	26,308	20,221	39,305	4.097	131	17	90,079
구성비	29.2	22.4	43.6	4.5	0.1	0.0	100.0

자료: 공정거래위원회(2020), 「2019년도 통계연보」, p.24에서 인용

표 3-36 공정거래법 위반 유형별 사건처리 현황 (단위: 건, %)

구분	시장지배적 지위남용	기업 결합	경제력 집중	공동 행위	사업자 단체 금지 행위	불공정 거래행위	합계
사건 처리	315	977	1,553	3,188	3,029	17,246	26,308
구성비	1.2	3.7	5.9	12.1	11.5	65.6	100.0

자료: 공정거래위원회(2020), 「2019년도 통계연보」, p.26에서 인용

면 불공정거래 행위 65.6%, 공동 행위 12.1%, 사업자 단체 금지 행위 11.5%였다. 각종 불공정거래 행위가 대표적인 위반 유형이었고, 기업들이 서로 담합하거나 사업자 단체를 통해 담합하는 위반 행위를 합하면 23.6%로 이들 세 가지 위반 유형이 총 89.2%에 이르는 것으로 나타났다.

불공정거래 행위 유형별로는 부당한 고객 유인 32.7%, 거래상 지위 남용 25.6%, 거래 거절 8.9%를 차지해 이 세 가지 유형이 전체의 67.2%에 달했다. 이들 불공정거래 행위는 대기업과 중소기업 간 거래에서 우월한 지위에 있는 대기업이 거래상 지위 남용을 비롯해 거래 거절, 사업 활동 방해, 구속 조건부 거래 등을 한 것이 대부분이었다.

이처럼 다양한 공정거래법 위반 행위에 대한 사건처리는 기업 경영의 부담이나 손실을 초래하고 과도한 행정력의 낭비를 가져오며 사건처리에 장기간이 소요되는 문제가 있다.

한편 1997년 외환위기를 겪으면서 대기업들에 의한 경제력 집중 현상이 거시경제 안정에 얼마나 큰 위험 요소가 될 수 있는지 절실하게 깨닫게 되었다. 따라서 이를 억제하는 동시에 재벌의 효율성과 경쟁력

표 3-37 **불공정거래 행위 유형별 사건처리 현황** (단위: 건, %)

구분	거래 거절	차별적 취급	경쟁 사업자 배제	부당한 고객 유인	거래 강제	거래상 지위 남용	구속 조건부 거래	사업 활동 방해	부당 지원	재판매 가격 유지	기타	합계
사건 처리	1,537	365	214	5,631	617	4,411	396	553	483	343	2,696	17,246
구성비	8.9	2.1	1.2	32.7	3.6	25.6	2.3	3.2	2.8	2.0	15.6	100.0

자료: 공정거래위원회(2020), 「2019년도 통계연보」, p.28에서 인용

을 도모하기 위한 목적으로 재벌 관련 규제들도 대거 도입됐다.[93] 기업의 지배구조를 개선하고 경영 투명성을 제고하기 위해 사외이사제도 신설, 소액주주의 권한 강화, 기관 투자자의 의결권 제한 폐지, 지배적 오너의 경영 책임성 강화, 결합재무제표 작성 의무화 등과 같은 제도들이 외환위기 직후 차례로 도입됐다. 더 나아가 재무구조를 개선하기 위한 차원에서 그룹 계열사 간 상호 보증의 원칙적 금지, 기존 보증액의 연차적 해소, 대기업 부채비율 200% 이하 감축 등을 시행했다.

그리고 재벌들의 불합리한 행태를 개선하기 위한 공정거래법의 개정도 계속됐다. 대표적인 예로는 2013년에는 일감 몰아주기와 같은 재벌 총수 일가의 사익 편취를 근절하기 위한 규제가 강화됐다. 2014년에는 상호 출자 제한 기업 집단 소속 기업 간 순환 출자를 금지함으로써 경제력이 집중되는 현상을 억제하고자 했다.

그러나 시장경제 환경의 변화에 부합하도록 시장 질서를 확립하고 공정경제 구현을 제도적으로 뒷받침하기 위해서는 규제 위주의 경제주체 간 거래 질서를 추구하는 방식은 한계가 있다. 오히려 불공정 행위를 예방하고, 나아가 상생하려는 문화를 조성하는 방향으로 정책을 강화해야 한다.

그 일환으로 공정거래위원회는 다음과 같은 제도를 운용하고 있다. 우선, 대기업이 자신과 거래하는 중소 협력업체들과의 상생을 목적으로 공정거래 및 각종 지원에 관한 세부 사항을 협약이라는 형식으로 사전에 제시해 그 내용을 이행하고, 공정거래위원회가 그 결과를 평가하는 제도인 '대·중소기업 간 공정거래 협약제도'가 있다. 또한 기업

---

93 이주선 외(2007), 「한국의 대기업정책(상)」, 한국경제연구원

이 공정거래 관련 법규를 준수하기 위해 자체적으로 제정·운영하는 교육, 감독 등에 관한 내부 준법 시스템인 '공정거래 자율준수 프로그램 Compliance Program: CP'을 운용하고 있다. 그리고 기업의 동반성장 관련 노력을 평가하는 '동반성장지수' 제도 등을 실시하고 있다.

향후 4차 산업혁명 시대를 맞아 변화하는 시장 환경에 대한 선제적인 대응과 대·중소기업 간 불공정 문제, 생산자와 소비자 간 균형 잡힌 선진 거래 문화 조성을 위해서는 불공정거래 행위에 대한 엄격한 법 적

박스 3-17

김동수 공정위원장 "갑(甲) 대기업 상생의식 중요"

(2011.12.15)

"정부의 개입만으로는 한계가 있다. 갑의 위치에 있는 대기업이 장기적인 안목에서 (중소기업과) 함께 가려고 해야 한다."

김동수 공정거래위원장은 지난 14일 2012년 공정위 업무 계획 보고에 앞서 열린 브리핑에서 이같이 말했다. 과징금 부과 등 제재 일변도의 정부 개입만으로는 대기업과 중소기업 간 공정경쟁 환경을 만드는 데 한계가 있다며 대기업의 자발적인 노력을 강조한 것이다.

김 위원장은 "지난 1년간 공정위 책임자로 있으면서 기업이 자율적으로 여건을 조성하는 것이 무엇보다 중요하다는 것을 느꼈다"며 "하도급 거래, 유통업체와 납품업체, 대기업 집단 내부거래로 인한 공정경쟁 저해 문제는 근본적인 문화를 바꾸지 않는 한 정부의 개입만으로는 한계가 있다"고 말했다. 이어 "가능한 갑의 위치에 있는 대기업이 장기적인 안목에서 함께 가려고 해야 한다"며 "올해 대형 유통업체들이 판매 수수료를 인하한 것처럼 다른 분야도 사회적 합의에 의한 동반성장의 문화를 만들 수 있도록 노력할 것"이라고 강조했다. (하략)

자료: 강세훈 기자, 2011년 12월 15일, 뉴시스

용은 지속하되, 대·중소기업 간 협력으로 상호 시너지 효과가 날 수 있도록 동반성장의 문화가 조성되도록 하는 데 더욱 정책의 주안점을 두어야 할 것이다.

4. 수출과 내수 간 균형경제

(1) 수출과 내수 간 균형 추구

서비스산업과 제조업 간 불균형, 대·중소기업 간 불균형 문제와 함께 우리 경제는 과도한 수출 의존도를 줄이고 내수를 보다 활성화할 필요가 있다. 과거 수출 중심의 대외지향적인 경제발전 전략을 추구하다 보니 우리 경제의 GDP 대비 내수 비중은 주요국들보다 상당히 낮은 상황으로 고착화되고 있어 내수 활성화를 통해 과도한 대외의존도를 줄일 필요가 있다는 지적이 꾸준히 제기돼왔다.

1996~2015년까지 20년 동안 우리 경제의 평균 내수 비중은 61.9%로 OECD 35개국, BRICS 6개국을 포함한 41개 대상 국가들 중 27번째로 낮은 비중을 보였다. 내수 비중이 가장 높은 국가는 미국으로 GDP 대비 내수 비중이 88.0%에 이르고 가장 낮은 나라는 룩셈부르크(24.9%)로 조사됐다.[94] 주목할 만한 점은 우리나라는 1996~2005년까지만 해도 평균 내수 비중이 70.1%였으나 2006~2015년 기간에는 56.0%로 크게 낮아지는 모습을 보이고 있다는 것이다.

---

[94] 김윤희·진익(2017), 「내수활성화 결정요인 분석」, 국회예산정책처

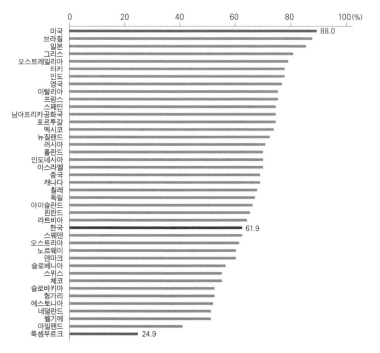

그림 3-44 **국가별 GDP 대비 내수 비중**

주: 1996~2015년 평균
자료: 김윤희·진익(2017), 「내수활성화 결정요인 분석」, 국회예산정책처

대외지향적 수출 전략은 규모의 경제, 특화에 따른 분업 효과 및 선
진 기술 학습 효과, 경쟁력 확보, 안정적 외화 조달 등과 같은 긍정적
인 효과[95]가 있는 것은 사실이다. 하지만 대외부문이 내수에 비해 지나
치게 과도하면 예상치 못한 대외 충격이 발생할 때 국내 경제에 미치
는 영향이 클 수밖에 없다는 근본적인 취약점이 생기게 된다. 또한 수

---

95 이근태·고가영(2014), 「한국경제의 새로운 도전 내수성장」, LGERI 리포트, LG경제연구원

그림 3-45 **수출의 경제성장 기여도 추이**

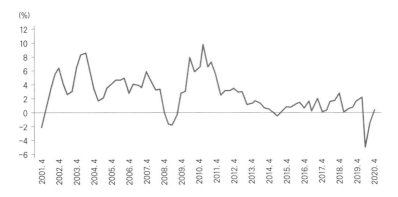

주: 원계열, 실질 기준
자료: 한국은행 경제통계시스템

출이 경제에서 차지하는 비중이 높음에도 불구하고 수출의 GDP 성장률에 대한 기여도가 [그림 3-45]에서 보듯이 2011년 1분기 10.0%에서 2020년 4분기 0.4%로 지속적으로 낮아지고 있는 것이 최근의 흐름이다.

따라서 정부는 긴 안목을 갖고 내수 활성화를 통해 수출과 내수 간 균형을 추구해나가야 한다. 그동안 우리는 적극적인 FTA 추진 전략을 통해 수출을 확대하고 우리 경제의 체질을 상당 부분 개선하는 것과 같은 성과를 올렸다. 하지만 이와 함께 높은 개방도로 인한 대외의존도를 보완하는 방안도 병행해나가야 한다. 즉, 수출과 내수의 균형발전을 유도하고 신보호무역주의 흐름에 대처할 방안을 구상할 필요가 있다. 이를 위해 다음과 같은 점들을 고민해야 할 것으로 본다.

첫째, 수출의 경제성장 기여도를 제고하는 방안과 아울러 수출 중심의 과도한 대외의존도를 줄이고 국내 소비와 투자 활성화를 통해 선순환할 수 있는 보다 안정적인 경제구조를 형성해가야 한다. 이를 위해서는 소비 증가를 통한 기업의 생산 확대와 투자 증가, 그로 인한 고용 증가 및 근로소득 확대를 통해 이것이 다시 소비 증가로 이어지는 선순환이 되도록 종합대책을 추진해야 한다. 그렇게 해야 내수와 수출이 상호 균형 있게 성장하는 경제구조가 만들어질 수 있다.

둘째, 수출 호조와 내수경기 개선의 연계성을 강화하고 설비투자의 해외 의존도를 줄임으로써 국내외 기업의 국내 투자 유인 노력을 강화해야 한다. 이를 위해 우선 생각해볼 수 있는 것이 국내 부품과 소재 분야의 경쟁력을 제고하고 일본 기업의 국내 유치 등을 통해 수입 자본재와 중간재의 국산화를 유도하는 방안이다. 또한 중국 등 신흥국의 투자 여건 악화, 한국의 FTA 체결 확대 등과 같은 대내외 경제 환경 변화에 대응해 국내로 유턴하는 기업을 대상으로 세제 및 금융 혜택을 강화함으로써 국내 기업의 해외 투자를 국내 투자로 유인하는 정책이 필요하다.

셋째, 내수경기 회복을 위해 수출과 연계되지 않은 내생적이고도 구조적인 내수 부진 요인을 개선하려는 노력도 함께 이루어져야 한다. 가계부채 안정화, 주택 매매시장 및 임대시장의 보완을 통한 주거 문제 해결, 사교육비 부담 완화, 여성인력의 사회 진출과 경제참여 확대 등도 내수를 살릴 수 있는 방안으로 생각된다. 내수 비중이 상대적으로 높은 서비스산업의 발전 유도, 중소기업에 대한 체계적인 지원, 기업의 투자 의욕 제고 및 기업의 수용성을 감안한 유연한 노동정책 등이 차질 없이 추진돼야 할 것이다.

(2) 수출시장의 다변화

한편 장기적인 측면에서 우리 경제는 대내외적인 균형경제를 추구해 나가야 하지만 그와 동시에 개방경제라는 현실을 감안해 지역 간 또는 글로벌 무역 체계에 보다 능동적으로 참여할 필요가 있다. 관련해서 아래에서는 간략하게나마 그간 우리가 적극적으로 참여해온 자유무역협정Free Trade Agreement: FTA의 현주소 및 향후 방향에 대해서도 살펴보고자 한다.

회원국 간 상품, 서비스 등에 대해 관세 및 비관세 장벽을 철폐해 상호 간 교역을 확대코자 하는 취지의 무역협정인 FTA는 2000년대 들어서 빠르게 확산되고 있다. 그 배경에는 각국이 개방을 통해 생산성의 향상을 추구하고 다자간 무역협상을 타결하기까지 장기간이 소요되는 현실을 감안해 이를 보완할 수 있다는 점이 크게 작용한 것으로 보인다. 즉, WTO라는 다자간 무역협정 체제 안에서 진행돼온 무역협상의 타결이 여러 가지 이유로 지체되자 그 대안 또는 보완 수단으로서 고려된 것이 FTA라고 하겠다.

또한 외국인 직접투자 유치, 그리고 특정 국가 간 배타적 호혜 조치 등과 같이 FTA가 가지고 있는 나름의 장점도 FTA가 근래에 확산하게 된 주요한 원인이다. 궁극적으로는 FTA를 통한 역내 국가 간 높은 무역 자유화 추진이 다자 체제의 자유화를 촉진할 수 있다는 기대감도 반영돼 있다.

1990년대 중반 이후 세계화와 함께 FTA로 대표되는 지역주의가 증가되는 흐름과 아울러 1997년 IMF 금융위기를 극복하는 과정에서 우리 국내 산업의 경쟁력을 촉진하기 위해서는 개방과 개혁이 불가피하다는 점을 절감하면서 FTA를 적극 추진하는 데 대해 일정 부분 사회적인 공감대가 형성됐다. 즉, 세계적 통상 환경의 변화와 경제위기 극복이라는 대내외적인 경제 환경과 여건이 맞아떨어지면서 FTA를 적극 추진하려는 동력 확보가 가능했던 것이다.

우리나라의 경우 FTA 체제의 흐름에 다소 늦게 진입한 측면이 있는데, 이에 따른 기회비용을 최소화하고 시장 확대를 보다 극대화하기 위한 전략으로 동시다발적인 방식으로 FTA를 추진해왔다. 또한 미국, EU 등 거대 선진 경제권과의 FTA를 적극 추진함으로써 FTA를 단순히 시장을 확대하기 위한 수단으로서의 차원을 넘어 주력산업의 경쟁력을 제고하고 산업구조조정을 촉진하기 위한 수단으로도 활용하고자 했다.

그런 이유로 FTA 내용에서도 우리는 포괄적이며 매우 높은 수준의 FTA를 추진해오고 있다. 즉, 시장 경쟁과 경제 효율성을 높이고자 했기에 단순히 관세 철폐뿐만이 아니라 서비스, 투자, 환경, 노동 문제까지도 자유무역협정의 논의 범주에 넣고 WTO 양허안 및 합의보다도 높은 수준인 소위 WTO-Plus 방식을 추구했다. 동시에 FTA로 인해 어쩔 수 없이 발생하게 되는 일부 산업에 대한 피해를 최소화하기 위해 포괄적인 국내 보완대책도 병행해왔다.

그간의 FTA 추진 성과와 과제를 간단하게 살펴보면, 2004년 4월 한-칠레 FTA를 시작으로 2007년 6월 한-ASEAN FTA, 2010년 1월 한-인도 FTA, 2011년 7월 한-EU FTA, 2012년 3월 한-미 FTA, 2015년 5월 한-중 FTA에 이르기까지 2020년 기준 총 58개국과 18건의 자유무역협정을 체결했다. 정부는 2022년까지 70개국으로 확대할 계획이다.

미국이나 중국과 같은 거대 경제권은 물론 칠레와 싱가포르까지 전 세계 GDP의 77%에 이르는 경제권과의 FTA 체결로 지역주의 흐름에 능동적으로 대응하고 우리 제품의 수출을 확대하는 기회로 적극 활용하는 긍정적인 효과를 거두었다고 본다. 단순한 무역 증대 효과 이외에도 서비스 부문 개방, 투자자유화 조치, 무역원활화 등의 효과까지 감안한다면 당초 기대했던 것 이상의 효과를 거둔 것으로 볼 수 있다.

반면 해결해야 할 과제들도 있다. 무엇보다 FTA를 통한 수출 증가의 효과가 대기업에 편중되고 중소기업은 상대적으로 FTA를 적극 활용하지 못하고 있다는 문제점은 조속히 개선돼야 한다. 본격적인 수입시장 개방의 영향으로 그동안 내수시장을 중심으로 영업해온 기업들의 자생력과 경쟁력 제고를 위한 보완도 시급하다.

또한 우리의 대외교역 대상 경제권이 중국, 미국, EU 등 소수 경제권에 지나치게 편중돼 있어 우리 경제의 안정성을 해칠 우려가 매우 크다. 최근 미·중 무역 갈등 심화에 따른 영향이 대표적인 예이다.

사실 미·중 무역 갈등은 진작부터 예견된 일이다. 지난 10여 년간 미국은 막대한 무역적자를 보였는데, 이 중 중국이 차지하는 비중은 40%대에 이르고 있고 그 적자폭 역시 계속 확대돼왔기 때문이다. 이러한 무역적자 현상과 이를 둘러싼 양국 간 갈등은 오랜 기간 동안 형성된 글로벌 가치사슬Global Value Chain의 구조적 특성에 따른 미국의 만성적인 대중국 무역적자에 더해 4차 산업혁명 시대를 맞아 미래를 선도할 새로운 첨단산업에 대한 패권경쟁까지 맞물리면서 단시일 내에 해결의 실마리를 찾기는 어렵다고 보인다.

최근 미·중 무역 갈등이 미국의 중국 통신장비 회사 화웨이에 대한 제재, 환율 조작국 지정, 중국의 미국산 대두 수입 중단과 희토류 수출 제한 검토 등 여러 전선으로 확대됐다. 2021년 출범한 바이든 행정부에서도 비록 정도의 차이는 있겠지만 중국과의 관계를 재설정하는 과정에서 기술 분쟁 및 무역 갈등이 재현될 가능성이 높다.

과거에도 미국의 통상제도 및 대외경제정책은 경제 상황이나 정권 교체 등의 요인에 따라 개방주의와 보호주의 간 순환적 변동 과정을 거쳐왔지만 2017년 트럼프 행정부 출범 이후 미국 우선주의 기치 아래 신보호무역주의가 전 세계적으로 확산됐다.

그러므로 우리는 균형 잡힌 자세로 통상외교를 적극적이고 체계적으로 추진해야 한다. FTA를 지속적으로 확대해나가면서 특히 메가 FTA 타결에 역점을 두되, WTO 등 다자 통상 체제 안에서의 무역협력도 적극 활용해야 한다. 그리고 역내포괄적경제동반자협정RCEP이나 한·중·일 FTA, 환태평양경제동반자협정CPTPP 등을 통해 강소국들과의 연대는 강화해나가면서 강대국 일방주의와 보호무역주의에 보다 적극적으로 대응해나가야 할 것이다.

산업별 수출 비중 역시 전기·전자 중심의 특정 산업에 대한 수출 의존도가 매우 높은 상황이기에 앞으로 수출구조 다변화가 절실하다. 우리나라 전체 수출 중 전기·전자산업의 수출 비중은 32.8%로 자동차(13.7%), 화학제품(10.3%), 기계류(7.7%)보다도 훨씬 높게 나타나고 있다. 특히 전자제품의 경우 우리나라 수출 비중은 세계 수출 비중보다 거의 세 배에 달해 편중도가 심한 것으로 조사됐다.[96]

향후 인도를 비롯한 서남아, 중남미 등 신흥 경제권에 대한 수출 활로 모색 등을 통해 중국 등 특정 국가에 편중된 수출시장을 다변화시킬 수 있도록 하는 정책적 노력이 절실하다. 또한 수출 품목에 있어서

---

96 민혁기 외(2017), 「글로벌 무역 정체하에서 한국 무역구조의 변화와 수출확대 전략」, 산업연구원

도 4차 산업혁명 시대에 적합한 산업 중 우리가 경쟁력을 가질 수 있는 분야가 무엇인지 찾아서 국가적 육성을 위한 지원과 이들 분야에서의 산출물 수출 확대 등 수출 품목의 다변화도 시급히 요구되므로 정부의 산업구조 개선을 위한 근본적인 대책 마련이 필요한 시점이다.

한편 2017년 11월 정부는 아세안 국가들과의 협력 수준을 미국·중국·일본·러시아 등 주변 4대 강국 수준으로 끌어올린다는 것을 핵심으로 한 '신남방 정책'을 공식 천명했다. 이 정책을 통해 아세안 국가들과의 경제 협력을 강화하고 안보 차원에서는 북한과 외교 관계를 맺고 있는 아세안 국가들과 공조와 협력을 이끈다는 것이 골자다.

박스 3-18

미·중 무역 갈등 주요 일지

일자	주요 내용
2018년 1월	- 대중국 태양광, 세탁기 세이프가드 발동
4월	- (중국)대미 수입품 128개 품목에 대한 관세 부과 발효 - (미국)대중국 수입품 500억 달러 규모 25% 일괄 관세 부과 품목 발표
5~6월	- 미·중 1차, 2차, 3차 무역협상 개최
7월	- 미 통상법 301조에 따른 대중국 818개 품목 340억 달러에 대해 25% 관세부과 - 중국은 대미국 545개 품목 340억 달러에 대해 25% 관세부과
8월	- 미·중 4차 무역협상 개최 - 미국은 통상법 301조에 따른 대중국 279 품목 160억 달러에 25% 관세 부과 - 중국은 대미국 114개 품목 160억 달러에 25% 관세 부과
9월	- 미국은 2,000억 달러 규모의 중국산 수입품 5,745개 품목에 대해 2019년 1월 1일부터 25% 관세 부과 - 중국은 24일부터 600억 달러 규모의 미국산 제품 5,207개 품목에 대해 5~10% 차등 관세 부과 발표
2019년 4월	- 장관급 협상: 3~4일 중국 베이징, 29~30일미국 워싱턴

5월	– (5일) 중국의 태도변화로 인해 2,000억 달러 규모의 중국산 수입품에 대한 관세 인상 발표 및 3,250억 달러 규모의 중국산 수입품에 대한 신규 25% 관세부과 계획 발표 – (6일) 중국 외교부, 미국과의 무역협상 지속 계획 언급 – (8일) USTR, 미 관보를 통해 추가관세 인상 계획 공식화 – (10일) 2,000억 달러 규모의 중국산 수입품에 대한 추가관세 수준 10%→25%로 인상 – (30일) 중국의 미국산 대두 수입 중단 조치
6월	– (1일) 중국, 600억 달러 상당의 미국산 수입품 5,140개 품목에 대해 최대 25% 관세 부과 – (29일) G20 정상회의(일본 오사카)에서 미국의 중국산 제품에 대한 추가 관세 잠정 중단과 무역협상 재개에 합의
12월	– (12일) 미국 언론, 트럼프 대통령 1단계 무역합의 승인 보도 – (13일) 미중 정부, 1단계 무역합의 공식 확인
2020년 1월	– (15일) 트럼프 대통령, 류허 중국 부총리와 백악관에서 1단계 무역합의 서명식 – (16일) 트럼프 "2단계 무역협상 시작 위한 아주 좋은 위치"…후속협상 개시 둘러싸고 미중간 곧바로 이견 노출
2월	– (14일) 미중 1단계 무역합의 발효
5월	– (3일) 트럼프 대통령 "중국이 2,500억 달러 미국 상품 구매 안하면 합의 파기" – (8일) 미중 무역협상 대표 통화…1단계 무역합의 이행 논의 – (22일) 리커창 중국 총리, 전국인민대표대회 제13기 13차 회의서 "미국과 함께 1단계 무역합의 이행"
8월	– (10일) 트럼프 대통령 "1단계 무역합의 별 의미 없어" 평가절하 – (25일) 미중 무역협상 대표, 무역합의 이행 점검 전화통화
9월	– (16일) WTO, 미국의 대중 추가 관세부과에 `규정 불합치` 판정. 중국은 이날 농약·윤활유 등 미국산 16개 품목 추가관세 면제 연장
10월	– 미국 농부무·무역대표부 "중국의 미국산 농산물 수입, 1단계 무역합의 목표액의 71%"
12월	– (1일) 바이든 대통령 당선인 "미중 무역합의 바로 철회 안할 것…대중 지렛대 필요" – (13일) 미중 1단계 무역합의 공식 확인 1년

자료: 국회예산정책처, 한국무역협회, 언론기사 등

신남방 지역은 인도 13.7억 명, 아세안 6.4억 명 등 인구가 20억여 명
에 달하며 GDP 규모는 아세안 2조 9,228억 달러, 인도 2조 7,168억 달

러 등에 이르는 잠재력이 큰 거대 시장이다. 2018년 기준 우리나라와의 교역 규모를 살펴보면 아세안 지역은 1,597억 달러로 우리의 제2의 교역 대상이고 인도는 215억 달러로 11번째 교역 국가다. 상호 방문객 수로 보더라도 아세안과는 1,144만 명, 인도와는 27만 명으로 주요한 파트너 지역임에 틀림없다.

  정부는 추진 전략으로 사람공동체People, 상생번영공동체Prosperity, 그리고 평화공동체Peace라는 3대 개념을 주요 과제로 설정·추진하고 있다. 사람공동체를 위해서는 상호 방문객 확대, 쌍방향 문화 교류 확대, 삶의 질 개선 협력 등을 추구하고, 상생번영공동체를 위해서는 무역·투자 증진을 위한 제도적 기반 강화, 중소기업의 시장 진출 지원, 국가별 맞춤형 협력 모델 개발 등을 한다는 구상이다. 평화공동체를 위해서는 정상과 고위급 교류 활성화, 한반도 평화 번영을 위한 협력 강화, 국방·방산 협력 확대 등을 하겠다는 계획인데 올바른 방향이라 보인다. 적극적 실행을 기대한다.

응답하라 'Look East!'

2016년 새해 벽두부터 세계 경제가 심한 몸살을 앓고 있다. "추락하는 것은 날개가 없다"는 말처럼 중국 주식시장이 급락하면서 국제금융시장이 요동치고 있기 때문이다. 그 이면에는 단연코 중국 경제의 펀더멘털을 둘러싼 불확실성이 자리하고 있다. 대한민국 경제의 대중국 의존도를 감안한다면 최근의 상황 전개는 우리 경제에 상당한 충격이 될 것이라는 점에서 우려스럽다. 앞으로 중국 경제가 어떤 방향으로 나아갈지 정확히 예측하기란 쉽지 않지만 단 하나의 사실만은 분명해진 듯하다. 중국 경제가 과거와 같이 두 자릿수 이상의 성장률을 기록하며 성장하기란 어렵다는 점이다. 세계의 공장으로 불리며 폭주 기관차처럼 질주해온 중국 경제의 성장 엔진이 서서히 식어가고 있기 때문이다. 이를 극복하기 위해 얼마 전 중국 정부는 제조업 수출과 투자 중심의 경제 체제를 서비스산업과 내수 중심으로 전환하겠다는 구상을 발표했다. 타당하고 자연스러운 접근법이지만 경제구조와 체질을 하루아침에 바꿀 수는 없다. 그런 의미에서 중국 경제는 지금 일종의 성장통을 겪고 있는 셈이다. 이 성장통을 어떻게 그리고 얼마나 빨리 극복하느냐가 국가자본주의로 통칭되는 중국식 시장경제의 성패를 판가름하게 될 것이다.

중국식 시장경제의 성패보다 필자가 더 관심을 기울이고 있는 부분은 우리 경제의 앞으로 20년을 담보해줄 또 다른 중국을 찾는 작업이다. 우리 기업들의 생산기지이자 메이드 인 코리아 제품의 소비시장으로서 중국이 차지하는 위상을 놓고 볼 때 마냥 중국 경제가 회복되기만을 기다리고 있을 수는 없기 때문이다. 보다 근본적으로는 중국 경제가 구조 전환을 완료했을 때 우리 기업이 설 자리가 줄어들 수 있기 때문이다. 중국에 견줄 만한 노동인력과 소비잠재력, 우호적인 투자 환경을 갖추고 있는 나라라면 인도만 한 나라도 없어 보인다. KOTRA가 발표한 최신 자료를 보면 인도의 경제성장률은 올해 6.5%를 기록하면서 중국을 제치고 세계 1위에 오를 전망이다. 연평균 인구증가율 역시 1.35%로 중국보다 배 이상 높아서 2025년에는 16억 명으로 중국을 제치고 세계 최대의 인구 대국이 될 것이라고 한다. 현재 인구의 절반 이상이 25세 이하이고 2020년에는

4억 명 이상의 노동인구를 보유하게 돼 제조업 생산기지로서도 안성맞춤 아닌가 싶다. 게다가 구매력평가PPP 기준 국내총생산GDP은 2014년 7조 3,000억 달러로 중국과 미국에 이어 세계 3위를 차지하고 있다. 구매력을 갖춘 중산층 인구도 이미 우리나라 전체 인구의 세 배에 이른다. 2014년 출범한 모디 총리 정부가 '메이크 인 인디아Make in India'로 상징되는 외국인 투자 유치정책을 적극 추진하면서 벌써 수많은 글로벌 기업들이 인도로 뛰어들고 있다. 최근 영국 공영방송 BBC는 인도 정부의 제조업 육성정책을 보도하면서 심지어 중국의 대표 기업들조차도 앞다퉈 인도로 공장을 이전하고 있다는 내용을 소개했다. 인도는 이를 'Look East(동방 중시)' 정책으로 설명하고 있다. 이는 글로벌 가치사슬을 통해 제조업 수출 중심의 경제발전 전략을 추진해온 동아시아 국가들과의 경제 협력을 도모하겠다는 취지라고 하겠다.

세계 경제의 허브로 떠오르고 있는 인도에 대한 대한민국 기업들의 진출 전략이 있는지, 있다면 그 내용이 무엇인지 궁금하다. 이제라도 국가적 차원에서 보다 적극적이고 종합적인 대인도 진출 전략을 마련할 때라고 생각한다. 특히 국내에서 채산성을 맞출 수 없는 저부가 제품들은 생산을 포기할 것이 아니라 인도로의 공장 이전을 고민해봐야 한다. 풍부한 노동력과 잠재성을 갖춘 기회의 땅인 인도를 선점하기 위해서라도 대기업들 역시 적극 나서야 한다. 이를 위해 대외경제장관회의와 같은 범정부적 협력체를 활용해 민관이 함께 지혜를 모색해야 할 것이다. 인도의 'Look East' 요청에 이제 한국이 응답할 때다.

자료: 김동수(2016), 「응답하라 'Look East!'」, KDI 나라경제(2월호), KDI 경제정보센터

제13장

지속가능한
경제 체제

1. 환경과 경제

1987년 세계환경개발위원회WCED가 발간한 「우리의 미래Our Common Future」라는 보고서에서 '지속가능한 발전'이라는 용어를 처음 사용한 이래 30여 년이 흐른 지금까지 세계 각국은 환경보전과 경제발전을 어떻게 조화시킬 것인가를 두고 끊임없이 고민해오면서 관련 정책 수행에 박차를 가해오고 있다.

흔히 '스턴보고서Stern Review'라고 불리는 영국의 경제학자 니콜라스 스턴의 2005년 기후변화 협약에 대한 검토 보고서에 따르면, 대기중 온실가스 농도를 550ppm CO₂eq.로 안정화하기 위한 기후변화 완화 비용은 2050년까지 연간 세계 GDP의 약 1%에 이를 것으로 예상된다. 한편 만일 우리가 지구온난화를 해결하기 위해 아무 조치도 취하지 않을 경우 기후변화 문제로 인한 피해 비용은 연간 세계 GDP의 약 5~20%로 추정된다.[97]

우리나라도 이러한 환경보호의 중요성을 인식해 2005년 환경부와 UN ESCAP이 공동으로 주최한 '아·태 환경과 개발에 관한 장관회의 MCED'에서 앞으로 각국은 경제성장을 계속 추구해나가되, 경제성장의 패턴을 친환경적으로 전환해 환경적으로 지속가능한 경제성장, 이른바 '녹색성장'을 하자고 제안했다. 2010년에는 「저탄소 녹색성장기본법」을 제정하기도 했다. 녹색성장은 자원 이용의 효율성은 최대한 높이고 환경오염은 최소화하면서 개발을 추구하는 것은 물론 녹색기술, 녹색산업을 새로운 동력으로 하여 성장을 지향할 때 가능할 것이므로 이를 위해서는 장기간에 걸쳐 많은 투자와 노력이 요구된다.

2015년 12월 파리에서 개최된 제21차 유엔기후변화협약UNFCCC 당사국 총회에서는 파리기후변화협정이 채택돼 197개국이 서명했다. 그 골자는 지구의 평균온도 상승 정도를 산업혁명 이전 대비 섭씨 2도 상승 이내로 제한하고, 나아가 섭씨 1.5도 이상 올라가지 않도록 하겠다는 것이다.

지난 2020년 11월 미국이 이 협정에서 탈퇴했지만, 2021년 1월 바이든 행정부 출범 직후 다시 복귀 결정을 한 만큼 우리 역시 이 협정에 의한 녹색성장과 친환경 경제정책에 더욱 관심을 가져야 할 상황이다. 그

---

97 지속가능발전기업협의회(2006), 「스턴리뷰: 기후변화의 경제학 시사점」, p.12에서 인용 및 참조

런 의미에서 이하에서는 우리나라 환경문제의 현주소와 향후 방향을 중심으로 살펴보고자 한다.

2. 환경 실태 및 에너지 운용 현주소

(1) 환경 실태

우리나라를 포함해 전 지구적으로 더 이상 환경문제를 떼어놓고서는 경제성장과 번영을 논의할 수 없게 됐다. 그런 의미에서 경제적 측면에서 주요 환경 이슈를 중점적으로 살펴볼 필요가 있다.

먼저, 기후 및 대기 환경문제와 관련해 우리나라 온실가스 배출량의 절대적 수치는 2018년 기준 약 7억 2,800만 $tCO_2eq.$를 기록하고 있다.[98] 이는 1990년과 2000년 대비 2.4배, 1.4배로 증가한 수준이고 2000~2018년 기간에 연평균 2.1% 증가한 수치다.

온실가스를 GDP 또는 인구수로 나눈 온실가스 배출 집약도를 살펴보면 GDP당 배출량과 1인당 배출량은 각각 2018년 기준 10억 원당 401.58 $tCO_2eq.$, 1인당 14.10 $tCO_2eq.$ 수준이다. [그림 3-47]에서 보듯이 경제 규모가 커지면서 상대적으로 GDP당 온실가스 배출량은 감소하는 추세에 있지만 1인당 배출량은 오히려 증가하고 있다.

이산화탄소 배출을 산업 부문별로 살펴보면 2017년 기준 산업 부문

---

[98] $CO_2eq.$는 이산화탄소 환산량(Carbon dioxide equivalent)으로 온실가스 종류별 지구온난화 기여도를 수치로 표현한 지구온난화지수(Global Warming Potential: GWP)에 따라 주요 직접온실가스 배출량을 이산화탄소로 환산한 단위임.

그림 3-46 우리나라 온실가스 총 배출량 및 증가율 추이

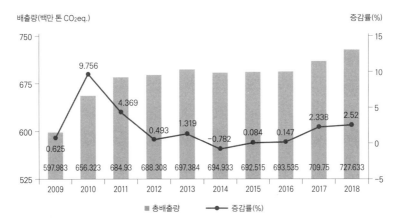

주: 증감율은 전년 대비
자료: 온실가스종합정보센터(2020), 「2020년 국가 온실가스 인벤토리 보고서」

그림 3-47 우리나라 온실가스 배출 집약도 추이

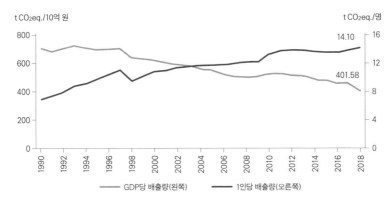

자료: 환경부, 국가온실가스통계

에서 배출한 이산화탄소는 3억 3,043만 tCO_2이고, 이 중 99.8%가 제조
업 부문에서 배출됐으며 제조업 중에서는 1차 금속, 화학, 정유 등 중화

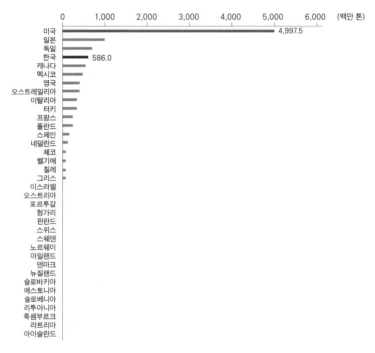

그림 3-48 CO₂ 배출 총량 국제비교(OECD)

주: 1) 2015년 기준
    2) 연료의 연소 등과 같은 에너지 부문에서 발생하는 CO_2 배출량
    3) 시멘트 제조 등 산업공정으로 인한 배출량은 제외
자료: 통계청에서 재인용

학공업에서 이산화탄소 배출 비중이 높은 것으로 나타났다. 비중으로 보자면 1차 금속 37%, 화학 19%, 정유 12%를 각각 차지했다.

　우리나라 이산화탄소 배출 수준을 OECD 국가들과 비교해보면 이산화탄소 배출 총량 및 1인당 배출량 수준은 매우 높은 수준이다. 2015년 이산화탄소 배출 총량 기준으로 우리나라는 미국, 일본, 독일에 이어 네 번째로 많은 국가[99]이며, 1인당 이산화탄소 배출량도 OECD 회원국들 가운데 오스트레일리아, 미국, 룩셈부르크, 캐나다, 에스토니아에 이어 여섯 번째로 많은 국가다. 이산화탄소 원단위 국제비교를 보더라도 우리나라는 OECD 평균보다도 높은 상위권에 속해 있어 기본적으로 이산화탄소 배출량이 높은 경제구조이다.[100]

(2) 에너지 운용 현주소

우리나라는 경제발전 과정에서 에너지 다소비 경제구조가 고착화됐기에 앞으로 환경적 측면에서 에너지 저소비 및 에너지 효율성 향상을 위한 경제 체질 개선이 불가피하다. 경제가 성장할수록 에너지 소비도 증가하는 경향이 있으므로 에너지 문제는 곧 경제문제라고 할 수 있다.

우리나라 에너지 소비를 1차 에너지와 최종 에너지 형태로 구분해 살펴보면, 2017년 1차 에너지 형태의 에너지는 3억 206만 toe, 최종 에너지는 2억 3,390만 toe를 각각 소비했다.[101] 이는 1987년 1차 에너지

---

99 2015년 이산화탄소 총배출량 기준으로 미국 49억 9,800만 톤, 일본 11억 4,200만 톤, 독일 7억 3,000만 톤, 한국 5억 8,600만 톤이며 1인당 이산화탄소 배출량으로는 오스트레일리아 15.83톤, 미국 15.53톤, 캐나다 15.32톤, 한국 11.58톤이다.

100 이산화탄소 원단위는 특정 연도의 이산화탄소 배출량을 당해 연도 총 부가가치로 나눈 것으로 경제활동에 따라 이산화탄소를 얼마나 배출하는가를 나타내는 지표이며, 지표값이 작을수록 경제구조가 온실가스 감축에 기여함을 의미하고, 2013년 기준 에스토니아 1,187 CO_2t/백만 달러, 한국 447 CO_2t/백만 달러, OECD 평균 296 CO_2t/백만 달러이다.

101 toe는 에너지 양 단위로 석유환산톤(Ton of Oil Equivalent)이고, 원유 1톤을 연소했을 때 발생하는 열량(1toe =1,000만 kcal)을 의미한다. 1차 에너지는 천연 상태의 가공되지 않은 상태에서 공급되는 에너지로 석탄, 석유, 천연가스, 수력, 원자력, 태양열, 지열 등을 말하며, 최종 에너지는 최종 소비 부문의 에너지 이용 설비에 알맞은 형태로 사용되는 에너지로, 1차 에너지 중 직접 에너지로 사용되는 것과 일정한 전환 과정을 거쳐서 다른 형태의 에너지로 전환되는 그 산출물로 구분되며 일명 2차 에너지라고 부른다.

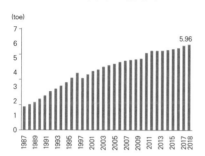

그림 3-49 1인당 에너지 소비량 추이

자료: 에너지경제연구원, 에너지수급통계

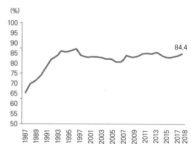

그림 3-50 에너지 수입의존도

주: 원자력발전을 국내생산에 포함
자료: 에너지경제연구원, 에너지수급통계

6,788만 toe, 최종 에너지 5,520만 toe 대비 각각 4.5배, 4.2배 증가한
것이고, 2007년 1차 에너지 2억 3,668만 toe, 최종 에너지 1억 8,150만
toe와 비교해서는 공히 1.3배 증가한 수준이다. 2007~2017년 기간 1차
에너지와 최종 에너지는 연평균 각각 2.5%, 2.6% 증가했다.

1인당 에너지 소비량을 살펴보면 2018년 5.96toe로 2007~2018년
기간 연평균 1.9% 증가했으며, 우리나라 에너지 수입의존도는 2018년
기준 84.4% 수준이다. 원전을 국내 생산에 포함시키지 않을 경우 에너
지 수입의존도는 2018년 기준 93.7%에 이른다.

에너지원별 그리고 부문별 에너지 소비구조를 살펴보면 우리나라
는 석탄·석유의 비중이 높고 산업과 수송 부문의 에너지 소비 비중이
높은 것이 특징이다. 2017년 석탄과 석유는 각각 에너지원의 28.5%,
39.5%의 비중을 차지하고 있으며, 부문별로는 산업과 수송 부문이 각
각 에너지 소비의 61.7%, 18.3% 비중을 차지했다. 제조업으로만 한정할
경우 2017년 최종 에너지 형태로 1억 2,629만 toe가 소비됐으며, 석유·
화학(55%), 1차 금속(24%) 부문의 소비 비중이 높았다.

표 3-38 **에너지원별 소비 비중 추이**

연도	석탄	석유	천연가스	수력	원자력	신재생
1990	26.0	54.0	3.3	1.7	14.2	0.9
1995	18.3	62.7	6.1	0.9	11.2	0.7
2000	22.2	52.1	9.8	0.7	14.1	1.1
2005	23.9	44.6	13.2	0.6	16.0	1.7
2010	29.2	39.6	16.3	0.5	12.1	2.3
2015	29.8	38.0	15.2	0.4	12.1	4.5
2016	27.7	40.0	15.5	0.5	11.6	4.6
2017	28.5	39.5	15.7	0.5	10.5	5.2
2018	28.2	38.5	18.0	0.5	9.2	5.6

자료: 에너지경제연구원, 에너지수급통계

표 3-39 **부문별 소비 비중 추이**

연도	산업	수송	가정	상업	공공
2001	55.9	20.8	14.0	7.4	2.0
2005	55.6	20.8	12.9	8.3	2.4
2010	59.6	18.9	10.9	8.3	2.3
2015	62.1	18.3	9.4	7.6	2.6
2016	61.3	18.8	9.6	7.6	2.8
2017	61.7	18.3	9.6	7.5	3.0

주: 최종에너지 소비 대비 비중(%)
자료: 에너지경제연구원, 에너지수급통계

그림 3-51 **1차 에너지원 1인당 소비 국제비교(OECD)**

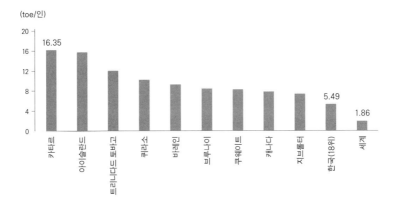

주: BP Statistical Review of World Energy 2019(2018년 기준)
자료: 에너지경제연구원(2019), 「2019 자주 찾는 에너지통계」

그림 3-52 에너지 전환손실률 국제비교(OECD)

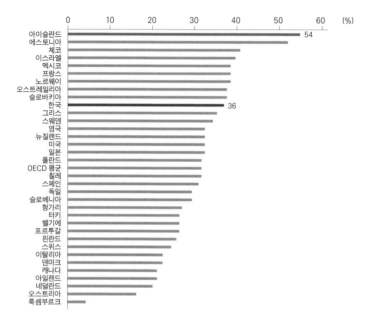

주: 1) 2013년 기준
　2) UN, Undata, GDP by Type of Expenditure at constant (2005) prices, US dollars
자료: 국회입법조사처(2016), 「지표로 보는 이슈」에서 재인용

에너지 소비 수준은 주요국과 비교해볼 때 상당히 높다. 1차 에너지
원의 1인당 소비량을 여타 OECD 국가들과 비교해보면 2017년 기준
5.49toe로 18번째로 많다. 에너지 전환 손실률은 2013년 기준 36%로
OECD 평균인 31%보다 높은 반면, 에너지 효율은 OECD 34개국 중
25위로 상당히 낮은 편에 속한다.[102]

---

[102] 에너지 전환 손실률이란 석유·석탄 등과 같은 1차 에너지가 전력·열 등으로 사용되지 못
하고 버려지는 비율을 의미하는데, 그 수치가 작을수록 효율이 높은 것을 의미한다.(국회입법조
사처(2016), 「지표로 보는 이슈」)

표 3-40 **주요국 에너지 정책 목표**

구분	온실가스 감축	에너지 효율	재생 에너지	원전
독일	2030년 55%, 2050년 80~95% 감축(1990년 대비)	2050년까지 50% 감축 (1차에너지 기준, 2008년 대비)	2050년까지 최종에너지 중 60%, 발전비중 80%	2022년까지 단계적 탈원전
일본	2030년까지 26%감축 (1913년 대비)	2030년까지 0.5억 KL(원유환산) 감축 (최종에너지 기준, 2013년 대비)	2030년까지 발전 비중 22~24%	2030년 발전비중 20~22%
영국	2050년까지 최소 80% 감축 (1990년 대비)	2020년까지 18% 감소 (최종에너지 기준, 2007년 대비)	2030년까지 총에너지 소비 비중 30%	2035년까지 총 13기(14GW) 원전건설 추진
프랑스	2030년 40% 이상, 2050년 75% 감축 (1990년 대비)	2030년 20% 이상, 2050년 50% 감축 (최종에너지 기준, 2012년 대비)	2030년까지 최종에너지 32%, 발전비중 40%	2035년까지 원전 75%→50%로 감축 연기

자료: 산업통상자원부(2019), 「제3차 에너지기본계획」

　　주요국들은 에너지 정책 목표 설정을 통해 단계적으로 화석에너지 비중을 줄이고 재생에너지 확대, 에너지 효율 향상 등을 추진하고 있다. 우리나라도 에너지 효율 향상을 위해 노력해나가야 하며, 궁극적으로는 에너지 저소비 구조로 경제 운용 체질을 개선해야 한다.

　　일반적으로 경제가 성장할수록 환경오염이 심해지다가 소득수준이 일정 수준에 도달하게 되면 국민들이 환경에 대한 중요성을 인식하고, 보호하려 하기 때문에 환경오염 수준이 감소한다고 한다. [그림 3-53]의 환경 쿠즈네츠 곡선이 이를 요약 설명해주고 있다. 우리의 소득수준을 볼 때에도 이제는 환경오염을 적극 축소시켜나가야 할 시점이다.

　　정부 역시 이러한 상황 인식을 바탕으로 에너지 소비를 줄이고 경제

그림 3-53 환경 쿠즈네츠 곡선

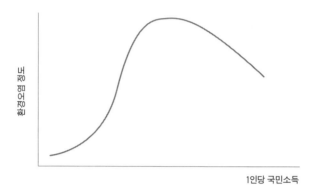

그림 3-54 녹색기술 및 녹색 R&D 투자 추이

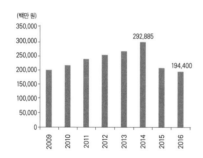

자료: 환경부, 환경통계포털

그림 3-55 녹색 인증 추이

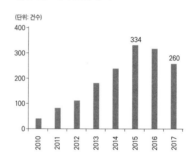

주: 녹색기술 인증, 녹색사업 인증, 녹색전문기업 확
   인, 녹색기술 제품 확인 포함
자료: 환경부, 환경통계포털

와 환경의 조화로운 발전을 위해 「저탄소 녹색성장기본법」을 제정하는
등 환경기술 개발과 환경산업 육성을 위한 노력을 기울이고 있다. 특히
2010년 4월 시행된 「저탄소 녹색성장 기본법」은 경제와 환경의 조화로
운 발전을 위한 기반을 조성하고 국민들의 삶의 질 향상을 목적으로 하

고 있다.[103] 이를 조직적으로 실천하기 위해 2009년 2월 정부는 녹색성장위원회를 발족하고, 2012년 2월 인천 송도에 녹색기후기금Green Climate Fund: GCF 사무국을 유치했으며, 2050년까지 세계 5대 녹색강국 진입이라는 청사진을 만들었다.

기후변화·에너지·자원 문제 대응 및 녹색기술과 녹색산업 육성을 통한 일자리 창출·확대 등의 '저탄소 녹색성장 추진의 기본원칙'을 세우고 녹색기술과 녹색 R&D 투자 및 녹색인증 제도를 시행하고 있다. 2016년 기준 녹색기술 및 녹색 R&D에는 1,944억 원이 투자됐으며 녹색기술, 녹색사업, 녹색 전문기업 및 녹색기술 제품 인증은 2017년 260건이 이루어졌다.

2020년 7월, 정부는 그린 뉴딜Green New Deal 계획을 발표했다. 2025년까지 총 73.5조 원을 투입해서 녹색 생태계 회복, 저탄소 에너지 공급 확대, 녹색 선도기업 육성 등 녹색성장 정책을 강화해나가겠다는 것이다. 보다 깊이 있는 분석을 통해 추진 전략을 수립·추진해야 하고, 재원 조달 방안에 대해서도 꼼꼼히 설계·실시해나가야 할 것이다.

3. 친환경 경제성장

장기적인 측면에서 녹색성장은 우리 경제가 반드시 걸어가야 할 방

---

103 「저탄소 녹색성장 기본법」 제1조(목적) 이 법은 경제와 환경의 조화로운 발전을 위해 저탄소(低炭素) 녹색성장에 필요한 기반을 조성하고 녹색기술과 녹색산업을 새로운 성장동력으로 활용함으로써 국민경제의 발전을 도모하며 저탄소 사회 구현을 통해 국민의 삶의 질을 높이고 국제사회에서 책임을 다하는 성숙한 선진 일류 국가로 도약하는 데 이바지함을 목적으로 한다.

향이다. 2015년 유엔기후변화 회의에서 파리협정이 체결된 이후 각국
은 지구온난화와 지속가능한 성장에 보다 적극적인 자세를 취하고 있
으며 선제적으로 친환경 산업에 투자하고 있다.

우리나라도 차제에 기후변화와 이에 대한 대응이 단지 부담 요인이
아니라 적극적으로 지속가능한 친환경 경제성장을 이루는 기회로 승화
되도록 해야 한다. 그러기 위해서는 다음 사항들을 염두에 두고 우리가
얼마나 신속하고 전략적이며 체계적으로 대처해나가느냐가 중요하다.

첫째, 선진국 수준으로 에너지 소비구조를 혁신하고 에너지 효율을
높여야 한다. 우리나라는 제조업 중심의 에너지 다소비 업종 비중이 높
은 경제구조이고 에너지 수입의존도가 높으므로 선진국 수준의 저에너
지 소비 패턴으로 단계적으로 탈바꿈시키는 등 근본적으로 경제 체질
을 개선해나가야 한다.

우리나라는 에너지 생산 과정에서 전환 손실이 큰 전력의 비중이 높
고 천연가스와 열 사용 비중은 선진국에 비해 낮은 상황이다.[104] 또한
에너지 전환 과정에서 에너지 손실률이 선진국보다 높은 상황이므로
에너지 손실을 막을 수 있는 기술 개발과 함께 이에 필요한 R&D 투자
를 확대해야 한다.

둘째, 지속적으로 온실가스 감축과 기후변화에 대한 적응을 위해 노
력하고 점진적 에너지 믹스 전환을 꾀해야 한다. 다만 온실가스를 감축
하기 위한 국제적인 협약을 이행해나가되 산업계 등 당사자의 의견을
충분히 고려해 환경기준 이행이 기업들에게 추가적인 부담으로 작용하
지 않도록 정부의 보완적 정책 방안이 요구된다.

---

104 산업통상자원부(2019), 「제3차 에너지기본계획」

셋째, 새로운 환경문제로 떠오르고 있는 미세먼지·빛공해·소음 등의 문제 해결에 적극 대처해야 한다. 이 과정에서 4차 산업혁명 시대의 핵심 기술인 빅데이터, 인공지능 등 첨단기술을 활용해 환경 분야 신시장을 창출하기 위한 노력이 필요하다.

넷째, 향후 기후변화에 대응하고 미세먼지 등의 환경문제에 적극적으로 대처하기 위해 탈원전의 문제점을 보완해야 한다. 원전은 사용 후 핵연료에 방사성 물질이 함유돼 상당히 오랜 기간 관리가 필요하고 일본 후쿠시마 원전사고에서 보듯이 자연재해나 관리 소홀로 인한 사고 발생 시 그 후유증이 치명적일 수 있다는 단점이 있다.

그러나 원전은 상대적으로 다른 에너지원보다 에너지 효율이 높고 공해 유발 등의 부작용이 낮다는 점도 간과해서는 안 된다. 1MW당 이산화탄소 발생량이 석탄 820kg, 가스 490kg인 데 반해 원자력은 12kg 수준이다. 1MW를 생산하는 데 소요되는 연간 연료량은 원전의 경우는 대형트럭 2대분인 22톤인 반면, 석탄의 경우는 220만 톤으로 원전의 10만 배, LNG는 110만 톤으로 원전의 5만 배에 이른다.[105]

최근 정부가 적극적인 탈원전 정책을 지향하고 있는 배경을 모르는 바는 아니지만 너무 급격한 정책 변화는 득보다 실이 많다는 점에서 재고가 필요하다. 그로 인해 무엇보다 기후변화 및 미세먼지 대처 능력이 약화될 수 있다. 파리기후변화협약에 따라 우리나라는 2030년 온실가스 배출량을 6.3억 톤 이하로 유지해야 하지만, 지금과 같은 정책을 지속적으로 추진한다면 이를 상회할 것으로 전망되고 있다.

또한 전력의 안정적인 공급에도 차질이 우려된다. 신규설비 건설이

---

[105] 주한규(2018.05.15.), 「탈원전의 정책과 문제점 극복 방안」, 와이타임즈에서 재인용

위축되고 있는 상황에서 기존 원전설비의 가동률마저 저하될 경우 이를 대체할 만한 조치가 없는 한 전력 수급에 큰 차질이 발생할 수밖에 없다. 원전의 저렴한 발전요금을 감안하면 전기요금의 대폭적인 인상이 불가피해 소비자 부담을 증가시키는 것은 물론, 나아가 경제 전반에 걸쳐 비용 증가로 이어져 산업경쟁력 저하를 초래할 수 있다.

아울러 세계 최고수준의 원전기술을 확보하고 있는 우리 관련 산업의 쇠락으로 이어져 원자력산업 자체가 도태될 가능성도 있다. 또한 우리나라는 평야가 많지 않고 에너지 다소비 산업구조를 가지고 있어 신재생에너지의 경제성은 현저히 낮은 것으로 평가되고 있다.[106]

국제적인 기준인 균등화 발전비용Levelized Cost of Electricity: LCOE[107] 측면에서 살펴보면, 우리나라의 경우 신재생에너지는 높은 설치비용과 운용 및 관리비용 때문에 원전은 물론 석탄이나 천연가스의 경제성을 능가하기 어렵다는 평가가 많다. [표 3-41]에서 볼 수 있듯이 2020년 전망으로 볼 때 우리나라의 태양광과 풍력 에너지의 LCOE는 원전은 물론 석탄보다도 월등히 높음을 확인할 수 있다. 경제성을 비롯한 환경보호는 물론 지속가능한 발전이라는 장기적인 관점에서 검토돼야 한다.

그러므로 에너지 다소비 산업국가라는 특성과 에너지원의 높은 수입의존도, 그리고 파리기후협약에 따른 녹색성장 지향의 불가피성 등을 종합적으로 고려해볼 때 우리나라의 에너지 관련 정책은 선거 공약을 지킨다는 것과 같은 단순한 정치적 논리를 앞세워서는 곤란하다. 중

---

106 최현정(2018), 「탈원전·탈석탄 정책의 문제점: 그 경제성과 지속가능성은?」, Issue Brief(2018-05), 아산정책연구원에서 인용 및 참조
107 균등화 발전비용은 발전설비를 운영하는 기간 동안 발생할 수 있는 모든 비용을 고려해 수치화한 것으로 발전원 간 비용 비교가 용이하다.

표 3-41 한국과 미국의 에너지원별 LCOE 비교(USD/MWh)

구분		한국			미국		
(Discount rate)		3%	7%	10%	3%	7%	10%
원자력[1]		28.68	40.42	51.47	54.34	77.71	101.76
천연가스[2]		121.82	126.08	129.82	60.34	65.95	70.62
석탄[3]		77.66	83.83	89.46	82.64	93.79	104.00
태양광 (PV)	가정용(옥상)	155.56	216.67	268.76	105.92	156.12	199.45
	사업용(옥상)	122.56	170.71	211.75	78.39	117.24	150.76
	대규모(지상매립)	101.86	142.07	176.34	53.50	79.84	102.56
풍력	지상(onshore)	111.64	147.45	178.63	39.60	52.23	63.20
	해상(offshore)	214.47	274.63	326.88	102.34	137.37	167.73

주: 1) ALWR(Advanced Light Water Reactor: 개량형 경수로원자로) 기준
    2) CCGT(Combined-Cycle Gas Turbine: 열병합발전) 기준
    3) 한국은 Pulverized coal (PC-800), 미국은 Supercritical pulverized coal 기준
자료: 최현정(2018), 「탈원전·탈석탄 정책의 문제점: 그 경제성과 지속가능성은?」, Issue Brief(2018-05), 아산정책연구원에서 재인용

장기적인 관점에서 우리 경제 전반에 미치는 포괄적인 영향과 미래 국가 경쟁력 확보 등 여러 가지 측면을 다각도로 고려하고 국민들의 삶의 질 향상이라는 목적에서 결정되고 추진돼야 할 것이다.

환경과 녹색성장

(2009.5.31.)

지구가 날로 뜨거워져간다. 수백만 년 된 빙하가 녹고 해수면이 상승하면서 일부 저지대 도시나 섬이 침수되거나 혹은 아예 사라질 위험에 처해 있다. 심각하기는 우리나라도 마찬가지다. 기상청은 최근 발표에서 지난 100년간 한반도의 연평균 기온이 도시화 등의 영향으로 지구 평균에 비해 두 배 이상 높게 상승했다고 경고했다. 환경오염에 따른 지구온난화가 인류의 생존을 위협하는 단계로 빠르게 진행되고 있다. (중략) 철강·석유화학 등 에너지 다소비 산업구조를 가지고 있는 우리에게는 국제사회의 온실가스 배출 규제가 심각한 위기가 될 수 있다. 그러나 다른 한편으로는 친환경 에너지 기술을 개발하고 탄소배출권을 거래하는 등 녹색시장의 발전 가능성이 무궁무진하다는 점에서 얼마든지 새로운 기회로 활용할 수 있다. 우리가 환경으로부터 지속가능한 성장동력을 얻는 이른바 '녹색성장'을 국가 발전의 새로운 패러다임으로 삼는 이유다. 이제 막 '그린 레이스green race'에 뛰어든 우리가 가야 할 길은 멀다. 그렇지만 다행히 전 세계적으로 녹색시장은 아직 초기 단계에 있다. 현재 정부는 핵심 원천기술 개발을 위한 투자 환경 조성에 역점을 두고 광범위한 금융 및 세제 지원책을 국정 최우선 과제로 추진하고 있다. 이에 맞춰 기업은 온실가스 저감형 생산 체제 구축은 물론 장기적 안목에서 녹색시장 선점을 위한 신재생에너지 기술 개발 및 해외 진출에 주력해야 할 것이다. 관련 공기업들이 공동으로 탄소펀드 등을 설립해 기업들의 투자 부담을 줄여주고 해외 탄소 배출권 사업을 활성화시키는 것도 도움이 될 것이다. 토머스 프리드먼 미국 칼럼니스트는 "석기시대가 사라진 것은 돌이 바닥나서가 아니다"라는 말을 인용, 그린 에너지 시대 도래의 필연성을 역설했다. 기후변화와 그린 에너지 시대에 대응할 수 있는 신성장동력으로서 저탄소 녹색성장에 국가의 명운이 달려 있다.

자료: 김동수, 2009년 05월 31일, 서울경제

이제 이 책의 원고를 마무리해야 할 시간이 된 것 같다. 지금까지 Ⅰ, Ⅱ, Ⅲ부로 나누어 세 부문별로 기술했던 내용들을 간단히 요약하면서 끝내고자 한다.

제1부

영국의 저명한 역사학자인 E.H. 카Carr는 자신의 저서 『역사란 무엇인가』에서 역사를 '현재와 과거 사이의 끊임없는 대화'라고 명료하게 정의한 바 있다. '한국경제의 어제와 오늘'이라는 제1부를 통해 우리가 시도하고자 했던 노력도 그와 크게 다르지 않다고 본다. 한국경제가 당면해 있는 여러 가지 문제들에 대한 나름의 의미 있는 해결책을 찾고자한다면 우선 한국경제가 지난하게 걸어왔던 공업화와 산업화 과정, 즉 경제개발의 역사를 이해해야만 하기 때문이다.

역사가가 역사적 사실을 입증해줄 객관적인 자료, 즉 사료를 가지고 과거의 역사를 탐구하듯이 제1부에서도 우리 경제가 걸어왔던 여정과 그 속에 남아 있는 흔적들을 다양한 경제·통계자료를 활용해 제시하면서 분석하고자 시도했다. 이를 통해 한국경제가 밟아온 지난 60년간의 경제발전이라는 여정을 한마디로 평가한다면 아름답고 경이롭다. 수없이 찾아왔던 위기의 순간 앞에서도 굴하지 않고, 때로는 큰 희생을 각오하면서 오히려 이를 기회로 바꾸는 지혜와 슬기를 발휘했던 우리 국민들의 저력 앞에서는 절로 고개가 숙여진다.

그래서 1995년도 노벨 경제학상 수상자 로버트 루카스Robert Lucas 미국 시카고대학 교수는 한국의 경제발전을 연구한 후에 발표한 논문에 '기적 만들기Making a Miracle'라는 찬사에 가까운 제목을 붙였는지도 모른다. 1960년대 이후 한국경제가 이룩했던 성장과 발전이 그 어떤 정통 경제학 이론으로도 설명하기 어려운 기적과도 같다는 취지에서일 것이다.

사실 1960년대 초까지만 해도 아프리카 최빈국들보다도 국민소득이 낮았던 우리나라의 경제 규모는 제1차 경제개발 계획이 시작된 1962년 이후 60년이 흐른 지금, 세계 10위권의 경제대국으로 성장했다. 그로 인해 국민들의 생활수준 역시 선진국들과 대등한 수준까지 높아졌다.

한 예로 1960년 52세에 불과했던 국민들의 평균수명은 이제 83세로 늘어났다. 대외적으로 보자면, 경제개발 5개년 계획이 막 시작됐던 1962년도의 무역액이 4.8억 달러였는데 지금은 1조 달러 수준이다. 그 의미를 좀 더 쉽게 설명하자면 현재 우리 경제는 매 4시간마다 1962년도 연간 무역액을 달성하고 있는 셈이다. 그래서 한국경제가 걸어온 지난 60년의 여정은 마치 누에가 나비가 돼 세상을 비행하는 것과 같은 환골탈태를 연상케 한다.

그렇지만 이 같은 성공적인 경제발전의 성과에 도취돼 자만에 빠져 있기에는 우리가 처해 있는 현실이 결코 녹록지 않다. 국내외 많은 전문가가 현재 한국경제가 중대한 갈림길에 놓여 있다고 진단하고 있기 때문이다. 이처럼 비록 스케치하듯 한국경제의 어제와 오늘을 되돌아보는 진정한 목적은 과연 지금까지 우리가 보아왔던 기적이 앞으로도 계속될 수 있을 것인지 한 번쯤 자문해보자는 데 있었다.

제2부

제2부에서는 한국경제의 성공을 이끌었던 요인들이 무엇이었는지 살펴보고자 했다. 그리고 그런 요인들이 4차 산업혁명의 도래를 목전에 두고 있는 미래에도 그대로 적용되고 작동될 수 있는 성공 방정식인지, 아니면 코페르니쿠스적인 사고와 발상의 전환을 통해 새로운 길을 모색해야 하는지 답해보고자 했다.

순수하게 경제이론적 관점에서만 보자면 경제성장을 가능하게 하는 요소들은 그리 복잡한 문제가 아닐 수 있다. 생산요소인 자원과 자본, 노동을 많이 투입하면 할수록 더 빠른 경제성장이 가능하기 때문이다. 여기에 동일한 양의 생산요소를 투입해 더 많은 생산량을 산출할 수 있다면 금상첨화일 것이다.

즉, 생산량의 질적인 개선을 가져다주는 과학기술과 인적자본, 경영기법이 더해질수록 더 높은 수준의 경제성장이 가능해지는 것이다. 만

약 현실이 이처럼 경제이론과 같이만 움직여 준다면 경제성장은 어느 나라를 막론하고 언제든지 달성 가능한 목표가 될 수 있다.

그렇지만 여기에는 함정이 있다. 경제학에 '자원의 저주resource curse'라는 용어가 있다. 천연자원이 풍부한 국가가 왜 고도성장을 이끌지 못하는지 또 역설적이게도 어떻게 이러한 국가들이 자원이 풍부하지 않은 국가들보다 오히려 경제성장이나 사회발전이 더딘지를 보다 쉽게 설명하기 위해 1993년 랭커스터대 리처드 오티Richard Auty 교수가 처음으로 이 용어를 사용했다.

비근한 예로 남미의 베네수엘라나 아프리카의 나이지리아는 모두 풍부한 석유자원을 가지고 있지만 두 나라가 처한 현실을 보면 자원의 저주가 무엇을 의미하는지 잘 일깨워준다. 반면 싱가포르나 일본을 보면 내세울 만한 자원이라고는 하나 없이 빈약하지만 세계 최고의 부유함을 자랑하고 있다. 인구라는 생산요소 역시 마찬가지여서 인구가 많은 나라들의 경제성장이 더 빠르다거나 더 잘 사는 것이 아니다. 오히려 인구가 많은 나라들일수록 절대적인 빈곤의 문제에 허덕이고 있는 경우가 대부분이다. 따라서 투입할 수 있는 생산요소가 풍부하다는 것은 경제성장을 위한 필요조건일 수는 있지만 충분조건은 아니라고 할 수 있다.

그런 의미에서 지난 60년간 다른 어느 나라보다도 빠른 고도성장과 경제발전, 그리고 정치적 민주주의 같은 사회적인 발전까지 동시에 이루어낸 한국의 성공 요인이 도대체 무엇이었는지 살펴보는 일은 대단히 의미 있고 흥미로운 작업이다. 더군다나 자원은 물론 자본도 없고 3년간의 전란으로 그나마 남아 있던 주요 기간시설마저 모두 다 파괴되고 외국의 원조에 의존해 연명하던 상황 속에서 일군 성과였으니 이를 기적이라고 명명하는 것도 그리 이상한 일만은 아니다.

그렇지만 나름대로 우리 경제의 성공 요인을 최대한 객관적인 관점에서 추출하고자 노력했다. 정부 주도의, 선택과 집중을 통한 대외지향적인 수출 전략산업의 육성, 그리고 R&D를 통한 생산성 제고 등이 바로 그것이다. 거기에다가 경제발전에 적합한 근면한 국민성, 그리고 냉전이라는 시대 상황 속에서 자유 진영의 전폭적인 지원을 받게 된 지정학적 요건까지 어찌 보면 일반적인 상식과 상당히 부합하는 성공 요인들이라고 할 수 있다.

물론 여기서 언급되지 않은 기타 요인들도 분명 있을 수 있다. 예를 들면 정부 주도 경제성장의 기저가 됐던 강력한 정치적 리더십이 작동될 수 있었던 환경적인 측면, 즉 오랜 유교사상에 뿌리를 둔 권위주의적인 정치질서 체제나 국민들의 높은 교육열과 저축열, 노동집약적인 산업이 발전할 수 있었던 토대가 돼준 유휴 노동력의 존재 등이 바로 그러한 것들이다.

한국경제의 지난 60년간의 성공요인들을 생산요소가 아닌 경제주체들의 관점에서 재구성해보려고 했다. 흔히 한국경제는 추격성장모형에 입각해서 짧은 시간 안에 압축적인 고도성장을 달성했다고 이해되고 있다. 그런 측면에서 정부와 기업, 가계라는 세 경제주체들이 어떻게 이같은 성장모형의 작동을 가능하게 했는지 생각해보는 것도 의미가 있을 것이기 때문이다.

먼저 정부는 강력한 리더십을 토대로 보다 중장기적인 관점에서 경제성장 전략을 설계하고, 또 5년 단위의 경제발전 계획을 통해 이를 실행에 옮겼는데 그 과정에서 유능한 관료사회의 역할이 지대했다는 사실을 부인할 수 없다.

다음으로 가계는 높은 수준의 교육열을 바탕으로 발전 단계별로 필요한 산업인력을 체계적으로 공급하는 동시에 근검절약하여 모은 돈으로 국내 자본 형성의 기반을 제공했다. 게다가 경제발전 과정에서 상당 기간 자발적으로 국산품을 애용함으로써 유치 단계에 있던 국내 산업들이 경쟁력을 키우며 자생할 수 있도록 하는 데도 일조했다.

기업들은 정부의 경제성장 전략에 발맞춰 주력산업 분야의 기업들을 일으키고 진취적이고 도전적인 기업가 정신을 바탕으로 상당한 위험을 감수하며 다양한 분야로 규모를 확대해나갔다.

마지막으로 적극적인 개방경제를 지향하며 외국인 투자 유치는 물론 동서간 냉전 체제 하에서 미국을 위시한 자유 진영의 전폭적인 지원을 받으며 수출지향적인 성장 전략을 추진해왔던 것 역시 시의적절했다고 평가할 수 있다. 결국 이 모든 요인들이 상호 유기적이고 복합적으로 결합하고 작용하며 시너지를 발휘했던 결과가 지난 60년간의 고도성장으로 나타난 것이다.

제3부

이제 우리는 새로운 질문을 던질 때가 됐다. 눈앞에 펼쳐진 4차 산업혁명 시대에서도 이 같은 성공요인이 그대로 계속 적용될 수 있느냐는 질문이 바로 그것이다. 민주주의 체제가 성숙되면서 더는 강력하고도 일방주의적인 정치적 러더십이 작동하기 어렵고 경제 운용에 관한 주도권도 사실상 시장으로 상징되는 민간부문으로 넘어간 지 오래다.

냉전 체제가 해체되면서 이제는 이념에 상관없이 모든 국가가 자국의 경제적 번영을 위해 경쟁하고 있는 상황이다 보니 과거와 같은 자유 진영의 전폭적인 지원과 특혜를 기대할 수도 없다. 상생과 공정의 사회적 가치가 대두되면서 대기업 집단이 누렸던 장점 역시 사라진 지 오래다. 시간이 흐르면서 개발연대 시절 재벌 체제 오너들이 보여주었던 모험적인 기업가 정신은 희박해졌다. 이에 더해 이미 저성장 단계에 진입한 한국경제의 현실을 감안한다면 실제로 우리 앞에 놓인 선택지는 매우 제한적일 뿐만 아니라 또 어찌 보면 간단명료하다.

한마디로 새로운 성장 방정식이 필요하다는 것이다. 4차 산업혁명 시대를 맞이해 우리 경제가 지난날의 압축 고도성장에 따른 문제점을 해소하고 저성장 국면에서 탈피해 새로운 성장동력을 확보함으로써 국민소득 4만 달러 시대를 열기 위해서는 이전과는 다른 차원의 접근이 필요하다.

마침 이 책의 원고를 끝내려는 시점에서 우리는 COVID-19라는 미증유의 글로벌 팬데믹과의 싸움을 목도하고 있다. 먼 훗날 역사가들이 산업혁명 이후의 인류 역사를 COVID-19 이전과 이후로 구분 지어도 무방할 만큼 팬데믹이 전 지구적 차원에서 우리의 삶과 일상생활을 통째로 뒤바꾸어놓았다. 이제는 뉴노멀처럼 익숙해져버린 일상화된 사회적 거리 두기, 그 연장선상에 있는 국경 폐쇄와 이동 제한, 경제활동의 제약 등으로 지구촌 모든 나라가 예외 없이 심대한 사회·경제적 타격을 받았다.

이에 대응하기 위해 선진 각국을 포함해 거의 모든 국가들이 정통 경제학의 범주 밖에 있는 무제한의 유동성 공급과 대규모 재정지출을 통해 팬데믹의 경제적 파급효과 차단에 안간힘을 써왔다. 백신의 개발과 보급으로 결국에는 바이러스와의 싸움에서 우리 모두 승리할 것이라고 확신한다.

그런데 흥미로운 사실은 COVID-19가 이제 막 태동기에 접어든 4차 산업혁명을 앞당길 기폭제로 작용하고 있다는 점이다. 사회적 거리 두기 와중에 우리가 경험하고 있는 삶의 방식들의 변화가 바로 그 증거라고 할 수 있다. 팬데믹이 심각해질수록 사람들은 대면 접촉을 줄이고 재택근무와 온라인 쇼핑을 통해 경제활동을 이어가고 있기 때문이다. 학생들은 온라인 수업을 통해 학업 활동을 계속하고 있고, 인간으로서 누려야 할 기본적인 정서 활동이나 예술적인 창작 활동은 물론 사회적인 만남과 교류, 선거나 종교 활동들마저 온라인상으로 이동하고 있다. 바야흐로 우리는 알게 모르게 삶의 주 무대가 가상공간으로 빠르게 옮겨가는 시대에 접어들고 있다. 온라인 쇼핑으로 구매한 상품들의 배달도 앞으로는 사람이 아니라 자율차량과 드론을 이용한 방식으로 대체될 것이다. 오프라인 쇼핑 역시 무인화된 공간으로 전환되고 제조업은 로봇화, 스마트 공장화로 진화할 가능성이 높다.

결국 COVID-19라는 글로벌 팬데믹과 함께 찾아온 바이러스 경제는 역설적이게도 인공지능AI과 5세대 이동통신(5G)을 기반으로 하는 4차 산업혁명을 촉진하고 있는 셈이다. 그 과정에서 앞으로는 디지털, 기후변화, 전기차, 바이오헬스, 사물인터넷, 오토메이션, 이커머스, 우주 등으로 대표되는 새로운 융복합 산업들이 경제활동의 중심축으로 떠오를 것이다.

자연스럽게 우리의 관심은 이제 이러한 변화에 어떻게 대응할 것인가로 모아질 수밖에 없다. 한 가지 다행스러운 사실은 비록 산업화는 늦었지만 정보화만큼은 뒤처지지 말자는 기치 아래, 그동안 세계가 부러워할 수준의 우수한 IT 인프라를 성공적으로 구축해왔다는 점이다.

뛰어난 반도체 기술과 조만간 범용화 단계에 진입할 5G 통신망으로 우리가 4차 산업혁명을 선도해나갈 수 있는 최소한의 필요조건은 갖춘 셈이다.

그렇지만 공유경제 시대 혁신의 상징이던 '타다'의 영업 종료를 보면서 우리 사회가 과연 4차 산업혁명을 선도할 충분조건까지 갖췄는지는 의문이다. 사회적 거리 두기 와중에도 필요한 의료 서비스를 온라인 공간에서 원격으로 받을 수 없다는 현실은 우리에게 시사하는 바가 매우 크다.

비록 물적·기술적 토대를 갖췄다고는 하더라도 각종 규제와 이익단체의 반발 등에 가로막혀 이를 활용할 다양한 서비스를 개발하고 제공할 수 없다면 제조업을 포함해 다양한 영역과의 '융복합을 통한 혁신'이 본질인 4차 산업혁명 시대를 우리 경제가 선도해나갈 수 있다는 기대는 한낱 요원한 희망 사항에 불과할 뿐이다. 물리적인 국경이나 공간상의 제약을 받지 않는 융복합 서비스산업의 발전과 경쟁력 확보를 위해서라도 이제 우리는 새로운 선택의 길목에 놓여 있다고 할 수 있다.

4차 산업혁명 시대에 걸맞은 획기적인 미래 성장동력 산업을 육성하기 위한 첫걸음은 야성적인 기업가 정신의 회복을 위한 최적의 환경을 조성하는 데 있다. 더 나아가 과거의 패러다임에서 벗어나 제조업과 서비스산업 간, 수출과 내수 간, 복지와 성장 간의 균형, 그리고 공정경제 차원의 대기업과 중소기업 간 상생과 균형발전은 물론 환경과 병립할 수 있는 지속가능한 경제 체제를 추구하는 것이 우리 경제의 새로운 패러다임으로 자리 잡아야 한다.

맺음말

1990년대 이후 지금까지 세계 경제는 세 번의 큰 소용돌이를 겪었다. 1997년 우리나라를 비롯한 동아시아 국가들을 강타했던 외환위기와 2008년 미국으로부터 시작돼 유럽을 거쳐 전 세계 경제에 악영향을 끼쳤던 글로벌 금융위기가 이에 해당된다. 그리고 2019년 말 중국에서 기원해 2021년 3월 지금까지도 지구촌 전체를 공포의 도가니로 몰아가며 세계 경제를 마비시키고 있는 COVID-19 팬데믹이 바로 그것이다.

이에 더해 미·중 간 무역 갈등이 고조되는 와중에 일부국가들 역시 자국 우선주의 기치를 내걸고 폐쇄경제로 회귀하는 모습까지 보이면서 최근의 세계 경제질서는 혼돈에 빠진 모습이다. 대외의존도가 높은 우리 경제 입장에서 보자면 상당히 우려되는 상황이 아닐 수 없다.

우리 경제는 2000년 이후 지속된 저성장에도 불구하고 2017년 선진국 진입 기준으로 여겨지는 1인당 국민소득 3만 달러를 달성했다. 주요 국들의 경우 3만 달러 달성 이후 4만 달러에 도달하는 시기까지 빠르면 2~3년(영국과 일본), 길면 7~12년(미국과 독일) 정도가 소요됐다. 선진국들의 경우 중·장기적인 신성장동력 산업 육성, 제조업과 서비스업 간 균형발전, 노동생산성 제고 등의 정책적인 노력을 통해 4만 달러 시대로 진입했다고 평가받고 있다.

지금 우리 경제는 추세적인 저성장의 늪에서 탈피해 주요 선진국들과 같이 4만 달러를 달성하고 다시 한 번 도약하느냐, 아니면 이대로 3만 달러 시대에 정체돼 있을 것이냐 선택의 중대한 갈림길에 서 있다.

어려워진 대외 경제 환경과 COVID-19 팬데믹까지 덮친 4차 산업혁명 시대를 맞아, 우리 경제가 압축성장에 따른 문제점을 해결하는 동시에 현재의 저성장 국면에서 탈피해 안정적인 성장궤도에 진입해야만 한다. 그래야 국민소득 4만 달러와 그 이상을 달성하고 그에 맞춰 국민의 삶의 질도 높아지는 사회를 만들 수 있기 때문이다. 그러기 위해서는 또 다른 차원에서 모든 경제주체들이 각고의 노력을 경주해야 할 때라는 점을 다시 한 번 강조하면서 이 책을 마무리하려고 한다

참고문헌

국문

강광하(2000), 「경제개발 5개년계획: 목표 및 집행의 평가」, 서울대학교 출판부.

강순희·윤석천·박성준(2011), 「한국의 인적자본투자 성과분석」, 한국노동연구원.

강유덕·오태현·이동은(2010), 「남유럽 경제위기의 본질과 향후 전망」, 오늘의 세계경제, 대외경제정책연구원.

경기도 규제개혁추진단(2016), 「경기도 규제지도」, 경기도청.

고영선(2008), 「한국경제의 성장과 정부의 역할: 과거, 현재, 미래」, 한국개발연구원.

공정거래위원회(1984), 「공정거래백서 : 새로운 경제질서를 향하여」.

_____ (2020), 「2019년도 통계연보」.

곽배성(2018), 「스타트업이 경제지도를 바꾼다」, POSRI 이슈리포트, 포스코경영연구원.

관계부처 합동(2017), 「혁신성장동력 추진계획(안)」.

_____ (2018), 「혁신성장동력 시행계획」.

국가과학기술심의회(2014), 「제3차 중소기업 기술혁신 촉진계획(안)」.

국가기록원(1993), 「한국외자도입 30년사」.

국경복(2015), 「재정의 이해」, 나남.

국회도서관(2020), 「스타트업 육성 정책」, FACT BOOK(80호).

국회예산정책처(2009), 「글로벌 금융위기의 대응과 정책대응」.

_____ (2017), 「4차 산업혁명 대비 미래산업 정책 분석 Ⅴ [창업기반 및 중소기업 성장 대책 분석]」.

_____ (2019), 「2019 대한민국 재정」.

_____ (2019), 「국가연구개발산업 분석(총괄)」.

_____ (2020), 「2020 조세수첩」.

국회입법조사처(2016), 「지표로 보는 이슈」.

권규호(2019), 「글로벌 금융위기 이후 우리 경제의 성장률 둔화와 장기전망」, KDI 경제전망, 한국개발연구원.

권기수·박미수(2014), 「아르헨티나 채무 디폴트 사태의 경제적 영향과 향후 전망」, 지역경제포커스(8권, 42호), 대외경제정책연구원.

권지호·김도완·지정구·김건·노경서(2019), 「우리나라의 잠재성장률 추정」, 조사통계월보(8월호), 한국은행.

기업은행 경제연구소(2018), 「2018년 중소기업 금융실태 조사」.

기획재정부(2020), 「재정준칙도입 방안」.

김경유·장석인·이임자·이은창·이자연(2018), 「주력산업의 정의 및 정책적 의미와 발전전략 탐색에 관한 연구」, 산업연구원.

김기환(2013), 「한국의 경제기적: 지난 50년, 향후 50년」, 기파랑.

김동수(2013), 「현재에 묻고 미래에 답하다」, 매일경제신문사.

_____ (2016), 「응답하라 'Look East!'」, KDI 나라경제(2월호), KDI 경제정보센터.

김병섭·고길곤·구민교…이보라(2013), 「사회기반시설 투자정책 변천과 정책현안 분석」, 서울대학교 행정대학원.

김상우(2018), 「연장근로시간 제한의 임금 및 고용에 대한 효과 분석」, NABO 산업동향&이슈(2월호), 국회예산정책처.

김선우·정효정(2019), 「한국과 미국의 중소기업 R&D 지원 비교와 시사점」, STEPI Insight(231권), 과학기술정책연구원.

김용덕(2018), 「중소기업 재도약을 위한 가업승계 실태조사 분석」, IBK 경제연구소.

김우진(2013), 「국가 R&D 과제의 사업화 촉진방안」, 한국금융연구원.

김윤희·진익(2017), 「내수활성화 결정요인 분석」, 국회예산정책처.

김준(2015), 「우리나라 노동시장의 유연성과 안정성: 현황과 과제」, 국회입법조사처.

김진오·이시은(2014), 「베네수엘라의 최근 국내정치 불안 배경과 향후 전망」, 지역경제포커스(8권, 4호), 대외경제정책연구원.

김천곤(2018), 「서비스산업 육성 및 발전과제」, 정책·이슈페이퍼(8호), 고려대학교 미래성장연구소.

김현오·김홍영(2019), 「기술사업화 정책 동향」, 기술동향브리프(8호), 한국과학기술기획평가원.

김훈·박준식·정동일(2009), 「대·중소기업 상생의 노사관계 구축방안 연구」, 한국노동연구원.

남종현·이홍식(2018), 「국제무역론」, 경문사.

노진영·임춘성·채민석(2010), 「국가채무의 부도사례가 남유럽 국가의 재정위기에 주는 시사점」, 한은조사연구(2010-04), 한국은행.

대한국토도시계획학회(2009), 「국토·지역계획론」, 보성각.

문정호·장은교·박정호·강민정(2013), 「2012 경제발전경험모듈화사업: 국토 및 지역개발정책: 국토종합계획을 중심으로」, 국토교통부·국토연구원.

민경휘(1993), 「한국산업의 연관구조 변화와 대일 비교」, 연구총서(8호), 산업연구원.

민혁기·김재덕·신현수(2017), 「글로벌 무역 정체하에서 한국 무역구조의 변화와 수출확대 전략」, 산업연구원.

박기영(2018), 「한국재정」, 법우사.

박대근(1999), 「한국의 외환위기와 외채」, 경제분석(5권, 1호), 한국은행.

박종찬·전도영·안희배…이동호(2006), 「성장과 혁신의 질 향상을 위한 산업정책 방안 연구」, 고려대학교.

박희원(2019), 「한국과 일본의 중소기업 가업승계 현황 및 시사점」, 이슈분석(762호), KDB산업은행 미래전략연구소.

백흥기·최성현(2018), 「국내 기술금융 현황 및 시사점」, VIP 리포트(721호), 현대경제연구원.

보건복지부(2018), 「통계로 보는 사회보장」.

_____ (2019), 「제2차 사회보장기본계획(2019~2023)」.

보건복지부·한국보건사회연구원(2018), 「2018년 사회보장 대국민 인식조사 연구」.

산업은행(2020), 「2020년 상반기 설비투자계획조사」.

산업통상자원부(2019), 「산업·통상·자원 주요통계 3월호」.

_____ (2019), 「제3차 에너지기본계획」.

산업통상자원위원회(2013), 「해외진출기업의 국내복귀지원에관한법률안에 대한 공청회」.

손경환·이수욱·박천규(2007), 「미국 서브프라임 모기지 위기의 실체와 시사점」, 국토정책 Brief(152호), 국토연구원.

손상호·구정한·한재준·하준(2013), 「정책금융의 역할 재정립 방안」, 한국금융연구원.

신상철(2019), 「중소기업 사업승계 현황 및 제도 개선방안」, 중소기업연구원.

양금승(2017), 「한국 제조업 해외직접투자의 특징 분석 및 U턴 촉진방안」, 한국경제연구원.

에너지경제연구원(2019), 「2019 자주 찾는 에너지통계」.

온실가스종합정보센터(2020), 「2020년 국가 온실가스 인벤토리 보고서」.

유정호(2009), 「한국의 고속성장에서 정부의 역할」, 한국경제포럼(2집, 3호), 한국경제학회.

윤병훈(2019), 「국내외 유니콘 기업 현황과 시사점」, 이슈브리프, KDB산업은행 미래전략연구소.

이근태·고가영(2014), 「한국경제의 새로운 도전 내수성장」, LGERI 리포트, LG경제연구원.

이부형·이정원·천용찬·박용정·한재진(2019), 「한국의 해외직접투자 특징과 시사점: 중국과 주요 아시아 신흥국 비교」, 한국경제주평(839호), 현대경제연구원.

이외희(2014), 「수도권 규제현황과 경기도 대응방안」, 경기연구원.

이인실(2017), 「2030 한국경제론」, 프리이코노믹스.

이제민(2009), 「한국의 두 차례 외환위기」, 전국은행연합회.

이주선·강선민·신석훈…이병기(2007), 「한국의 대기업정책(상)」, 한국경제연구원.

이한구(1999), 「한국재벌형성사」, 비봉출판사.

임현백(2007), 「한반도의 지정학적 재발견에 근거한 동아시아 중추국가 전략이 필요」, 국토정책 Brief(147호), 국토연구원.

재외동포재단(2017), 「재외동포에 대한 국민인식 조사」.

전국경제인연합회(2014), 「수도권 규제 문제점과 합리화 방향」.

───────── (2016), 「7대 갈라파고스 규제개선의 경제적 기대효과」.

전병유·황인도·박광용(2018), 「노동시장의 이중구조와 정책 대응: 해외사례 및 시사점」, 한국은행.

정민우·정기웅(2019), 「2018년 우리나라와 주요국의 연구개발투자 현황 비교」, KISTEP 통계브리프 (22호), 한국과학기술기획평가원.

정우진(2007), 「남북 광물자원개발 협력방안과 과제」, 북한과학기술네트워크.

정우진·정웅태·박지민(2015), 「북한 광물자원 개발·가공 분야의 투자 잠재력」, 에너지경제연구원.

정인영(2002), 「홍릉 숲속의 경제 브레인들」, 한국개발연구원.

조경엽(2019), 「분야별 재원 배분의 방향과 전망」, 정책세미나 발표자료, 고려대학교 미래성장연구소.

조종화·박영준·이형근·양다영(2011), 「동아시아 발전모델의 평가와 향후 과제: 영·미 모델과의 비교를 중심으로」, 연구보고서(11-08), 대외경제정책연구원.

조철·서동혁·장석인…김양팽(2016), 「한국 주력산업의 미래비전과 발전전략」, 산업연구원.

주원(2018), 「한국 주력산업의 위기와 활로」, 한국경제주평(789호), 현대경제연구원.

주원·김천구(2017), 「과거 정부의 재정정책 특징과 시사점 - 집권 초반에는 확장적, 후반기 긴축적」, 한국경제주평(750호), 현대경제연구원.

중소기업연구원(2018), 「해외 중소기업 정책동향(5월호)」.

중소기업중앙회(2019), 「2019 중소기업 현황」.

───────── (2019), 「2020년 최저임금 결정을 위한 중소기업 의견조사 보고서」.

───────── (2020), 「2020 중소기업 위상지표」.

───────── (2020), 「2020 해외중소기업통계」.

중소벤처기업부·중소기업중앙회(2019), 「2018 중소기업실태조사 결과: 제조업」.

지속가능발전기업협의회(2006), 「스턴리뷰: 기후변화의 경제학 시사점」.

최두열(2001), 「종금사에 대한 규제감독과 외환위기 발생」, 한국경제연구원.

최현정(2018), 「탈원전·탈석탄 정책의 문제점: 그 경제성과 지속가능성은?」, Issue Brief(2018-05), 아산정책연구원.

한국금융연구원(2011), 「유럽 재정위기의 전망과 대응방안」, KIF 이슈분석(3호).

한국생산성본부 생산성연구소(2015), 「잠재성장률과 총요소생산성의 관계」.

한국생산성본부(2018), 「2018 제조업 기업규모별·업종별 노동생산성」.

_____ (2018), 「총요소생산성 국제비교」.

_____ (2020), 「2020 노동생산성 국제비교」.

한국은행(2016), 「한국의 금융시장」.

_____ (2018), 「한국의 금융제도」.

황경진·홍기석·박훈덕(2017), 「글로벌 히든 챔피언 발굴, 성장과정과 경쟁력 확보 전략」, 기본연구(17-08), 중소기업연구원.

국내 사이트

e-나라지표	www.index.go.kr
IT통계포털(ITSTAT)	www.itstat.go.kr
과학기술정보통신부 연구개발활동조사	www.msit.go.kr
국가기록원	www.archives.go.kr
국가통계포털(KOSIS)	www.kosis.kr
국회예산정책처 재정경제통계시스템	www.nabostats.go.kr
대한민국 ODA	www.kodaportal.go.kr
대한민국 대전환 한국판뉴딜	www.knewdeal.go.kr
두잇서베이, 외국인 노동자에 대한 우리의 태도	doooit.tistory.com/521
법무부 출입국·외국인정책본부	www.immigration.go.kr
산업연구원 산업통계분석시스템	istans.or.kr
산업통상자원부 외국인투자통계	www.motie.go.kr
서울 정책아카이브	www.seoulsolution.kr
에너지경제연구원 에너지수급통계	www.keei.re.kr
중소기업중앙회 중소기업위상지표	www.kbiz.or.kr
지방교육재정알리미	eduinfo.go.kr
최저임금위원회	www.minimumwage.go.kr
통계청	kostat.go.kr
한국개발연구원	www.kdi.re.kr
한국거래소	www.krx.co.kr
한국교육개발원 교육통계서비스	kess.kedi.re.kr
한국무역협회 무역통계	stat.kita.net
한국생산성본부 생산성통계	www.kpc.or.kr
한국수출입은행 해외직접투자통계	keri.koreaexim.go.kr
한국예탁결제원	www.ksd.or.kr
한국은행 경제통계시스템	ecos.bok.or.kr

| 한국은행 기업경영분석 | www.bok.or.kr |
| 환경부 국가온실가스통계 | www.me.go.kr |

해외 사이트

Eurostat	ec.europa.eu
IFS	data.imf.org
IMF	www.imf.org
Maddison Project Database 2018	www.rug.nl
OECD Stat	stats.oecd.org
OECD, Social Expenditure Database	www.oecd.org
UNStats	unstats.un.org
World Bank	www.worldbank.org

보도자료

과학기술정보통신부(2019.12.19.),「2018년 연구개발활동조사 결과」, 보도자료.

교육부(2018.9.11),「OECD 교육지표 2018 결과 발표」, 보도자료.

국무총리실·교육과학기술부(2009.1.13.),「신성장동력 비전 및 발전전략」, 보도자료.

기획재정부(2019.6.26.),「서비스산업 혁신 전략」, 보도자료.

대한상공회의소(2018.12.11.),「주52시간 근로시간제 기업실태 조사」, 보도자료.

보건복지부(2018.11.20.),「2018년도 사회보장 대국민 인식조사 결과 발표」, 보도자료.

산업통상자원부(2020.12.16.),「2020년 중견기업 실태조사」, 보도자료.

중소벤처기업부(2019.12.10.),「국내 11번째 유니콘 탄생, 유니콘 순위 5위로 상승」, 보도자료.

한국경제연구원(2018.1.25.),「기업규제, 獨 수준 개선시 GDP 1.7% 늘어…약 22.1만명 고용창출 효과」, 보도자료.

_____ (2019.5.20.),「향후 4년 평균 잠재성장률 2.5%, 2030년 1%대로 하락 가능성 커」, 보도자료.

한국은행(2014.12.29.),「우리나라의 자본스톡 확정 추계(1970~2012년)」, 보도자료.

신문기사

강세훈(2011.12.15.),「김동수 공정위원장 "갑(甲) 대기업 상생의식 중요"」, 뉴시스.

고유권(2016.12.15.),「우리나라 57년 만에 해외차관 없는 국가 됐다」, 연합인포맥스.

김동수(2008.10.27.),「연금술과 서브프라임 모기지」, 대한민국 정책브리핑.

____ (2016.12.34.),「환경과 녹색성장」, 서울경제.

____ (2020.01.23.),「2% 저성장 후폭풍 몰려온다」, 문화일보.

____ (2020.02.20.),「이민정책 대전환해야 나라가 산다」, 문화일보.

____ (2020.04.16.),「'포스트 코로나' 역량 걱정된다」, 문화일보.

김태근(2009.12.03.),「김동수 수출입은행장, 히든 챔피언 키워 견고한 산업구조 만든다」, 매일경제.

남호철(2001.03.29.), 「인천공항 역사적 개항… 21세기 동북아 '허브' 힘찬 나래」, 국민일보.

박현철(2009.12.10.), 「"영화·게임 등 소프트산업 키울 것"」, 조선일보.

손혁재(2019.06.27.), 「[6.27 역사속오늘] 경부고속도로 준공(1970)」, 아시아기자협회.

안준호(2021.01.13.), 「외국인 기업이 떠난다…직접투자 2년째 감소」, 조선일보.

안철우(2011.11.11.), 「SK텔레콤, 하이닉스 인수 확정…범 ICT 기업군 탄생」, 이투데이.

유진우(2016.10.18.), 「'韓서 통하면 세계서 通한다' 해외 브랜드, 국내 한정판 출시 봇물」, 조선비즈.

이두걸(2019.08.26.), 「작년 국민부담률 26.8%…10년 만에 상승폭 최대」, 서울신문.

이슬기(2015.11.27.), 「페론주의(Peronism)」, 연합인포맥스.

이유미(2020.03.06.), 「'타다금지법' 국회 통과…현행 타다 서비스 불가능해져」, 연합뉴스.

이준기(2020.10.20.), 「국내 유니콘 이력 기업 20개 달해…카카오게임즈·쏘카 등 추가 포함」, 디지털타임스.

임도원(2017.12.31.), 「OECD 수준으로 규제만 풀어도… 잠재성장률 연 0.3%P씩 상승」, 한국경제.

조 토마스(2020.05.01.), 「코로나19: 인간의 일자리를 대신하는 로봇, 디지털 전환은 가속화할까?」, BBC 뉴스코리아.

조득균(2019.05.27.), 「OECD "한국 中小 생산성, 대기업 30% 수준"」, 아주경제.

주한규(2018.05.15.), 「탈원전의 정책과 문제점 극복 방안」, 와이타임즈.

천민아(2019.08.03.), 「"中 첨단산업 발전, 한국에 영향 커…선제적 대응 필요"」, 뉴시스.

KI신서 9637

한국경제 인사이트

1판 1쇄 인쇄 2021년 3월 23일
1판 1쇄 발행 2021년 3월 30일

지은이 김동수
펴낸이 김영곤
펴낸곳 (주)북이십일 21세기북스

출판사업부문이사 정지은 **서가명강팀장** 장보라
책임편집 윤서진 **서가명강팀** 정지은 강지은
디자인 제이알컴
유니브스타사업팀 엄재욱 이정인 나은경 박화인 이다솔 김경은
영업팀 김수현 최명열
제작팀 이영민 권경민

출판등록 2000년 5월 6일 제406–2003–061호
주소 (10881) 경기도 파주시 회동길 201(문발동)
대표전화 031–955–2100 **팩스** 031–955–2151 **이메일** book21@book21.co.kr

ISBN 978-89-509-9480-8 03320

(주)북이십일 경계를 허무는 콘텐츠 리더

21세기북스 채널에서 도서 정보와 다양한 영상자료, 이벤트를 만나세요!

페이스북 facebook.com/jiinpill21 **포스트** post.naver.com/21c_editors
인스타그램 instagram.com/jiinpill21 **홈페이지** www.book21.com
유튜브 youtube.com/book21pub

당신의 인생을 빛내줄 명강의! 〈유니브스타〉
유니브스타는 〈서가명강〉과 〈인생명강〉이 함께합니다.
유튜브, 네이버, 팟캐스트에서 '유니브스타'를 검색해보세요!